江苏省高等教育学会组织编写

大学生人文社科知识读本

2020最新修订版

哲学·法学·经济学

主编 王国聘 孙杭生 郭兆红

苏州大学出版社
Soochow University Press

图书在版编目(CIP)数据

大学生人文社科知识读本. 哲学·法学·经济学/王国聘,孙杭生,郭兆红主编. —苏州:苏州大学出版社,2018.1(2019.11 重印)
ISBN 978-7-5672-2310-3

Ⅰ.①大… Ⅱ.①王… ②孙… ③郭… Ⅲ.①社会科学-青年读物②哲学-青年读物③法学-青年读物④经济学-青年读物 Ⅳ.①C49②B-49③D90-49④F0-49

中国版本图书馆 CIP 数据核字(2017)第 295189 号

大学生人文社科知识读本
哲学·法学·经济学
王国聘 孙杭生 郭兆红 主编
责任编辑 杨 华

苏州大学出版社出版发行
(地址:苏州市十梓街 1 号 邮编:215006)
宜兴市盛世文化印刷有限公司印装
(地址:宜兴市万石镇南漕河滨路 58 号 邮编:214217)

开本 787 mm×1 092 mm 1/16 印张 13 字数 277 千
2018 年 1 月第 1 版 2019 年 11 月第 2 次印刷
ISBN 978-7-5672-2310-3 定价:30.00 元

苏州大学出版社营销部 电话:0512-65225020
苏州大学出版社网址 http://www.sudapress.com

序

丁晓昌

当今,我们正在为实现中华民族伟大复兴的奋斗目标而努力。大学生作为中国特色社会主义的建设者、接班人,是实现中国梦的骨干力量,社会对于他们的素质要求将更加全面。同时,在我国进入物质条件更加改善、全面建成小康社会的阶段,人的发展、人的精神需要会更加凸显。大学生人文素质教育体现了对人的关注,致力于培养最基本的"人",人的自信、品格、意志力,人的团队精神、敬业精神、职业精神,人的沟通能力、亲和能力、协作能力、协调能力等,这些都要靠人文素质教育去雕塑、去激活、去培育。因此,无论是就社会的要求而言,还是就自身的发展而言,大学生都需要不断提高自己的人文素养。

人类的精神家园靠人文来充实,更需要科学与人文的融合。而我国的基础教育由于受高考指挥棒的影响,文理分科过早,文科大学生自然科学知识贫乏,理工科大学生人文知识缺失。高等学校要培养实现中国梦的高素质创新人才,必须对理工科大学生加强人文社科知识教育,对文科大学生加强自然科学知识教育,这不仅是培养高素质创新人才的需要,也是人与社会全面、健康发展的需要。为此,各高等学校都把素质教育纳入教学计划之中,规定学生修学一定的学分;开设公共选修课让学生选修,使人文素质教育、科学精神教育与专业教育有机结合;通过加强校园文化建设,开展丰富多彩的校园科技文化活动和社会实践,改变过弱的文化陶冶、过窄的专业教育、过重的功利导向,学生真正向着自由而全面的方向发展。

自2004年起,江苏省高等教育学会在全省范围内成功组织了五届理工科大学生人文社科知识竞赛和四届文科大学生自然科学知识竞赛,以激发理工科大学生学习人文社科知识和文科大学生学习自然科学知识的兴趣与积极性。我们也希望通过竞赛活动推动高校的读书活动和文化素质教育的开展,以此来提高大学生的人文社会科学素养，培养全面发展的大学生和高素质的创新人才。竞赛活动受到了教育部、中国高等教育学会和江苏省教育厅、江苏省社科联等部门的充分肯定，也得到了各高校的欢迎与支持，产生了广泛的社会影响。

2009年年初，我们针对大学生人文素质教育的需要，也针对竞赛活动的需要，组织了部分高校有丰富教学经验和较高学识水平的教师，编写了《大学生人文社科知识读本》，分为历史·地理、哲学·法学·经济学、文学·语言文字、艺术等四卷。《读本》的编写，不求学科的系统性，强调从大学生的实际出发，重点突出文学、历史、哲学、艺术等人文社会科学的主要知识点，力求深入浅出并注意增强趣味性，使阅读者在不知不觉中得到人文精神的熏陶。该《读本》出版以来，除了作为一般读物满足读者对人文知识的了解和学习外，也是理工科大学生人文社科知识竞赛活动的辅助读物，在帮助理工科大学生更好地参加竞赛方面发挥了较好的作用，受到参赛师生的广泛好评。鉴于图书出版已近十年，一些知识已显陈旧或过时，今年对这四本《读本》进行了修订。考虑到图书内容主要是学科中的基础性知识，故修订基本保持了原书的体例和框架，对陈旧过时的内容做了删改，增加了一些新内容，并对部分内容做了调整，以进一步提高《读本》的质量。

2017年11月

（丁晓昌，江苏省高等教育学会会长，江苏省政协教育文化委员会副主任，南京师范大学教授、博士生导师，全国高等院校设置评议委员会委员，全国高等学校本科教学工作评估专家委员会委员，中国高等教育学会学术委员会副主任，全国职业院校教学工作诊断与改进专家委员会副主任）

目录

CONTENTS contents

哲学

法　学

经 济 学

哲学

一、哲学概述

（一）什么是哲学

自古以来哲学一直被看成是智慧的象征，人们总把哲学家称为“智者”或“哲人”。“哲学”这个名词在古希腊文里是“爱智慧”的意思，哲学家就是“智慧的朋友”。在汉语中，“哲”是聪明、智慧的意思，“哲学”常常被人们视为智慧的总汇或关于智慧的学问。在我国，“哲学”一词的出现虽然较晚，但哲学思想或哲学智慧的存在却很早。

1. 哲学是理论化、系统化的世界观

世界观是人们对世界及人与世界关系的总的看法和根本观点。世界观人人都有，人人都受某种世界观的指导。一个人的知识水平、生活阅历、思考问题的角度及认识能力等决定了每个人都会有自己的世界观和思维方式。但是，大多数人的世界观和思维方式都是不自觉和不系统的，既没有上升到理论形态，也缺乏必要的理论论证。也就是说，人人都有世界观，但并非人人都有哲学，或人人都是哲学家。只有那些经过思想家们自觉创立、系统回答、理论论证的理论化、系统化的世界观才是哲学。哲学就是理论化、系统化的世界观，是自觉的世界观。哲学靠理论论证和逻辑分析系统地回答关于世界最一般的问题。

2. 哲学是对自然知识和社会知识的概括和总结

在古代相当长的一段时期里，科学是包含在哲学里面的，哲学在当时是包罗万象的知识大全。后来，随着社会实践的发展，各门具体科学从哲学中逐步分化出来。具体科学是研究客观世界某一领域或某一方面的特殊本质和规律，而哲学是揭示世界发展的最一般规律。尽管二者的研究领域和对象有所区别，但哲学和具体科学却存在密切的联系。世界上有各种各样的知识，归结起来可以说只有两大类：一类是反映自然界及其发展规律的自然知识，一类是反映社会生活及其发展规律的社会知识。自然科学和社会科学是这两大类知识的结晶，而哲学的智慧是从自然科学和社会科学的具体科学知识中概括和提炼出来的。具体科学为哲学提供养料，哲学来源于具体科学，哲学离不开具体科学。所以，随着科学的进步，哲学也得到发展并改变着自己的形态。另外，哲学虽对具体科学有一定的指导作用，但哲学不能取代具体科学。

3. 哲学是人们认识世界和改造世界的根本方法

哲学是世界观，又是思想方法。人们对于哲学有一些不恰当的理解。有人认为，哲学是高深、神秘的学问，是虚妄不实的幻想，它所讨论的问题与现实生活无关；更多

人则把哲学等同于政治;甚至有人认为哲学是无用的,哲学就是诡辩。实际上,哲学既不是"精神浪费"或"多余的智慧",也不是脱离现实的"玄学",它是"思想所集中表现的时代"(黑格尔),是"时代精神的精华"和"文明的活的灵魂"(马克思)。不仅哲学无法脱离现实生活,人们的现实生活也无法完全脱离哲学。哲学的目的不是为人们提供他们所遇到问题的具体答案,它所关心的是人们在现实生活中所遇到的最普遍、最根本的问题,提供的是指导人们生存和发展的最一般方法。

(二) 哲学的基本问题

世界上的一切事物都可以归为两大类:一类是客观的"存在"或"物质",一类是人的思维、精神等"主观的事物"。哲学从总体上研究人和世界的关系,而人与世界的关系归根到底是"思维和存在"的关系,或"精神和物质"的关系。因此,恩格斯在总结哲学史的基础上做出了这样的概括:"全部哲学,特别是近代哲学的重大的基本问题,是思维和存在的关系问题。"哲学的基本问题就是"思维和存在"的关系问题,也可以表述为"精神和物质"的关系问题。哲学的基本问题包括以下两方面的内容。

1. 思维和存在、精神和物质"谁为第一性"

哲学的基本问题的第一方面内容是思维和存在、精神和物质"谁为第一性"的问题,也就是精神和物质谁为世界的"本原",谁为本原所派生的,即谁为第一性、谁为第二性的问题,这被称作"本体论问题",是哲学的基本问题的最重要方面。对这一问题的不同回答,是把各种不同哲学学派划分为唯物主义和唯心主义两大类别的唯一标准。凡是认为存在决定思维,物质是第一性的而精神是第二性的,即认为物质是"本原"的存在,而精神是由物质"派生"的存在的哲学属于唯物主义;与此相反,凡是认为思维决定存在,精神是第一性的而物质是第二性的,即认为精神是"本原"的存在,而物质是"派生"的存在的哲学属于唯心主义。

2. 思维和存在、精神和物质"有无同一性"

哲学的基本问题的第二方面内容是思维和存在、精神和物质"有无同一性"问题,也就是思维能否反映存在,精神能否认识物质的问题,这被称作"认识论问题"。对这一问题的不同回答,又可以把各种不同哲学学派区分为"可知论"和"不可知论"。凡是认为思维和存在具有"同一性"、精神能够认识物质的哲学学说均属于"可知论";反之,凡是认为思维和存在不具有"同一性",否认认识世界的可能性或否认有彻底认识世界的可能性的哲学学说就属于"不可知论"。

哲学的基本问题是任何哲学派别都不能回避的问题,是解决其他一切哲学问题的前提和基础,是人们在实践活动中的基本问题。

(三) 唯物主义和唯心主义

古往今来,哲学上的流派尽管众多纷呈,但归结起来,无外乎唯物主义和唯心主义两大基本派别。在哲学思想的发展过程中,始终存在着唯物主义和唯心主义的矛盾和斗争。

1. 唯物主义的三个历史形态

唯物主义观点是在反对宗教迷信及同唯心主义的斗争中不断发展的。在中国,唯物主义的代表有战国时的荀子,东汉的王充,南朝的范缜,明清之际的王夫之,清代的戴震等。在西方,唯物主义的发展可分为下列三个阶段:古希腊罗马的朴素唯物主义,16—18 世纪的形而上学唯物主义或机械唯物主义,19 世纪以来的辩证唯物主义和历史唯物主义,即马克思主义哲学。

古代朴素唯物主义肯定物质是世界的本原,把世界的物质统一性归结为某一种或某几种具体的物质形态。在东西方哲学中,都有朴素唯物主义的思想观点。古希腊哲学家泰勒斯、赫拉克利特、德谟克利特分别认为水、火、原子是世界的本原。中国古代社会的金、木、水、火、土"五行"说、"元气"说,古印度的地、水、火、风说等学说也都属于古代朴素唯物主义。这些思想观点虽然在哲学基本问题上都坚持了唯物主义的立场,但其宇宙观和认识论具有朴素性与直观性。

在近代出现的形而上学唯物主义,亦称"机械唯物主义",产生于 16—17 世纪的欧洲,到 18 世纪和 19 世纪上半叶达到鼎盛状态。其代表人物有 17 世纪的英国哲学家培根、霍布斯、洛克等,18 世纪的法国哲学家拉美特利、狄德罗、霍尔巴赫、爱尔维修等。近代形而上学唯物主义克服了古代唯物主义朴素直观的性质,论证了物质的客观实在性和本原性,认为意识不能没有物质的基础,心灵不能离开身体而存在,人的思想是有机物质的一种特性。然而,它用机械的观点解释世界,用孤立、静止、片面的观点看世界,看不到事物的联系、运动、变化和发展,不能把唯物主义贯彻到底,把人的意识作为社会发展的最终根源,在历史观上陷入了唯心主义。

辩证唯物主义和历史唯物主义是马克思和恩格斯在 19 世纪中后期共同创立的科学的世界观。他们概括自然科学和社会科学的发展成果,批判吸收黑格尔哲学中辩证法的"合理内核"和费尔巴哈哲学中唯物主义的"基本内核",把唯物主义和辩证法有机地结合在一起,指出世界的统一性在于它的客观实在性,物质世界是普遍联系和永恒发展的,揭示了事物的运动和发展的源泉在于事物内部的矛盾性;并将唯物主义自然观和历史观统一在一起,对社会生活做出了唯物主义的解释,揭示了社会发展的一般规律,创立了历史唯物主义。辩证唯物主义和历史唯物主义是迄今为止唯物主义的最高形式。

2. 唯心主义的两种基本形态

唯心主义是同唯物主义相对立的哲学基本派别。在哲学发展中,唯心主义主要有主观唯心主义和客观唯心主义两大基本形式。

主观唯心主义把个人的精神(心灵、意识、观念、意志、感觉等)看作世界的本原,看成是第一性的,认为人的思想不是外界事物的反映,而是自己头脑所固有的,世界上的其他一切事物都只存在于"我"的感觉、意识之中,是"我"的感觉、意识的产物,是第二性的。主观唯心主义的代表人物,在中国古代有孟子、陆九渊、王守仁等人。

先秦时期的孟子认为“万物皆备于我”。宋代的陆九渊说：“宇宙便是吾心，吾心即是宇宙。”明代的王守仁说，“心即理也。天下又有心外之事、心外之理乎？”“无心外之理，无心外之物”。在欧洲，英国哲学家贝克莱认为，“存在就是被感知”“物是观念的集合”。奥地利的马赫认为：“物是感觉的复合。”美国的杜威说：“世界是我的观念，我的活动，我的经验。”这些观点都是典型的主观唯心主义，其特征是虚构某种脱离人的肉体的“自我”，把它当成唯一真实的存在。彻底的主观唯心主义必然导向“唯我论”。

客观唯心主义认为，不依赖于物质、不依赖于人类、不依赖于人的意识而独立存在着的“客观精神”或“精神原则”是唯一真实的存在，在这种绝对的客观精神的发展过程中，才产生出了物质世界。因此，客观精神是先于物质世界而存在的，是第一性的，是世界的本原和本质，而物质世界不过是客观精神或精神原则的表现、产物或附属品，因而是第二性的，是派生的。客观唯心主义的代表人物有中国汉代的董仲舒、宋代的朱熹、古希腊的柏拉图和19世纪德国哲学家黑格尔等。董仲舒称这种外在于物质的客观精神为“天”。朱熹认为“理在事先”，意思是说在宇宙形成之前，“理”就独立存在着，“理”是万物的本原。柏拉图认为现实世界是由一种从来就存在的“理念”产生的，世界不过是“理念”的影子。黑格尔认为世界的本质是独立存在的“绝对精神”，“绝对精神”发展到一定阶段就外化为自然界和人类社会。客观唯心主义的特征在于虚构脱离人及物质世界的精神实体，认为它是万物的创造者和支配者。彻底的客观唯心主义必然走向“宿命论”和“有神论”。

我们不能把“唯物主义”和“唯心主义”像标签一样机械地使用。应该看到，不管是“唯物主义”还是“唯心主义”的哲学学说，只要能够流传下来，就有超越前人的见解和智慧，有对自然、人生、社会及其关系的深刻理解，就是有价值、有意义的，是我们进一步探索人生和宇宙奥秘的宝贵精神财富。马克思主义的辩证唯物主义和历史唯物主义就是在对人类一切有价值的思想进行概括和总结并在借鉴和超越的基础上创立的。

在哲学史上，不但存在着唯物主义和唯心主义的矛盾和斗争，还贯穿着“形而上学”和“辩证法”的矛盾和斗争。“形而上学”就是指用孤立、静止和片面的眼光看待世界的哲学观点和方法，“辩证法”是指用联系、发展和全面的眼光看待世界的哲学观点和方法。

（四）不可知论和可知论

1. 不可知论

在哲学发展史上，有少数哲学家持有“不可知论”的立场。他们对哲学的基本问题的第二方面做出了否定性回答，否认认识世界的可能性，或者否认彻底认识世界的可能性。英国博物学家赫胥黎在1869年首先创立和使用这一名词，它随后流行，成为一种常用的哲学术语。不可知论思想在古代就产生了。欧洲近代不可知论的主要代表是英国哲学家休谟与德国哲学家康德。休谟认为,感觉是人的认识的唯一对象,人的认识超不出感觉的范围,感觉之外的客观事物是否存在是不可知的。康德虽然承认在人的感觉之外有客观存在的东西(他称之为“自在之物”),也承认人的感觉是这个东西作用于人们引起的,但他和休谟一样,认为人的认识不能超出外部世界作用于感官引起的表象。也就是说,不能超出主观世界的范围。人的认识只能停留在现象的此岸,不能抵达彼岸去认识本质,即“自在之物”。不可知论的本质,就是把人的感觉看作是主观与客观之间的屏障而不是桥梁,不承认在感觉之外有确实可靠的外部世界的存在,不懂得认识过程中本质与现象、有限与无限的辩证关系。恩格斯指出,对不可知论最令人信服的驳斥是实践。不可知论作为哲学发展过程中出现的一种思潮和观点,在历史上并非只起消极作用。当它被利用来怀疑神灵世界和上帝存在的时候,它实际上是一种羞羞答答的无神论。同时,不可知论所提出的认识能力、认识的无限与有限、认识的相对性等问题,对于反对形而上学的独断论和启迪人们的思考有一定作用。

2. 可知论

绝大多数哲学家,包括唯物主义者和一些彻底的唯心主义者,都坚持可知论,主张世界是可以被认识的,对哲学基本问题的第二方面持肯定的回答。中国战国时期的思想家荀子说过:“凡以知,人之性也,可以知,物之理也。”马克思主义哲学认为,人能够认识世界,物质是可以被人们所认识的。物质是人的感觉可以反映的对象,而不是不可认识的“自在之物”。有些事物,如夸克及更小的微观粒子,是我们感观所不能直接感觉到的,但是,人们可以通过现代化的物质技术手段和人们的理性思维去认识和把握它。人类的实践和科学的发展,是对世界可知论的最好证明。世界上没有不可认识的事物,只有尚未被认识的东西。人们在一定阶段上的认识,受历史条件和科学技术条件的限制,虽然是有限的,但在人类世代的连续序列中,在社会实践的无限发展中,人的认识能力又是无限的。随着人类实践活动的扩大、深入及科学的发展,人们的认识能力不断提高,尚未被认识的事物必将转化为被认识的事物。人类的历史就是不断从“必然王国”向“自由王国”转化的历史,也是不断地由“自在之物”转化为“为我之物”的历史。

(五) 马克思主义哲学

马克思主义哲学是无产阶级的世界观和方法论,是辩证唯物主义和历史唯物主义相统一的严整的科学体系,是整个马克思主义全部学说的理论基础。马克思主义哲学从酝酿、产生、形成到系统化的历史过程和理论建构的时间是从 19 世纪 40 年代中期到 19 世纪末期。马克思和恩格斯是马克思主义哲学创立和系统化的主要代表人物,他们之间存在着深厚的友谊和紧密的合作。恩格斯谦逊地认为,功绩应当归功于马克思。除此之外,约·狄慈根、保尔·拉法格、弗兰茨·梅林、卡尔·考茨基等人也从不同方面对马克思主义哲学的研究和传播做出过努力。

1. 马克思主义哲学产生的社会历史条件

马克思主义哲学产生于19世纪40年代，它是资本主义制度矛盾发展和无产阶级革命斗争的产物。19世纪40年代的第一次产业革命一方面极大地促进了社会生产力的发展，推动了社会历史的进步和发展；另一方面又加剧了资本主义的固有矛盾——生产社会化与生产资料私人占有制之间的矛盾。资本主义的固有矛盾突出表现为经济危机和无产阶级反对资产阶级的斗争。从19世纪20年代开始，周期性的经济危机不断爆发。到了19世纪三四十年代，西欧的工人运动进入一个新的时期。1831年和1834年的法国里昂工人武装起义，1836年到1848年的英国工人宪章运动，以及1844年的德国西里西亚纺织工人起义，都表明无产阶级已经作为和资产阶级对抗的独立的政治力量登上了历史舞台，表现出强烈"实际地反对和改变事物的现状"的要求。无产阶级反对资产阶级的斗争迫切需要一个正确的科学理论来指导，马克思主义哲学就是为了适应无产阶级革命斗争的需要而产生的。资本主义社会矛盾的激化，无产阶级反对资产阶级的革命斗争为马克思主义哲学的产生提供了社会实践的基础和阶级条件。

2. 马克思主义哲学的科学前提

马克思主义哲学的创立与系统化，还与19世纪自然科学发展所取得的新成就有关。18世纪末19世纪初，自然科学有三大发现：细胞学说、能量守恒和转化定律及生物进化论。这些新成就深刻地揭示了自然界的物质统一性及其过程的辩证性质，沉重地打击了唯心主义和形而上学，为马克思主义哲学的产生提供了有力的自然科学依据。欧洲各主要国家的社会科学也已经开始产生或有了重要发展。亚当·斯密和大卫·李嘉图创立了资产阶级古典政治经济学，特别是劳动价值论，指出了通过对社会生产关系的分析去探索社会历史发展规律的道路。19世纪初法国历史学家基佐、米涅等人阐述的社会阶级斗争的历史，也提供了一把打开近代社会历史发展动力的钥匙。这些社会科学领域中的优秀成果，对马克思主义哲学唯物史观的创立有极大的帮助。

3. 马克思主义哲学的思想理论来源

德国古典哲学中的黑格尔的辩证法和费尔巴哈的唯物主义，是马克思主义哲学的直接理论来源。黑格尔哲学是客观唯心主义哲学，同时也是辩证法哲学。辩证法思想是黑格尔哲学思想中的"合理内核"，但是，黑格尔的辩证法是建立在唯心主义基础上的，是本末倒置的。费尔巴哈哲学是唯物主义哲学，但他的唯物主义是直观的，具有形而上学的性质，而且在社会历史观上是唯心主义的历史观，是一种"半截子"的唯物主义。马克思、恩格斯抛弃了黑格尔的唯心主义体系，批判地吸收了它的辩证法的"合理内核"，抛弃了费尔巴哈哲学中的形而上学和宗教的、伦理的唯心主义杂质，批判地吸收了它的唯物主义的"基本内核"，并对它们进行了革命的改造，创立了辩证唯物主义和历史唯物主义这一科学的理论体系。

4. 对待马克思主义哲学的科学态度

马克思主义哲学是以改造世界为己任的学说，是改造世界、推动历史前进的社会实践的行动指南。马克思主义哲学之所以能够与时俱进，就在于它能够顺应时代的要求，以实践作为自己的动力之源。在对待马克思主义哲学问题上，要反对“哲学万能论”和“哲学无用论”两种错误观点。“哲学万能论”，要求马克思主义哲学为自然、社会、思维等领域提供一个万能的公式，期望它能够回答一切问题，解决一切问题。“哲学无用论”，认为马克思主义哲学已经“过时”，马克思主义哲学与当代无关，在当代无用。我们要避免和克服这两种错误的态度，正确对待马克思主义哲学。

（六）世界的物质统一性

1. 物质概念的含义

唯物主义认为，世界的本原是物质的，世界是物质的世界，世上的一切归根到底都是物质和物质的运动。那么，物质是什么呢？

物质是不以人的意志为转移的，存在于人的意识之外的而能为人的意识所反映的客观实在。早在19世纪80年代，恩格斯就对哲学的物质概念进行了科学的概括。他指出：“物质无非是各种实物的总和，而这个概念就是从这一总和中抽象出来的。”在恩格斯对物质分析和研究的基础上，列宁又总结了19世纪末20世纪初自然科学的新成就，给“物质”下了科学的定义：“物质是标志客观实在的哲学范畴，这种客观实在是人通过感觉感知的，它不依赖于我们的感觉而存在，为我们的感觉所复写、摄影、反映。”

物质的根本特性是客观实在性。世界上的具体物质形态一方面千差万别、纷繁多样、各有各的特点；另一方面又有共同本质、共同特性，就是它们都是在人的意识之外的客观实在。无论实物的和非实物的、自然的和社会的、过去的和现在的、已知的和未知的、无限大的和无限小的，也不管它们的具体结构如何，形态怎样，一切物质都具有客观实在性。人们认识也好，不认识也好，需要和喜欢也好，不需要和不喜欢也好，物质都是实实在在地客观存在着的。

2. 物质与运动的辩证关系

世界是物质的，物质是运动的，整个世界就是永恒运动着的物质世界。运动是指一切事物的变化和过程。运动是物质的固有属性，是物质存在的方式。

物质和运动是不可分的。物质是运动的，运动是物质的根本属性和存在方式，没有不运动的物质。恩格斯曾说：“整个自然界，从最小的东西到最大的东西，从沙粒到太阳，从原始生物到人，都处于永恒的产生和消灭中，处于不断的流动中，处于无休止的运动和变化中。”设想没有运动的物质，必然陷入形而上学；物质是运动的载体和承担者，不存在没有物质的运动，设想没有物质的运动，必然导致唯心主义。

根据科学已达到的水平，按照从低级到高级的发展顺序，物质运动有机械运动、物理运动、化学运动、生物运动、社会运动五种基本形式。

3. 静止是运动的特殊状态

所谓静止,是指物质运动的特殊状态,是指物质运动在一定的条件下、一定范围内处于暂时稳定和平衡状态。它有两种基本情况:一是指没有发生相对位置的移动,即从一定的参照系来看,物体与物体之间的相对位置不变;二是指事物没有发生质的变化。这两种情况都是暂时的、有条件的和相对的,因为位置最终会被移动,事物迟早要失去原有的性质而变成别的事物。所以,任何事物的静止都是相对的、暂时的;反之,事物的运动才是绝对的、永恒的。

运动和静止的关系是既对立又统一的辩证关系。任何事物都是绝对运动和相对静止的统一。运动是永恒的、无条件的、绝对的,静止是暂时的、有条件的、相对的。在绝对运动中包含有相对静止,在相对静止中又有着绝对运动,即动中有静、静中有动。相对静止是事物存在和发展的必要条件,是人们认识事物的必要条件,它为我们提供了认识事物的可能。

在运动和静止关系问题上有两种错误观点,即形而上学不变论和相对主义诡辩论。形而上学不变论否认运动的绝对性,夸大静止,把相对静止绝对化,鼓吹天不变、地不变、社会不变的错误观点;相对主义诡辩论否认事物的相对静止,夸大绝对运动,认为任何事物都是瞬息万变、不可捉摸的。这就从根本上否认了事物的存在,否认了认识事物的可能性,也是错误的。

4. 物质与意识的关系

自从出现人类,世界除了物质现象以外,还有了意识现象——精神。但意识是如何产生的呢? 在这个问题上有三种观点。唯心主义认为,世界上是先有意识后有物质,是意识产生物质,而不是物质产生意识。旧唯物主义或把意识简单归结为一些具体的物质(朴素唯物主义),或认为一切物质甚至石头也有意识(物活论),或认为意识是人脑分泌出来的特殊物质,就像肝脏分泌胆汁一样(庸俗唯物主义)。辩证唯物主义认为意识是由物质决定和派生的,意识是自然界和社会长期发展的产物,是人脑的机能,是客观存在的主观映象。

意识是自然界长期发展的产物。地球形成之后,最早存在的是无机物,经过长期的发展产生了生命,继而出现了低等动植物和高等动物,最后猿变成了人。与这种发展期相适应的反映形式,经过了无机物的反应特性,到植物和低等动物的刺激感应性,到高等动物的感觉和心理,最后出现了人的意识。因此,意识是从物质发展而来的,它的根系扎在物质的土壤之中。

意识是高度发展的物质——人脑的特殊机能和属性。人脑是意识的物质器官和载体,是高度复杂而严密的物质体系。人用大脑思考问题,大量的科学事实证明,当大脑受损就会丧失正常意识活动。这些都说明,没有人脑这种特殊的物质,就没有意识。

人脑是意识的物质器官,也是意识的生理基础,但并不是意识的源泉,它不能决定意识的内容,意识的内容只能来源于外部客观世界。人脑在这里起到一个加工厂的作用,其原材料只能来源于客观世界。人只有在社会实践中同外界事物打交道,使人脑同客观世界发生联系,才会产生人的意识。马克思说:“观念的东西不外是移入人的头脑并在人的头脑中改造过的物质的东西而已。”人们意识中的一切内容都是由物质世界决定的。凡是人们意识里的东西,都可以在外部客观世界找到它们的原型,都是对客观世界的反映。但这种反映,有的是正确的、真实的反映,有的是错误的、歪曲的反映。意识的各种反映形式都受人的主观状态(感情、兴趣、知识、基础、思想方法等)的影响。由于主体状况不同,对客观世界的反映也不同。因此,意识的形式是主观的。

辩证唯物主义在坚持物质决定意识、意识依赖物质的同时,又承认意识对物质的能动作用。意识的能动作用主要有四点。第一,意识是能动的,具有目的性和计划性。第二,意识活动具有创造性。第三,意识具有指导实践、改造客观世界的作用。第四,意识具有指导、控制人的行为和生理活动的作用。

从意识能动作用的结果来看,意识对客观世界可以起两种性质完全相反的能动作用:正确的思想意识能够指导人们采取正确的行动,对事物的发展起引导作用和促进作用;错误的思想意识会引导人们采取错误的行动,对事物的发展起误导作用和阻碍作用。因此,我们在实际工作中要注意用正确的思想指导我们的行动,尽量避免和减少错误意识的反作用。

5. 世界统一于物质

在世界本原问题上,一元论认为世界只有一个本原,万物统一于一个基础。它有唯物主义一元论和唯心主义一元论之分。唯物主义一元论主张世界统一于物质,物质是世界的唯一本原;唯心主义一元论主张世界统一于精神,精神是世界的本原。

二元论认为世界有两种各自独立、性质不同的本原——物质和精神,其主要代表人物是法国哲学家笛卡尔。笛卡尔认为,宇宙的基础有两种实体:精神实体和肉体实体。多元论认为世界的基础是由许多独立的实体构成的,其代表人物德国哲学家莱布尼茨认为,整个世界是由无数独立的精神性的“单子”组成的。二元论和多元论必然倒向唯心主义。

马克思主义哲学否定二元论和多元论,坚持唯物主义一元论的立场。马克思主义哲学认为,存在着的只有物质世界,没有也不可能有超物质的世界。世界的本原只有一个,就是物质;世界的真正统一性在于它的物质性,即客观实在性。世界除了物质以外,什么都没有。世界的统一不是机械、呆板的统一,而是丰富多样、生机盎然的统一。世界的具体物质形态是无限多样、丰富多彩的。世界上的事物在外在的现象上是多样的,但在本质上又是一致的,都统一于物质。所以,世界是有差别的多样性的统一。

(七) 世界的联系和发展

1. 辩证法与形而上学

毛泽东说:“人类认识史中,从来就有关于宇宙发展法则的两种见解,一种是形而上学的见解,一种是辩证法的见解,形成了两种对立的宇宙观。”

“辩证法”(dialectics)一词源于古希腊时代的诡辩术,在古希腊文中意为谈话、论战的技艺,其本意是指在论辩中揭露对方论述中的矛盾,并克服这些矛盾以求得真理的方法。在古希腊哲学中,“辩证法”一词最早出现在柏拉图的著作中。笛卡尔曾把经院哲学的烦琐逻辑称为辩证法。后来,黑格尔关于辩证法是普遍联系和发展的思想,成为辩证法的通常含义。马克思主义哲学所讲的辩证法跟原来的含义是不同的。辩证法不再限于一种诡辩术,而是指用联系的、发展的、全面的观点来认识世界的理论和方法。它揭示了世界的奥秘:宇宙是不断发展变化的,自然界是不断发展的,人类社会也是不断发展的。唯物辩证法是辩证法发展的最高形态,其总特征是联系的观点和发展的观点。就其本质说,它是批判的和革命的。它是无产阶级的世界观和方法论,是无产阶级认识世界和改造世界的锐利武器。列宁认为,辩证法也就是马克思主义的认识论。邓小平强调:“要照辩证法办事。”

“形而上学”这一词语是对“metaphysics”的意译,“metaphysics”直译就是“在物理学之后”,用以指亚里士多德关于自然事物的著作之后的一些著作。从 13 世纪起被作为哲学名词,用以指研究超验的东西(神、灵魂和意志自由等)的学问,或用作哲学的别称,其意一般多指建立一个观念体系以对实在的性质做出判断,或以一种方法去把握所知的实在的性质。无论是书名还是哲学名词,因其内容大体上相当于中国古代所说的“道”,所以近代学者严复根据中国《易经·系辞》中“形而上谓之道,形而下谓之器”,将“metaphysics”翻译为“形而上学”。由于它和中国魏晋时的玄学都把超感性、非经验的东西作为研究对象,因此在中国也有人称形而上学为玄学。在 16—18 世纪欧洲哲学中,“形而上学”仍然大多指研究经验以外对象的哲学,但其内涵逐渐发生了变化。在德国黑格尔提出唯心辩证法之后,它又被用以指非辩证的思维方法。马克思主义哲学所讲的形而上学,是指同辩证法相对立的世界观和方法论,就是用孤立的、静止的和片面的观点去看世界,把世界一切事物、一切事物的形态和种类,都看成是永远彼此孤立和永远不变化的。如果说有变化,也只是数量的增减和场所的变更。而这种增减和变更的原因,不在事物的内部而在事物的外部,即是由于外力的推动。形而上学思维方式在古代就已产生。中国西汉时董仲舒宣称:“天不变,道亦不变。”在欧洲,17—18 世纪的机械唯物论,就是一种形而上学的思想体系。当 19 世纪一系列新兴科学产生以后,形而上学就成了自然科学发展的严重障碍。用形而上学的观点和方法看待社会历史现象,就必然否认社会矛盾,否认发展和社会革命的作用。

唯物辩证法是关于世界普遍联系和永恒发展的学说,揭示的是自然界、人类社会和思维发展的一般规律。唯物辩证法与形而上学是两种根本对立的世界观和方法论。是否承认事物的内部矛盾,是唯物辩证法和形而上学的根本分歧和对立的实质。形而上学是人类认识发展过程中的一个必经阶段,但是,这种思维方式的局限性是明显的,终会被自然科学的发展所粉碎,被唯物辩证法所代替。

2. 世界的普遍联系

联系和发展是唯物辩证法的总特征。联系和发展具有普遍性和多样性。恩格斯在谈到事物普遍联系时指出:“当我们深思熟虑地考察自然界或人类历史或我们自己的精神活动的时候,首先呈现在我们眼前的,是一幅由种种联系和相互作用无穷无尽地交织起来的画面。”

联系是指事物内部各要素之间和事物之间相互影响、相互制约和相互作用的关系。联系是客观的,是事物本身所固有的,不是主观臆想的。同时,它又是普遍的:任何事物内部的不同部分和要素是相互联系的;任何事物都不能孤立存在,都同其他事物处于一定的相互联系中;整个世界都是相互联系的统一整体。

整个世界就是无数事物普遍联系的统一整体,每一事物都是其中的有机成分。离开同其他事物的联系,绝对孤立存在的事物是没有的。如生物之间、生物与周围环境之间的相互联系,形成了复杂的生态系统;社会的物质生活和精神生活之间、它们内部各个方面之间的相互联系,构成了社会生活的全貌;在认识领域,一系列边缘学科和综合学科的出现,突破了学科之间的传统界限而把它们联系起来,则深刻地反映了物质运动形式之间的相互联系。

世界上的事物是多样的,因而事物的联系也是复杂多样的,主要有直接联系与间接联系,内部联系与外部联系,本质联系与非本质联系,必然联系与偶然联系,等等。不同的联系在事物存在和发展中所起的作用也不相同。具体事物或现象间的联系是有条件的、相对的、可变的。

3. 事物的永恒发展

物质世界是普遍联系的,又是永恒发展的。宇宙间的一切事物都处于无休止的运动、变化和发展之中,处于不断的产生和消灭之中。

事物的相互联系包含事物的相互作用,而相互作用必然导致事物的运动、变化和发展。联系构成运动,运动引起变化,变化的基本趋势是发展。发展是前进上升的运动,发展的实质是新事物的产生和旧事物的灭亡。

新事物是指符合客观规律、合乎历史前进方向、具有强大生命力和有远大前途的东西;旧事物是指在历史发展过程中逐渐丧失其存在的必然性、日趋灭亡的东西。判断一个事物是新事物还是旧事物,不能仅仅以产生或出现的时间先后来区分。新事物一般是新出现的事物,但新出现的事物不一定是新事物,旧事物也可能在新的条件下以新的形式再现出来。新旧事物的根本区别在于,它们是否同客观规律、同发展的必然趋势相符合。新事物之所以能够战胜旧事物,也在于它符合客观规律,代表了发展的方向。尽管新事物在刚刚诞生的时候力量比较弱小,有这样或那样的不足和缺点,但发展的总趋势永远是:新事物不管经历了多么曲折艰难的过程,总是由小到大、由弱到强、由不完善到完善,终究会战胜旧事物。

任何事物的发展不是一蹴而就的,而是一个动态的过程。所谓过程,指的是事物从产生到发展至灭亡的全部表现。一切事物,只有经过一定的过程,才能实现自身的发展。自然界、人类社会和思维领域的一切现象都是作为一个过程而向前发展的。

4. 对立统一规律

对立统一规律即矛盾规律,是唯物辩证法的最根本规律,是唯物辩证法的实质和核心,它揭示了事物发展的动力在于事物内部的矛盾性。

世界上任何事物的内部都包含着既对立又统一的两个方面,即矛盾。矛盾的统一属性又称矛盾的同一性,矛盾的对立属性又称矛盾的斗争性。矛盾的同一性指的是矛盾着的对立面之间相互依存、相互贯通的性质和趋势;矛盾的斗争性指的是矛盾着的对立面之间相互排斥、相互分离的性质和趋势。矛盾的同一性是有条件的、相对的,矛盾的斗争性是无条件的、绝对的。矛盾的对立面又统一又斗争,推动着事物的运动变化和发展。

事物内部矛盾的双方既对立又统一是事物发展的源泉和动力。事物的内部矛盾即内因是事物发展的根据,是第一位的原因。事物与事物之间的外部矛盾即外因是事物发展的条件,是第二位的原因。内因决定事物的发展,外因加速或延缓事物发展的进程,外因通过内因起作用。

事物的矛盾及其发展是不平衡的。在复杂的矛盾体系中,存在着主要矛盾和次要矛盾的区别,在每一矛盾中存在着主要方面和次要方面的区别。主要矛盾和次要矛盾的关系,矛盾的主要方面和次要方面的关系都是辩证统一的关系。辩证法的"重点论",就是要在复杂的矛盾体系中,着力抓住、认识主要矛盾和矛盾的主要方面。辩证法的"两点论",就是在认识和解决矛盾时,既要注意主要矛盾,又不能忽视次要矛盾;既要注意矛盾的主要方面,又不能忽视其次要方面。坚持"两点论"和"重点论"的辩证统一,是认识矛盾特殊性的基本原则,否则,就会犯"均衡论"和"一点论"的错误。

矛盾具有普遍性,即矛盾存在于一切事物之中,存在于一切事物发展过程的始终,旧的矛盾解决了,新的矛盾又会产生,事物始终在矛盾中运动。矛盾又具有特殊性,不同事物的矛盾各有其特点,同一事物的矛盾在不同发展过程和发展阶段各有不同特点,构成事物的诸多矛盾及每一矛盾的不同方面各有不同的性质、地位和作用。矛盾的普遍性和特殊性是辩证统一的关系。矛盾的普遍性即矛盾的共性,矛盾的特殊性即矛盾的个性。矛盾的共性是无条件的、绝对的,矛盾的个性是有条件的、相对的。任何现实存在的事物都是共性和个性的有机统一,个性包含着共性,共性寓于个性之中,没有离开个性的共性,也没有离开共性的个性,共性和个性在一定条件下可以相互转化。

矛盾的普遍性和特殊性关系的原理,是关于事物矛盾问题的精髓,是正确理解矛盾学说的关键,是我们党把马克思主义普遍原理同中国革命具体实际相结合的重要哲学基础,也是我们建设中国特色社会主义的重要理论依据。

5. 质量互变规律

质量互变规律是唯物辩证法的基本规律之一,揭示了事物发展都是经由量变到质变,再到新的量变的过程。

世界上所有事物的联系和发展都采取量变和质变两种状态和形式。质是一事物区别于其他事物的内在规定性。量是事物的规模、程度、速度等可以用数量关系表示的规定性。事物的质和量是统一的。度是事物保持自己质的量的限度或界限。

任何事物的运动都呈现为量变和质变两种状态。量变是事物数量的增减和次序的变动,是保持事物的质的相对稳定性的不显著变化,体现了事物渐进过程的连续性。质变是事物性质的根本变化,是事物由一种质态向另一种质态的飞跃,体现了事物渐进过程和连续性的中断。

量变和质变存在着内在的辩证关系。量变是质变的必要准备,任何事物的变化总是先从量变开始,都有一个量变的积累过程,没有量变的积累,质变就不会发生。质变是量变的必然结果,单纯的量变不会永远持续下去,量变达到一定程度必然引起质变。量变和质变又是相互渗透的,一方面在总的量变过程中有阶段性和局部性的部分质变;另一方面在质变过程中也有旧质在量上的收缩和新质在量上的扩张。量变和质变是相互依存、相互贯通的,量变引起质变,在新质的基础上,事物又开始新的量变,如此交替循环,使事物不断发展变化,这就是质量互变规律。

只承认量变,否认质变,认为发展只有量变,没有质变的观点是庸俗进化论;只承认质变,不承认量变,否认质变必须有量变的准备的观点是激变论。只有坚持质变与量变的统一,才能避免片面性,不犯或少犯庸俗进化论和激变论的错误。

6. 否定之否定规律

否定之否定规律是唯物辩证法的基本规律之一,揭示了事物自我运动、自身发展的全过程。

世界上任何事物都处于变化发展中,其内部都包含着肯定和否定两个方面,都是肯定方面和否定方面的对立统一。肯定方面是指事物中维持其存在的方面,否定方面是指事物中促使其灭亡的方面。任何事物都是肯定方面和否定方面的统一体。当事物内部的肯定方面占主导地位时,该事物保持它原有的性质和自身存在,该事物处于肯定阶段。由于事物内部肯定方面和否定方面的矛盾斗争,当否定方面战胜肯定方面取得支配地位时,事物就从肯定阶段发展到否定阶段。否定阶段的事物又孕育着新的否定自己的方面,经过矛盾斗争又否定了自身,使事物的发展由否定阶段进入到否定之否定阶段。

"肯定—否定—否定之否定"是事物发展的一个周期。处于否定之否定阶段的某事物往往重复肯定事物的某些特征,但不是简单的重复,而是更高基础上的重复。事物的发展每经过一个周期,都进入发展的更高阶段。事物的发展就是"肯定—否定—否定之否定",如此循环往复,由低级到高级无限发展的过程。

辩证的否定观的基本内容是:第一,否定是事物的自我否定,是事物内部矛盾运动的结果。第二,否定是事物发展的环节。它是旧事物向新事物的转变,是从旧质到新质的飞跃。只有经过否定,旧事物才能向新事物转变。第三,否定是新旧事物联系的环节,新事物的孕育产生于旧事物,新旧事物是通过否定环节联系起来的。第四,辩证否定的实质是“扬弃”,即新事物对旧事物既批判又继承,既克服其消极因素又保留其积极因素。坚持辩证的否定观,就要摒弃形而上学的观点:肯定就是绝对的肯定,即肯定一切;否定就是绝对的否定,即否定一切。

否定之否定规律揭示了事物发展具有周期性,这一周期性体现了前进性和曲折性的统一。事物发展的总方向、总趋势是前进的、上升的,事物发展的具体道路是迂回的、曲折的。坚持事物发展的前进性和曲折性的统一,就要反对两种形而上学观点,即循环论和直线论。循环论片面夸大曲折性的一面,从根本上取消了事物发展的前进性。直线论忽视或否认事物发展的曲折性,把前进的道路看成是笔直的,从思想方法上看只能陷入脱离实际的空想。

(八) 认识的本质和规律

1. 马克思主义的认识论

人的认识是一种复杂的意识现象。认识论是关于认识的来源、内容、发展过程及其规律的哲学学说。在哲学史上,存在着两种根本对立的认识论:唯物主义认识论和唯心主义认识论。

唯心主义认识论是先验论,坚持从意识到物质的认识路线,认为人的知识和能力是先于感觉经验的东西,是人先天就有的,否认认识是对客观世界的反映。在中国哲学史上,孔子主张有“生而知之”的圣人,孟子主张有“不学而知”的良知。在西方哲学史上,有柏拉图的“灵魂回忆说”和笛卡尔的“天赋观念”说。唯物主义认识论是反映论,坚持从物质到意识的认识路线,认为物质世界是人的意识之外的客观存在,人的思想、认识就是对客观物质世界的反映。英国哲学家洛克的“白板说”在认识问题上坚持了反映论。

旧唯物主义认识论是唯物主义反映论和可知论。但是,旧唯物主义认识论是直观、被动的反映论,因为它把人对客观事物的反映看作是像照镜子一样的消极、被动的反映。其主要的缺陷在于:一是离开实践观察认识问题,把人看成是脱离社会的抽象的人,纯生物的人,这样的人只能被动地接受外界事物的刺激,适应外部环境,对客观事物没有任何能动作用,认为人不要通过实践活动,只要靠感官直觉就能获得知识。二是离开辩证法观察认识问题,认为认识像照镜子一样,是一次完成的、一成不变的。

与旧唯物主义认识论不同,马克思主义认识论是能动的、革命的反映论。它在坚持唯物主义认识路线的基础上,把科学的实践观引入认识论,并作为全部认识论的基础,指出人们正是在改造客观事物的社会实践活动中,才使自己的认识得以形成、发展、丰富和完善。它把辩证法应用于反映论,并把辩证法贯穿于整个认识过程,从主体和客体、认识和实践的矛盾运动中考察认识活动,揭示了认识是一个充满矛盾的辩证发展过程,揭示了认识运动的基本规律,克服了旧唯物主义的缺陷,彻底地驳斥了唯心主义认识论和不可知论。

2. 认识的实践基础

马克思主义哲学的认识论科学地揭示出认识的本质,即认识是在实践的基础上主体对客体的能动的反映。

实践是人类能动地改造世界的客观物质性活动。人类实践活动具有直接现实性、自觉能动性和社会历史性的特点。实践具有三种基本形式:生产实践、处理和变革社会关系实践及科学实验。实践是整个人类认识的基础,对认识起着决定性的作用,主要表现在以下四个方面。

第一,实践是认识的来源。在实践活动中,人们通过各种感觉器官同客观事物接触后,客观事物反映到人的头脑中,从而形成对客观事物及其规律的认识。如果离开人的实践活动,拒绝接受客观事物,任何认识都不可能产生。人们绝大多数认识都是通过书本知识等间接经验得到的,间接经验以直接经验为基础,直接经验是从实践中取得的。因此,一切真知归根到底都源于实践。

第二,实践是认识发展的动力。认识是随实践的发展而发展的,认识的发生不仅依赖于实践,而且认识的发展也依赖于实践,社会实践的需要不断给人们提出新的课题,为人们提供了新的认识工具和技术手段,提高了人的思维能力,从而推动着人的认识向前发展。

第三,实践是检验认识是否正确的唯一标准。人们在实践中得到的认识是否正确地反映了客观实际,是不是真理,依靠认识本身是解决不了的,必须通过实践的检验才能最后确定。一般来说,以某一认识来指导行动,达到预期目的而变成现实时,就证明了这个认识是符合外界的规律性的,与客观实际相一致,是正确的;反之,则是不符合外界的规律性的,与客观实际相背离,是错误的。

第四,实践是认识的目的。实践是认识的起点,也是认识的归宿。因为人类认识世界的目的,并不是为了解释世界,而是要去改造世界。但是,认识本身不能直接地改造世界,只有回到实践中去,化为群众的行动,才能变为现实的物质力量,达到改造世界的目的。离开了为实践服务这个目的,人的认识就会变成盲目的和毫无意义的。

总之,认识的产生、发展、检验和归宿,认识过程的每一环节,都依赖于实践。所以,实践的观点是辩证唯物主义认识论首要的观点。认识对实践具有能动作用。这种能动作用主要表现在认识和理论对实践具有指导作用上。正确的、科学的认识和理论,可以引导实践指向适当的对象,采取正确的方法,从而取得成功。错误的认识和理论,会引导实践指向不适当的对象,采取错误的方法,从而导致失败。

3. 认识的辩证过程

认识运动是一个辩证发展过程:从实践到认识,从认识到实践,实践、认识、再实践、再认识,认识运动不断反复和无限发展。

认识运动的辩证过程,首先是从实践到认识的过程。在这个过程中,认识采取了感性认识和理性认识两种形式,并经历了由前者到后者能动的飞跃,这是认识过程的第一次飞跃。感性认识是人们在实践基础上,由感觉器官直接感受的关于事物的表面现象和外部联系的认识。理性认识是指人们借助抽象思维得到的关于事物的本质和内在规律的认识。

感性认识是认识的初级阶段,具有形象性、直接性的特点;理性认识是认识的高级阶段,具有抽象性、间接性的特点。理性认识依赖于感性认识,必须以感性认识为基础。感性认识有待于发展和深化为理性认识。只有感性认识上升到理性认识,才能把握住事物的本质,满足实践的需要。从感性认识到理性认识的飞跃,是人们认识发展的趋势。但是,它不是自发地实现的,实现这个飞跃要具备一定的条件。

在哲学史上,唯理论夸大理性认识的重要性,否认感性认识的作用,认为理性认识可以不依赖感性认识;经验论则夸大感性认识的作用,否认理性认识的重要性,认为认识可以停留在感性认识上。二者都没有辩证地把握认识过程。在实际工作中,教条主义犯了类似唯理论的错误,轻视实践,轻视感性经验,不从实际出发,而是从"本本"出发,把马克思主义当作教条,到处生搬硬套;经验主义则犯了类似经验论的错误,轻视理论,否认感性认识上升到理性认识的必要性,把局部的狭隘的经验当作普遍真理。这两种倾向都是违反马克思主义认识论的。

从感性认识上升到理性认识,认识运动并没有结束。从理性认识到实践,是认识发展过程中的第二次飞跃。认识世界的目的是为了改造世界。认识本身不能直接改造世界,只有回到实践中去,化为群众的行动,才能达到改造世界的目的。此外,认识只有回到实践中去,才能得到检验和发展。从理性认识到实践的飞跃是一个过程,不是一下子实现的,同时也必须具备一定的条件。

从实践到认识,再从认识到实践,如此实践、认识、再实践、再认识,循环往复以至无穷,一步一步地深化和提高,这就是认识发展的总过程。人们对于一个具体事物的正确认识,往往需要经过多次认识和再认识。

4. 认识的真理性

人们认识世界的目的是为了改造世界,而要想成功地改造世界就必须正确地认识世界,所以认识的任务是要获得真理性的认识,以便正确地指导实践。认识产生和发展的过程,就是在实践的基础上不断发现真理、证实真理和发展真理的过程。

真理是人们对客观事物及其规律的正确反映。谬误则是对客观事物及其规律的错误反映。真理的内容是不以人的意志为转移的客观存在,检验真理的标准是客观的社会实践,因而真理的内容是客观的。真理作为一种认识、反映,是通过语言和思维的方式表达出来的,因而其形式是主观的。

真理的发展,不仅在真理和谬误的斗争中表现出来,而且还是一个从相对真理走向绝对真理的发展过程,这是真理问题上的辩证法。因此,理解真理的发展过程,还必须搞清真理的绝对性和真理的相对性的关系问题。

真理的绝对性通常也称为绝对真理,它有两个方面的含义。一是指任何真理都是对客观事物及其规律的正确反映,都包含着不以人的意志为转移的客观内容,这是无条件的、绝对的。我们承认了真理的客观性也就是承认了真理的绝对性。二是指人类能够正确认识无限多样和永恒发展的物质世界,每一个真理的获得,都是对客观物质世界的进一步接近,这是无条件的、绝对的。因此,承认了世界的可知性,也就是承认了真理的绝对性。

真理的相对性通常又称为相对真理,它也有两方面的含义。一是指任何真理都有依赖于主体的主观形式,都是运用语言和逻辑对客观对象所做的正确反映,而不是客观事物及其规律本身,这就使人们实际把握到的每一个真理总是有条件、相对的。二是指每一个真理都只是对无限多样和永恒发展的物质世界在有限范围内和有限程度上所做的正确反映,都具有近似的、不完善的性质。承认了真理性认识有待于深化,也就是承认了真理的相对性。

绝对真理和相对真理是对立统一的辩证关系。它们并非两种不同的真理,而是同一真理的两种不同属性和方面,每一个真理,都既是绝对真理,又是相对真理,是绝对真理和相对真理的辩证统一。首先,绝对真理和相对真理是相互连结、相互渗透的。一方面,相对之中有绝对,任何相对真理中都包含着绝对真理的颗粒;另一方面,绝对之中有相对,绝对寓于相对之中,绝对真理通过相对真理表现出来,无数相对真理的总和构成绝对真理。其次,相对真理是向绝对真理转化的,真理是一个由相对真理向绝对真理转化的发展过程,每一个真理都是这个转化过程中的一个环节。每一个真理都是相对真理,都是对事物及其规律近似正确的反映,因而是需要不断发展的。而每一个相对真理又包含着绝对真理的颗粒,因此,真理发展的过程就是不断接近无限发展着的客观世界的过程。人们只能不断地接近无限发展的客观世界,但永远不会穷尽它。

真理是绝对性和相对性的统一,如果割裂两个方面的统一,就会陷入形而上学的绝对主义真理观或相对主义真理观。绝对主义真理观片面夸大真理的绝对性,否认真理的相对性,否认真理是一个发展过程。它把人们在一定历史条件下达到的有限的、近似正确的认识凝固化,使之变成僵死的教条。相对主义真理观片面夸大真理的相对性,否认真理的绝对性,从而否认了客观真理的存在。这样,就把真理的相对性夸大为主观随意性,抹杀了真理和谬误的界限,从而陷入唯心主义诡辩论。

把握真理的绝对性和相对性统一的原理,对于我们正确对待马克思主义有重要意义。马克思主义是科学真理,它也是绝对性和相对性的统一。正因为马克思主义真理具有绝对性,所以我们必须坚持以马克思主义作为我们的指导思想;又因为它具有相对性,所以我们又必须在实践中丰富它、发展它。既坚持又发展,才是对待马克思主义的正确态度。只有坚持,才能发展;只有发展,才是真正的坚持。

要坚持和发展马克思主义,必须反对两种错误倾向:一是把马克思主义当成僵死不变的教条的教条主义倾向;二是认为马克思主义已经"过时",否认它的真理性和指导作用的资产阶级自由化倾向。

5. 认识的检验标准

我们在实践中获得的认识是正确的还是错误的,是真理还是谬误,依据什么标准来进行检验?这是两千多年来哲学史上长期争论不休的问题。唯心主义者主张用认识去检验认识,旧唯物主义者把客观事物作为检验认识真理性的标准。只有马克思主义哲学才真正科学地解决了真理的标准问题,并明确指出:实践是检验真理的唯一标准。那么,为什么说实践是检验真理的唯一标准呢?

一是由真理的本性所决定的。真理是一种正确的认识,它的本性就是主观同客观的符合、一致,检验真理,就是检验主客观是否符合、一致。认识不能检验认识,客观事物及其规律不能回答人的认识是否正确,只有把认识和客观事物联系起来进行对照的社会实践才能作为标准。

二是由实践的特点决定的。实践是主观见之于客观的东西,是沟通主观与客观的桥梁。实践的特点就是直接现实性。一方面,实践是有意识、有目的的自觉活动,同人的主观世界相联系;另一方面,实践是人们改造世界的客观物质活动,又同客观世界相联系,实践的过程就是主观见之于客观的过程。在一般情况下,如果思想符合客观实际,达到了预定的结果,那就证明这种认识是正确的;如果得不到预期的结果,那就证明这种认识是错误的。因此,只有实践才是检验认识真理性的唯一标准。

(九)社会的存在和发展

1. 社会历史观

社会历史观即历史观,是指人们在认识社会历史现象、解决社会问题时所采取的根本观点,是世界观的组成部分。社会历史观是对社会科学的综合与概括,社会科学是社会历史观的基础;社会历史观一旦产生又能反过来影响具体社会科学的研究。

社会历史观主要包括对下列一些问题的观点和看法:社会存在和社会意识的关系,社会历史有无规律性,生产力与生产关系、经济基础与上层建筑在社会历史进程中的动力作用,阶级斗争在阶级社会发展中的作用,人民群众和杰出人物在历史上的作用,社会进步与人的价值实现的关系,等等。社会存在与社会意识的关系问题,即社会存在与社会意识谁决定谁,谁是第一性谁是第二性的问题,是社会历史观的基本问题。它是一切社会历史观都无法回避的问题。

社会存在是指社会生活的物质方面,即人类社会赖以存在和发展的物质生活条件,主要包括地理环境、人口因素和生产方式等。社会意识是指社会生活的精神方面,是全部社会精神现象的总和,是社会存在的反映,包括政治法律思想、哲学、宗教、道德、艺术、科学等社会意识形式,以及风俗、习惯等社会心理现象。依据对社会存在与社会意识的关系问题的不同回答,形成两种根本对立的历史观:历史唯物主义(唯物史观)和历史唯心主义(唯心史观)。

凡主张社会存在决定社会意识,用社会存在来解释社会意识的观点,就属于历史唯物主义即唯物主义历史观或唯物史观。历史唯物主义认为：社会存在决定社会意识，社会意识具有相对独立性，对社会存在具有巨大的、能动的反作用；物质生活资料的生产方式在社会发展中起决定作用；社会发展是由其内部矛盾——生产力和生产关系之间的矛盾、经济基础和上层建筑之间的矛盾所推动而发展的，而这个发展的本身又是有其固有规律的；在阶级社会中，社会基本矛盾表现为阶级的对抗和冲突，表现为激烈的阶级斗争，表现为社会革命；阶级斗争是阶级社会发展的直接动力；社会发展的历史是人民群众实践活动的历史，人民群众是历史的创造者。

与历史唯物主义相反，历史唯心主义（即唯心主义历史观或唯心史观）则主张社会意识决定社会存在，用社会意识去解释社会存在。在马克思主义产生以前，唯心史观一直占据统治地位。它的主要缺陷是：至多考察了人们活动的思想动机，而没有进一步考究思想动机背后的物质动因和思想根源，因而从社会意识决定社会存在的前提出发，把社会历史看成是精神发展史，根本否认社会历史的客观规律，根本否认人民群众在社会历史发展中的作用。

2. 唯物史观的创立

在马克思主义哲学产生以前，唯心史观在社会历史领域中占统治地位，但在社会历史观中还是出现了许多有价值的观点。例如，社会历史是发展的，反对复古倒退的观点；社会发展有规律的观点；人民对国家、对社会有重大作用的观点；社会大同的思想；环境对社会影响的观点；阶级斗争是历史政治事变的动力的观点；空想社会主义的理论；等等。

到了19世纪中叶，随着资本主义的发展，各种社会关系进一步展开，社会矛盾和社会发展背后的物质原因逐渐显露出来，社会意识和上层建筑的物质基础也较充分地展现在人们面前，唯物史观产生的条件已经成熟。在这样的条件下，马克思以科学的实践观为基础，在吸取前人优秀理论成果的基础上，发现并创立了历史唯物主义。历史唯物主义的创立是以对社会存在和社会意识关系问题的正确解决为前提的。在科学实践观的基础上，马克思主义对社会存在和社会意识的关系问题，做出了正确的科学的回答：社会存在决定社会意识，社会意识具有相对独立性并对社会存在有巨大的反作用。

唯物史观的创立，为人们认识和研究社会历史提供了一个科学的方法。这就是在研究社会历史时，不应当到人们的头脑中去寻找根源，而要追究思想动机背后的物质根源，揭示社会历史的规律性。这就使社会科学成为像自然科学一样的真正的科学。

3. 社会历史发展的动力

生产力与生产关系、经济基础与上层建筑是人类社会的两对基本矛盾。它们存在于一切社会形态之中，决定着其他一切社会矛盾，决定着整个社会的面貌和发展。社会基本矛盾运动推动着每一种社会形态的发展，也推动着一种社会形态向另一种更高的社会形态的转化，是社会发展的根本动力。

(1) 生产力与生产关系的矛盾运动规律。生产力是人类在生产实践中形成的改造和影响自然以使其适合社会需要的物质力量。生产关系是人们在生产过程中形成的不以人的意志为转移的经济关系。生产力和生产关系是社会生产不可分割的两个方面。在社会生产中,生产力是生产的物质内容,生产关系是生产的社会形式,二者的有机结合和统一,构成社会的生产方式。生产力与生产关系的相互关系是:生产力决定生产关系,而生产关系反作用于生产力。

在新的生产关系建立起来以后的一段时期内,生产关系的性质与生产力的发展要求基本上是相适合的,这时,生产关系对生产力的发展具有积极的推动作用。当生产力发展到一定程度,原来适合于生产力发展要求的生产关系,就逐渐变得陈旧了,与生产力的性质和发展要求由基本适合变为基本不适合,从而阻碍生产力的发展时,就要求根本变革旧的生产关系,建立新的生产关系。而新的生产关系一旦产生并确立起来,就又出现了生产关系的性质与生产力的发展要求在新的基础上的基本适合。生产关系对于生产力总是从基本适合到基本不适合,再到基本相适合;与此相适应,生产关系也总是从相对稳定到新旧更替,再到相对稳定。生产力和生产关系的这种矛盾运动循环往复,不断推动社会生产发展,进而推动整个社会逐步走向高级阶段。

生产力和生产关系的矛盾运动表明:生产关系一定要适合生产力状况的规律,是人类社会发展的根本规律,是在各个社会形态都发生作用的普遍规律。这个规律揭示了社会历史发展的根本原因和基本趋向,揭示了生产力在生产方式矛盾运动中的始终决定作用,从而也揭示了生产力是推动整个社会存在和发展的最终决定力量。

(2) 经济基础和上层建筑的矛盾运动规律。经济基础是指由社会一定发展阶段的生产力所决定的生产关系的总和。上层建筑是建立在一定经济基础之上的意识形态及相应的制度、组织和设施。经济基础与上层建筑是辩证统一的。经济基础决定上层建筑,有什么样的经济基础就有什么样的上层建筑。经济基础的变更必然引起上层建筑的变革,并决定着其变革的方向。上层建筑对经济基础具有反作用,集中表现在:为自己的经济基础的形成和巩固服务,确立或维护其在社会中的统治地位。上层建筑这种作用的后果可能有两种:当它为适合生产力发展要求的经济基础服务时,就成为推动社会发展的进步力量;反之,就会成为阻碍社会发展的消极力量。

经济基础和上层建筑的相互作用构成它们的矛盾运动。上层建筑是为经济基础服务的,但是,上层建筑不可能绝对适应经济基础的需要。因此,同一社会形态的经济基础和上层建筑之间,也存在着矛盾。新建立起来的上层建筑,虽然基本上适应经济基础的巩固和发展的要求,但总会有不成熟、不完善的地方。另外,经济基础又是不断变化的,就会不断出现上层建筑同经济基础之间某些不相适应的情况。只有对上层建筑中不相适应的部分加以调整和改革,使之不断适应经济基础的发展要求,才能充分发挥上层建筑的积极作用。但是,在某种社会经济形态走向腐朽,生产关系同生产力的发展根本不相适应时,就必须从根本上对上层建筑加以变革。经济基础和上层建筑的互相作用及其矛盾运动构成了上层建筑一定要适合经济基础状况的规律。这个规律与生产关系一定要适合生产力状况的规律一样,是人类社会发展的基本规律。

人类社会中的两对基本矛盾交互作用,构成了社会基本矛盾的运动。这种运动推动着社会的发展。社会的发展总是从生产力的进步开始的,生产力决定生产关系,生产关系对生产力有反作用;经济基础决定上层建筑,上层建筑对经济基础有反作用。这种交互作用构成了社会基本矛盾的运动,这种矛盾运动使生产力与生产关系、经济基础和上层建筑矛盾之间总是从基本适合到基本不适合,又从基本不适合到基本适合,矛盾不断产生又不断解决,如此循环往复,推动着社会形态的更替,促进社会从低级向高级发展。人类社会从原始社会、奴隶社会、封建社会到资本主义社会和社会主义社会,以及发展到未来的共产主义社会,都是社会基本矛盾运动的必然结果。

4. 社会发展规律的实现与人的活动

唯物史观认为,人类社会的历史是社会发展的客观规律性与社会历史主体的人的自觉活动相统一的过程。

社会历史规律存在于并实现于历史主体的人的实践活动之中。"历史不过是追求着自己目的的人的活动而已。"作为社会结构要素的生产力和生产关系、政治上层建筑和社会意识形态等本身就是人的实践活动的产物。而社会历史规律就是生产关系一定要适合生产力状况的规律、上层建筑一定要适合经济基础状况的规律,因此,社会历史规律存在于人的实践活动中,社会的"自然历史过程"恰恰是通过历史主体的人的自觉创造活动实现的。历史发展的内在的客观规律实质上是人们实践活动所遵循的规律。

人们创造历史的实践活动受到社会发展客观规律的制约。人们各式各样的思想动机能否实现及实现的程度,取决于是否符合社会发展客观规律的要求及符合的程度。恩格斯指出:"历史是这样创造的:最终的结果总是从许多单个的意志的相互冲突中产生出来的,而其中每一个意志,又是由于许多特殊的生活条件,才成为它所成为的那样。这样就有无数互相交错的力量,有无数个力的平行四边形,由此就产生出一个合力,即历史结果,而这个结果又可以看作一个作为整体的、不自觉地和不自主地起着作用的力量的产物。因为任何一个人的愿望都会受到任何另一个人的妨碍,而最后出现的结果就是谁都没有希望过的事物。所以,到目前为止的历史总是像一种自然过程一样地进行,而且实质上也是服从于同一运动规律的。"

社会历史发展的客观规律和人的自觉活动是统一的,二者统一的基础是实践。人对社会历史规律认识得越深刻,在创造历史的实践活动中的自由度就越大。同样,违背客观规律,也要受到规律惩罚——在社会实践中失败。

5. 人在社会历史发展中的作用

在人类历史发展的过程中,每一个人作为社会的一个成员,都会对历史产生这样或那样的影响,对历史起着或大或小的作用。

在马克思主义哲学产生以前,占据统治地位的历史观是唯心史观。唯心史观从社会意识决定社会存在的基本前提出发,否认物质资料生产方式是社会发展的决定力量,抹杀人民群众的历史作用,宣扬少数英雄人物创造历史,认为历史是由英雄豪杰、帝王将相、立法者、思想家创造的,是由他们的意志决定的,是英雄造时势。这样的观点被称为"英雄史观"。同历史唯心主义相反,历史唯物主义从社会存在决定社会意识及物质资料生产方式是人类社会存在和发展的基础原理出发,认为人民群众是历史的创造者,是历史发展的动力。

人民群众从质上说是指一切对社会历史发展起推动作用的人们,从量上说是指社会人口中的绝大多数。在不同历史时期,人民群众有着不同的内容,包含着不同的阶级、阶层和集团。人民群众的最稳定的主体部分始终是从事物质资料生产的劳动群众及其知识分子。

在社会历史发展过程中,人民群众起着决定作用。人民群众是历史的主体,也是历史的创造者。人民群众创造历史的作用表现有以下几点。第一,人民群众是物质财富的创造者。人类和人类社会生存和发展所必需的生活资料,都是劳动群众创造的。同时,劳动群众在物质生产活动中不断积累经验,改进生产工具和生产技术,推动生产的发展和整个社会历史的进步。第二,人民群众是精神财富的创造者。劳动群众的物质生产活动,是人们从事精神活动的前提;劳动群众的实践活动,是一切精神财富创造的源泉;人民群众直接参加了精神财富的创造活动。第三,人民群众是实现社会变革的决定力量。人民群众是社会革命和社会改革的主力军。无论是同一社会形态的量变,还是从一个社会形态到另一个社会形态的质变,都是由人民群众参与的改革和革命实现的。

历史是人民群众创造的,但唯物史观并不因此否定个人在社会发展中的作用;相反,对群众作用的肯定本身就内在地包含了对历史人物在内的个人作用的肯定。所谓个人,是指生活在特定社会关系中的具有独特个性的个体。按照对历史作用的程度和方式的不同,可以把个人分为普通个人和历史人物。历史人物是指在社会发展进程中起到重大作用的人物。历史人物按照对社会发展所起的促进或阻碍作用,又可以区分为杰出的历史人物和反动的历史人物。前者就是通常所说的杰出人物。杰出人物即进步的历史人物,是指那些站在历史潮流的前面,对促进人类的社会进步做出重要贡献的政治家、思想家、军事家、科学家、艺术家等,一般把杰出的政治家称为"领袖人物"。

英雄史观绝对夸大个别人物在历史上的作用,认为少数英雄人物能够主宰和创造历史,否认人民群众在历史上的创造作用,本质上是唯心主义历史观。英雄史观颠倒了社会存在和社会意识的关系,把创造历史的主体归结于少数个人,不懂得"历史活动是群众的事业"。历史唯物主义则从必然与偶然的辩证关系中去考察历史人物特别是杰出人物的出现及他们在历史中的作用,认为杰出人物都是特定历史条件的产物,杰出人物的出现体现了必然性与偶然性的统一。"时势造英雄"是唯物史观的一个基本观点。时势造英雄,时代呼唤英雄,时代锻炼英雄,这是英雄人物出现的必然性。但英雄人物的出现又带有偶然性，英雄人物的性格、智慧和才能使他们对历史发展进程产生特殊的影响。但是，在偶然性背后起支配作用的仍然是历史的必然性。

二、道德常识

"道德"二字连用而成为一个词始见于《荀子·劝学》："故学至乎礼而止矣，夫是之谓道德之极。"在西方古代文化中，道德的英文"morality"一词起源于拉丁语"moralis"，意谓风俗和习惯，引申其义，也有规则和规范、行为品质和善恶评价等意义。道德属于上层建筑范畴，是一种特殊的社会意识形态。它通过社会舆论、传统习俗和人们的内心信念来维系，是对人们的行为进行善恶评价的心理意识、原则规范和行为活动的总和。

（一）道德的起源与本质

1. 道德的起源

道德在人类历史上是怎么产生的？根源何在？千百年来，古今中外思想家对道德的起源有各种不同的看法，主要有四种观点。

第一种观点认为道德是从"神""上帝"或者从"天""绝对精神"那里引申出来的。比如基督教的《旧约》，就把道德规范说成是神耶和华对摩西的启示。董仲舒把"三纲五常"（君为臣纲、父为子纲、夫为妻纲"三纲"和仁、义、礼、智、信"五常"）的封建道德说成是来自"天"意，即"王道之三纲，可求于天"。第二种观点把道德说成来自人的"理念""观念"和"良知"。孟子曾说："仁义礼智根于心。"康德也说："道德律令在我心中。"第三种观点认为道德起源于动物界。俄国的克鲁泡特金就认为互助是动物所具有的一种道德本能。第四种观点否定了"神"是道德的创造者，从人的自然本性、生理本能来寻找道德根源。费尔巴哈就认为合理的利己主义和追求幸福的愿望是道德的基础，并说："道德就是人的健康的完满的本性。"

唯物史观认为，道德起源于人类早期的社会实践活动，是人类社会发展到一定阶段的产物。人们的社会存在决定了社会意识，"不是意识决定生活，而是生活决定意识"。人类最基本的实践活动是生产活动。人类在生产活动中，为了征服自然，不得不结成一定的社会关系；同时，由于彼此交往，产生了意识和语言。社会关系的形成和意识的产生，为道德意识的发生准备了条件。后来，随着生产的不断发展，随着氏族社会的形成，氏族内部人与人之间，氏族与氏族、氏族与胞族、胞族与部落等之间的关系和矛盾就更加明确和复杂化起来，氏族的、部落的共同利益要求人们正确处理这种关系，于是就产生了一定的道德意识、道德情感、道德信念，逐步形成了一定的道德规范，并以风俗习惯的形式来调节社会各种关系。当时，道德还没有分化成为独立的社会意识形态。随着生产的进一步发展，道德才从一般社会意识形态中分化出来，成为独立的形态，反映一定社会集团和阶级的利益。

2. 道德的本质

道德作为一种社会现象，自产生之日起就与人类社会处于密不可分的有机联系之中。但是，道德有区别于其他社会现象的本质属性。

第一，它是社会现象，并属于社会上层建筑和社会意识形态的范畴，因而是由一定的社会经济关系所决定的，是随着社会经济关系的变化而不断变化的，同时又具有相对独立性，对于相应经济关系的形成、巩固和发展具有重大能动作用。在阶级社会里，道德总是从一定阶级的阶级利益中引申出来的，是为一定阶级的阶级利益服务的。第二，它是从个人利益和社会整体利益关系的角度，来反映和表达社会经济关系的性质、状况和要求的，也是通过调节个人利益和社会整体利益的关系，来干预社会经济关系和其他社会关系的。第三，它是以提倡或多或少的自我牺牲为前提，凭借社会舆论、内心信念和传统习惯等力量，在善恶的对立和评价中，表达和调节个人利益和社会整体利益之间的关系的。第四，它没有可以直观的特定现象领域，而是广泛渗透于各种社会关系，并广泛干预人们的一切社会生活。

总而言之，道德的最深层的本质亦即以经济关系为基础的利益关系。正如马克思、恩格斯所说，“正确理解的利益是整个道德的基础”“一切以往的道德论归根到底都是当时的社会经济状况的产物”。

（二）道德的功能与社会作用

1. 道德的功能

道德的功能表现在道德对人所具有的积极肯定的意义上，人之所以需要道德，是在于道德对人的这种肯定的作用与功效。具体来说，道德的功能主要包括认识功能和调节功能。

道德的认识功能是指道德反映社会现实，特别是反映社会经济关系的作用与功效。道德是人们认识和反映社会现实状况及人与人之间关系的一种方式。道德往往借助于道德观念、道德准则、道德理想等形式，帮助人们正确认识社会道德生活的规律和原则，认识人生的价值和意义，认识自己对家庭、他人、社会的义务和责任，使人们的道德实践建立在明辨善恶的认识基础上，从而正确选择自己的道德行为，积极塑造自身的道德人格。

道德的调节功能是指道德通过评价等方式，指导和纠正人们的行为和实践的活动，协调人们之间关系的作用与功效。道德评价是道德调节的主要形式，社会舆论、传统习惯和人们的内心信念是道德调节所赖以发挥作用的力量。如果道德反映社会发展的客观必然性，就能引导和激发人们的积极性和主动性，不断调节社会整体和个人的关系,使个人与他人、个人与社会的关系逐步完善和谐。在社会生活中,道德调节并不是孤立地进行的,而是和其他社会调节手段密切配合,共同发挥调节作用。

道德还具有其他方面的功能,如导向功能、激励功能、辩护功能、沟通功能等,这些功能都是道德的认识功能和调节功能在某些方面的具体体现,都是建立在这两种功能的基础之上的。

2. 道德的社会作用

道德的社会作用是指道德作为思想上层建筑和社会意识形态对于整个社会生活所产生的影响。主要表现为以下四点。

第一,道德始终为产生它的经济基础服务。它以自己的善恶标准从道义上论证产生它的经济基础的合理性和正义性,促进自己经济基础的形成和巩固,并谴责和否定不利于自己经济基础的思想和行为。第二,在阶级社会里,道德是阶级斗争的工具之一。统治阶级的道德为统治阶级的利益辩护,是维护其阶级统治的精神力量。被统治阶级的道德代表被压迫者对这个统治的反抗和未来的利益,力图破坏这种统治。第三,一切进步的道德,总是对生产力和科学技术的发展起着积极的推动作用,而一切落后、腐朽的道德则对生产力和科学技术的发展起着消极的阻碍作用。第四,道德还对上层建筑的其他领域及社会生活秩序起着重要影响。

总之,凡是反映适合生产力发展要求的经济基础、代表社会进步力量的道德,就对社会发展起着积极的作用;反之,则起着消极的阻碍作用。在道德的社会作用问题上,我们要反对两种错误倾向:一种是“道德决定论”,它片面夸大了道德的社会作用,认为人们的道德特别是个别杰出人物的道德品质可以决定历史的进程,或者把道德说成是医治社会弊端的唯一良方;另一种是“非道德论”或“道德无用论”,它则根本否定道德的社会作用,甚至否定道德的存在。

(三) 道德的历史发展过程

道德不是千古不变的,同其他社会意识形态一样,道德也有自己的历史发展过程。迄今为止,人类社会先后经历了五种社会形态,与此相适应,出现了道德发展的五种历史类型,即原始社会道德、奴隶社会道德、封建社会道德、资本主义社会道德、社会主义道德。在社会主义社会,有一部分先进分子还身体力行,践行共产主义道德。

1. 原始社会道德

原始社会道德是人类历史上最早产生的道德类型,是与原始社会的经济、文化相适应的社会道德。在原始社会,生产力低下,生产资料公有,人人劳动,平均分配,没有剥削和压迫,由此形成的道德特征是:以维护氏族和部落的共同利益为重,把无条件服从和维护共同利益视为神圣义务;全体成员之间自由平等、团结互助;道德观念简单、贫乏;道德调节范围狭隘,主要通过风俗、禁忌、传统和宗教仪式来进行。原始社会道德具有两重性,既有素朴、美好、高尚的一面,又有血缘群婚、氏族复仇和食人之风等消极的一面。

2. 奴隶社会道德

奴隶社会道德是与奴隶社会的经济、文化相适应的社会道德。奴隶社会是人类第一个阶级社会。奴隶主阶级和奴隶阶级是两大对抗阶级；此外，还存在着奴隶主贵族与平民之间的矛盾和斗争，从而产生了相互对立的道德体系。其中，奴隶主阶级道德是占统治地位的道德，其特征是维护奴隶对奴隶主的人身依附关系，保护奴隶主的私有财产，提倡等级尊卑、男尊女卑和男主女从。而奴隶阶级道德则以反抗非人虐待、争取人身的自由解放为主要内容。这两种道德的相互对抗和斗争，是奴隶社会道德总体的主干。同时，平民道德在一定程度上赞美劳动，反对贵族的掠夺和统治。从总体上看，奴隶社会的道德体现了生产力和人类文明的发展，基本铲除了原始社会杀死俘虏、食人之风和群婚等野蛮的社会风气，体现了道德的历史进步。特别是奴隶阶级争取自由、解放的道德理想和实践，具有巨大的进步意义。但是，奴隶社会中奴隶主的凶残、贪婪和虚伪，相对于原始氏族社会纯朴的道德来说无疑是一种堕落和倒退。

3. 封建社会道德

封建社会道德是与封建社会的经济、文化相适应的社会道德。封建社会存在着地主阶级和农民阶级两大对抗的阶级。地主阶级占有绝大部分土地和生产资料，以地租形式剥削农民阶级的劳动。在道德关系上，建立森严的宗法等级制度。由此形成的封建社会的道德特征是：维护宗法等级制及其特权；借助宗法礼教或教会，使道德规范化、神秘化；道德调节功能进一步强化。在封建社会，地主阶级道德占统治地位，它一方面调节本阶级成员之间的关系，另一方面用以欺骗、麻痹农民阶级，使之成为忠顺的奴仆。与此相对立的农民阶级道德则尊重劳动者的尊严和价值，不断为人身独立而斗争，并发扬了勤劳、节俭等美德。封建社会地主阶级道德由于体系化和理论化，因而更具有伪善性，在长期的封建社会中一直成为禁锢人民的思想工具。

4. 资本主义社会道德

资本主义社会道德是与资本主义社会的经济、文化相适应的社会道德。在资本主义社会，实行生产资料私有制，资产阶级占有全部生产资料，并以剩余价值形式剥削无产阶级的劳动；而无产阶级除自身劳动力之外，一无所有。由此形成资产阶级和无产阶级两种对立和斗争的道德体系。资本主义社会的道德特征是：推崇个人主义、利己主义和拜金主义，道德内部矛盾加剧，道德调节功能减弱，道德危机日益严重，许多道德问题往往诉诸法律才得以解决。总之，新兴资产阶级在反对封建制度的斗争中形成的资产阶级道德，提倡民主、自由、平等、博爱，主张个性解放、人道主义，强调个人物质利益，反对封建特权和禁欲主义，在初始阶段具有历史进步性，它使人类文明和道德的发展前进了一步。18 世纪后半叶，随着资产阶级政治制度的建立，资产阶级道德把追求个人私利作为一切行为的出发点，把追求个人自由和幸福的一切行为作为美德，宣扬金钱万能和拜金主义，为维护资本主义剥削制度服务。资产阶级道德是阶级道德的最后阶段,随着私有制关系的最后消灭,资产阶级道德必将日趋没落,无产阶级道德必将不断发展和完善,最终取代资产阶级道德而在社会生活中占主导地位。

5. 社会主义道德

社会主义道德植根于社会主义经济基础,是人类社会的一种新的历史类型的道德,是与社会主义的经济、政治、文化状况相适应的道德。建立在公有制经济基础之上的社会主义道德具有以下特征:社会主义道德代表无产阶级和全体劳动人民的共同利益;社会主义道德同公有制经济相适应;社会主义道德以忠于社会主义事业的集体主义为基本原则,以实现共产主义为道德理想。社会主义道德和共产主义道德在本质上是同一类型的道德,社会主义道德是共产主义道德在现阶段的具体体现。现阶段,在弘扬社会主义道德的同时,还要继续宣传和弘扬共产主义道德。共产主义道德不仅是人类的道德理想,而且深深植根于中国革命的历史实践和中国特色社会主义的实践中,表现为大公无私、公而忘私、毫不利己、专门利人、艰苦奋斗、无私奉献、全心全意为人民服务。

每一社会都有与其经济基础相适应的占统治地位的道德;在同一社会形态中,不同的阶级或人群还会有不同的道德。在阶级社会中,占统治地位的道德是统治阶级的道德,同时还存在着的被统治阶级的道德则总是处于从属的地位。人类道德的发展,是一个曲折上升的历史过程。

(四)道德与社会的精神生活

1. 道德与法律

在社会意识形态中,道德和法律同属人的行为规范,所以它们之间的关系十分密切。要有效地维持社会的正常秩序,法律和道德缺一不可,法律是最基本的道德,道德是不成文的法律。如果仅有道德的感化和劝诫,而缺乏法律的强制手段,社会就可能因失去行为规范的威慑力而达不到扬善惩恶的效果;同样地,如果仅仅依靠严刑峻法而缺少道德手段,人们就会因道德水准的普遍低下而不能自觉地遵纪守法,也会导致社会秩序、人际关系的紊乱。

道德和法律同属于行为规范的范畴。二者之间既有区别,又有联系。道德与法律的区别是明显的。

第一,从道德与法律产生和发展的趋势来看,道德贯穿于人类社会的始终,而法律则与阶级社会共存亡。原始社会就存在道德,但没有法。到了阶级社会,统治阶级为了维护自己的统治,制定了法律,被统治阶级却没有自己的法律。但是,统治阶级和被统治阶级都有自己的道德。将来的共产主义社会,法要消亡,而道德却要加强,由阶级的道德变成全人类的道德。

第二,从道德和法律借以维持的力量来看,道德主要依靠社会舆论、内心信念而起作用,法律则是统治阶级意志的体现,依靠国家机器来制定并强制实行。但在现实社会生活中,道德和法律的最大区别在于,它们所要规范的行为不同。法律侧重于追究既往,对那些触犯了法律律令的行为给予惩罚,而道德则偏重于防患于未然,扬善抑恶;违法的行为必然是严重的不道德行为,而对于相当一部分的不道德行为,法律常常显得软弱无力。

第三,从道德和法律的作用方式和范围来看,法律的作用主要表现为对一定行为的禁止、制裁,道德作用则表现为对人们行为的劝阻和示范的辩证统一,道德对人们行为所干预的范围比法律广泛得多。

道德和法律是相互作用、相互补充、密切联系在一起的。在历史上,任何统治阶级都是一面用自己的道德为其法律辩护,另一面又利用自己的法律强力推行他们的道德原则和规范。中国封建统治阶级就十分重视德法并施,强调"制礼以崇敬,立刑以明威"。一个治理有方的社会,必须是道德建设与法制建设同时并举的社会。随着全社会道德水平的普遍提高与法制建设的健全完善,人们必将在行为规范所许可的范围内获得最大限度的行为自由,在安定团结的局面下进一步发展和完善自身,推动社会的全面进步。

2. 道德与政治

道德和政治是上层建筑结构中两个重要的组成部分,二者相互区别,又相互影响,以其各自特有的方式反作用于经济基础。道德和政治的区别主要表现在三个方面。

第一,对社会经济关系作用方式不同。政治是经济的集中表现,最直接、最集中地反映各阶级的经济利益。道德反映经济关系和阶级关系就不那么直接、集中,它是政治的一种辅助力量。第二,它们反映人们关系的角度不同。政治反映的是一切阶级和阶层与国家和政府的相互关系,对人们行为的调整带有强制性。道德是从个人与个人、个人与社会的关系这一角度去调整人们之间关系的。它调整人们之间的关系,不像政治那样带有强制性,而是依靠社会舆论、传统习惯和人们的内心信念来实现的。第三,它们的存在和发展趋势不同。道德贯穿于人类社会的始终,政治则存在于阶级社会。

道德和政治之间的联系主要是:一方面,政治虽不能决定道德,但对道德有着支配、制约的作用。政治上占据统治地位的阶级,常常利用政治优势向被统治阶级宣传、灌输反映其阶级利益的道德规范,甚至还冠之以"超阶级""全人类"的美名来予以推广。另一方面,道德虽然从属于政治,但对政治也有积极的影响。道德历来为与自己性质相同的政治服务,论证相应政治制度的正义性和合理性,排斥性质与之完全不同的政治制度,依据一定的政治利益、阶级利益,对一些政治力量采取或者反对或者支持的鲜明态度。

政治和道德之间的区别表明,政治与道德不能相互替代、完全等同,"政治道德化"和"道德政治化"都是片面的。政治和道德之间的联系则要求我们恰当地发挥政治和道德的功能,以使它们相互补充,协调作用,共同维持人类社会的正常秩序。

3. 道德与文艺

道德和文艺作为两个不同的领域，它们都是对社会现实生活的反映，但两者反映现实的方法、范围及对人们发生作用的方式有所不同。道德主要通过概念、规范、准则等抽象的逻辑思维形式，来协调人与人、人与自然、人与自身的关系，反映和把握社会的现实存在；文艺则更多地借助于形象思维，即塑造生动丰富的典型形象，给人以美的享受，再现和反映社会生活。可见，道德和文艺相比，道德对现实的把握虽具有更大的普遍性，但其范围不及文艺那么广泛。如果说，道德对人们发生作用的方式更多的是"晓之以理"，给人以理性自觉，那么文艺则更多地"动之以情"，使人在感情的波澜中受到教益。

对于社会的精神文明建设来说，探明道德与文艺之间的联系，具有更加重要的现实意义。一方面，文艺以其独特的方式，对人们道德情感、道德品质的培养具有强烈的感染力和说服力；另一方面，文学艺术总是内含着文艺创作者鲜明的道德意识，反映着作者所处时代的道德生活和道德风貌。由于道德和文艺这两方面的联系，优秀的文艺作品必然会产生震撼人心的伟大力量，庸俗低下的文艺作品则会销蚀人们的进取精神，对社会产生不良的影响。因此，在社会主义条件下，我们在倡导高尚、圣洁的道德情操的同时，还必须通过大量的艺术精品来塑造人的心灵，以保证人们生活在健康、丰富的精神氛围之中。

4. 道德与宗教

从根本上说，道德和宗教是格格不入的。因为，道德所反映的是社会生活中的现实关系，而宗教却是人们对现实生活虚幻、曲折的反映；道德要求人们建立的内心信念完全是一种自觉、理性的产物，而宗教则通过借助于一系列的禁忌、礼仪来确立人们的信仰。但是，在社会发展的实际进程中，宗教却有着久远的历史。它在一个相当漫长的时期内，其清规戒律泛化成人类普遍的道德行为规范，即使到了科学技术如此昌盛的今天，这种情况依然存在。所谓宗教道德化和世俗道德宗教化，就逼真地体现了道德和宗教之间的奇特结合。统治阶级一方面利用宗教，通过神的启示，把惩恶扬善、追求理想天国的训条转化为世俗的道德规范；另一方面又赋予道德律令以先验神秘的色彩，用神学的外衣将其装扮起来。应当说，这只是一种暂时的历史现象。随着社会的发展和科学技术的进步，道德必将挣脱宗教和神学束缚而继续存在下去。

（五）我国社会主义道德体系

中国共产党十四届六中全会通过的《中共中央关于加强社会主义精神文明建设若干重要问题决议》全面总结了我国社会主义道德建设的经验教训，依据我国社会主义初级阶段的实际情况和道德生活所出现的问题，创造性地提出了适应社会主义市场经济体制的社会主义道德体系的框架。这个框架的核心是为人民服务，原则是集体主义，基本要求是爱祖国、爱人民、爱劳动、爱科学、爱社会主义，三个主要领域是社会公德、职业道德、家庭美德。

1. 社会公德

社会公德简称“公德”，是指在社会交往和公共生活中公民应该遵守的道德准则。社会公德涵盖了人与人、人与社会、人与自然之间的关系。在人与人之间关系的层面上，社会公德主要体现为举止文明、尊重他人；在人与社会之间关系的层面上，社会公德主要体现为爱护公物、维护社会公共秩序；在人与自然之间的关系层面上，社会公德主要体现为热爱自然、保护环境。在社会主义现代化建设的过程中，每一个社会成员，都应当遵守以“文明礼貌、助人为乐、爱护公物、保护环境、遵纪守法”为主要内容的社会公德。

自中华人民共和国成立以来，各种形式的社会公德建设实践活动蓬勃开展。从20世纪50年代以“五爱”（指爱祖国、爱人民、爱劳动、爱科学、爱护公共财物）为主要内容的道德教育，60年代起在全国掀起的学雷锋运动，80年代初的“五讲四美三热爱”（“五讲”即讲文明、讲礼貌、讲卫生、讲秩序、讲道德，“四美”即心灵美、语言美、行为美和环境美，“三热爱”即热爱祖国、热爱党、热爱社会主义）群众性精神文明创建活动，到90年代及其以后的“讲文明树新风”为主题的创建文明城市、文明村镇、文明行业活动，以及社会各界组织的“希望工程”“送温暖”“志愿者”“手拉手”“春蕾计划”“扶残助残”“百城万店无假货”“保护母亲河”等活动，都成为社会公德建设的良好载体，使人们通过亲身参与和体验增强了践行社会公德的自觉性。

2001年9月公布的《公民道德建设实施纲要》明确将“爱国守法、明礼诚信、团结友善、勤俭自强、敬业奉献”规定为公民的基本道德规范。

2. 职业道德

职业活动是人类社会生活中最普遍、最基本的活动。职业道德是指从事一定职业的人在职业生活中应当遵循的具有职业特征的道德要求和行为准则。社会主义的职业道德继承了传统职业道德的优秀成分，体现了社会主义职业的基本特征，具有崭新的内涵：爱岗敬业、诚实守信、办事公道、服务群众、奉献社会。

爱岗敬业，反映的是从业人员热爱自己的工作岗位，敬重自己所从事的职业，勤奋努力，尽职尽责的道德操守。这是社会主义职业道德的最基本要求。诚实守信，既是做人的准则，也是对从业者的道德要求，即从业者在职业活动中应该诚实劳动，合法经营，信守承诺，讲求信誉。办事公道，就是要求从业人员在职业活动中做到公平、公正，不谋私利，不徇私情，不以权损公，不以私害民，不假公济私。服务群众，就是在职业活动中一切从群众的利益出发，为群众着想，为群众办事，为群众提供高质量的服务。奉献社会，就是要求从业人员在自己的工作岗位上树立奉献社会的职业精神，并通过兢兢业业的工作，自觉为社会和他人做贡献，这是社会主义职业道德中最高层次的要求。

3. 家庭美德

家庭是社会的细胞。婚姻家庭的和谐是社会和谐稳定的基础。家庭美德在维系和谐美满的婚姻家庭关系中具有十分重要而独特的功能。家庭美德是每个公民在家庭生活中应该遵循的行为准则，涵盖了夫妻、长幼、邻里之间的关系。家庭美德的基本规范是：尊老爱幼、男女平等、夫妻和睦、勤俭持家、邻里团结。

尊老爱幼，要求人们对老人给予尊重和回报，对儿童给予物质和精神上的照顾与培育。男女平等既表现为夫妻权利和义务上的平等、人格地位上的平等，又表现为平等地对待自己的子女。夫妻和睦，就是在男女平等基础上的互敬互爱、互助互让。勤俭持家，就是既要做到努力工作，勤劳致富，也要量入为出，节约费用。邻里团结，就是邻里之间应该以礼相待，做到互让互谅、互帮互助、宽以待人、团结友爱。

4. 中华民族的传统美德

中国传统精神文化是以伦理道德为核心的，伦理道德也就必然成为中华民族所共同尊崇的价值原则。在这种原则的作用下，中华民族形成了许许多多美好的品德。这些美德不仅为过去中华民族的发展提供了巨大的力量，也将会为未来中华民族的腾飞发挥重要的作用。"以和为贵"的理念；"大公无私，达济天下"的胸怀；"富贵不能淫，贫贱不能移，威武不能屈"的操守；"己欲立而立人，己欲达而达人""己所不欲，勿施于人"的原则；"位卑未敢忘忧国"的精神；"无为而无不为"的智慧；"天行健，君子以自强不息"的意志；"地势坤，君子以厚德载物"的雅量；"宁为玉碎不为瓦全"的风骨；"见义勇为，舍生取义"的气概；"高山流水"的友谊；"见贤思齐""无欲则刚"的人生哲理……中国文化中这种系统而完整的、崇高而伟大的伦理价值体系，是世界罕见的，它是全人类共同追求的理想。

三、宗教知识

宗教是一种社会意识形态，是一定社会政治上层建筑的重要组成部分。它相信在现实世界之外还存在着超自然、超人间的神秘境界和力量，主宰着自然和社会，因而对之敬畏和崇拜。宗教的产生、发展有着深刻的认识根源和社会根源。宗教在人类社会中将长期存在，并且将发挥很大的影响作用。

（一）宗教的产生与发展

1. 宗教的产生

宗教是原始社会发展到一定阶段的产物，最初是作为原始人群的自发信仰产生的。迄今发现最早的宗教观念和信仰活动留下的遗迹约产生于旧石器时代中期。在原始社会后期，由于当时社会生产力十分低下，人们的生活条件异常艰苦，人类无法控制自然，不得不屈服于自然的压力，于是将自然物和自然力人格化，变成超自然的神灵而加以崇拜。这是宗教产生的认识根源。

进入阶级社会以后,宗教存在和发展有其深刻的社会根源:人们受这种社会的盲目异己力量的支配而无法摆脱,劳动者对于剥削制度所造成的深重苦难的不满、恐惧和绝望,剥削阶级需要利用宗教作为麻痹和控制群众的重要精神手段。

2. 宗教的发展

原始宗教的最初形式是自然宗教,主要表现形式有自然崇拜、动植物崇拜、鬼魂崇拜和祖先崇拜,以及上述崇拜的结合即被当作氏族和部族标记的图腾崇拜等。随着社会和历史的发展,宗教也在不断演进。这种演进是多方面的。由最初的自然崇拜发展出精灵崇拜、图腾崇拜、祖先崇拜和神灵崇拜;由多神崇拜发展到统驭众神的至上神崇拜以至一神崇拜;由部落宗教(如中国赫哲族、鄂温克族、鄂伦春族的萨满教,藏族早期的苯教,南非的布须曼人宗教等)演化为民族宗教(如犹太教、神道教、印度教等)以至世界宗教(佛教、基督教、伊斯兰教);由原始宗教(也叫自然宗教)发展到古代宗教(人类进入阶级社会以后的宗教发展形态——恩格斯称之为"人为宗教")再发展到在资本主义社会和社会主义社会依然长期存在的现代宗教。

宗教需要具备信仰内容(教义)、信仰对象(神灵)、信仰程式(礼仪)、信仰主体(教徒和教会组织)四个因素。人类最早的原始宗教比较幼稚,它没有明确的信仰内容,没有明确的教义,最初只是崇拜自然。原始宗教礼仪的主要方式是祭神和巫术、占卜等,整个部落和全民都是信仰者,祭司或巫师们在部落里有很高的特权和地位。自从人类社会进入阶级社会以来,剥削阶级总是利用宗教来愚弄和麻痹人民的反抗意志,以巩固它的统治,于是宗教得到进一步的发展。随着宗教的发展,陆续出现了由信教者组织的宗教组织、专职教务人员和教阶体制。各宗教形成了自己的教义信条、神学理论、清规戒律和祭仪制度等,而且日趋复杂多样。

3. 宗教的消亡

宗教作为一种社会历史现象,有它产生、发展和消亡的过程。由于宗教的认识根源和社会根源长期存在,只有经过社会主义、共产主义的长期发展,自然力量和社会力量对于人们不再是一种异己力量时,在一切客观条件具备的时候,宗教这种历史的产物才会趋向自然消失。也就是说,只有社会生产力和科学文化得到高度发展,阶级对立消失,人与人之间建立起平等和合作的关系,没有压迫和剥削时,宗教才会自动退出历史的舞台。

(二)世界三大宗教

自古以来宗教的种类复杂多样,不同的国家或民族有不同的宗教信仰。而在人类的发展史中有着深刻影响的是佛教、基督教和伊斯兰教,它们并称为世界三大宗教。

1. 佛教

佛教诞生于公元前6世纪的古印度,相传由古印度北部伽毗罗卫国(今尼泊尔南部)净饭王的儿子乔达摩·悉达多创立。人们尊称乔达摩·悉达多为"释迦牟尼”,意为释迦族的圣人。佛教徒则称其为“佛”或“佛陀”,意为真理的觉悟者。

一般认为,释迦牟尼生于公元前565年,卒于公元前490—前480年之间,他所处的年代正是我国春秋时代,略早于孔子。释迦牟尼的父亲净饭王对他寄予厚望,对他进行严格的教育,希望他将来能成为建功立业、统一天下的君主。16岁时,奉父命与表妹完婚,育有一子。27岁时,因终感人间无常,不得解脱,乃辞父、别妻、离子,舍弃王位,出家修行。先从婆罗门教徒修习苦行,又从数论者修习禅定,历经6年徒劳无获,悟出苦行无益,复到菩提伽耶菩提树下静坐冥索,35岁时觉悟成道。此后,释迦牟尼一直在印度北部、中部恒河流域进行传教,发展了很多信徒。后在拘尸那迦城圆寂,遗体被火化,火化后留下的遗骨和珠状宝石样生成物被尊称为“舍利”。他一生所演说的教义被信徒们记录整理,形成了经、律、论三大部,就是后世所称的“三藏”。

佛教诞生的时代是一个民族矛盾与阶级矛盾十分尖锐、社会动荡不安、新旧思想交替和宗教活动盛行的时代。当时的印度建立了许多城市国家,各国通行种姓制度,根据不同阶级和社会分工把居民分为四个等级。第一级是婆罗门即僧侣,他们的地位最高贵、最重要,掌握神权和主持祭祀,是人民精神生活的统治者。第二级是刹帝利即武士,他们担任国王和文武官职,掌握政治和军事大权,是古印度国家的世俗统治者。僧侣是祭祀贵族,武士是军事贵族,他们是奴隶主阶级。第三级是吠舍,是农民、牧民、手工业者和商人,负有缴纳租税和服徭役的义务。第四级是首陀罗,是奴隶、杂工和仆役,他们没有任何权利,备受压迫和剥削,社会地位极低。佛教反对“婆罗门第一”,主张四个等级平等,受到了刹帝利和吠舍的支持而得到传播。

佛教的基本教义是:把现实人生断定为“无常”“无我”“苦”;“苦”的原因既不在超现实的“梵天”,也不在社会环境,而由每人自身的“惑”“业”所致。“惑”指贪、嗔、痴等烦恼,“业”指身、口、意等活动。“惑”“业”为因,造成生死不息之果;根据善恶行为,轮回报应。故摆脱痛苦之路,唯有依经、律、论“三藏”,修持戒、定、慧“三学”,彻底转变自己的世俗欲望和认识,超出生死轮回范围,达到这种转变的最高目标,叫作“涅槃”或“解脱”。这些说法,包括在“五蕴”“十二因缘”“四谛”等最基本的教理之中,成为以后佛教各派教义的基础。佛教有劝人从善戒恶的作用。

佛教于公元前6世纪至公元前5世纪创立后,迅速向周边国家和地区传播。一大主流传播于东南亚一带,在锡兰(今斯里兰卡)、缅甸、泰国等东南亚国家和地区及我国云南边境地区盛行,被称作南传佛教;另一主流经中亚向北沿丝绸之路传到中国,后来传到韩国、日本、越南等地,属于北传佛教。传入中国的西藏和内蒙古、蒙古、俄罗斯的西伯利亚等地区的,为北传佛教中的藏传佛教,俗称喇嘛教。

西汉末年,佛教传入中国内地,魏晋南北朝时期得到发展,隋唐时达到鼎盛,形成天台宗、律宗、净土宗、法相宗、华严宗、禅宗、密宗等中国佛教宗派。两宋以后,佛教的某些基本教义为儒教所吸收,逐渐衰微,但在社会生活的各个方面仍有一定影响。中国佛教的四大道场(指佛祖或菩萨显灵说法的场所)分别是五台山、普陀山、峨眉山、九华山。

佛教传入中国后,其影响及于中国哲学、文学、艺术、音乐、建筑及民间风俗等各个方面。其佛教哲学思想经过与儒、道的渗透和融合,成为中国传统哲学思想的重要组成部分,特别对宋明理学的形成有极大影响。

2. 基督教

基督教的前身是古希伯来人的宗教——犹太教。基督教是一个世界性的大宗教,"基督教"一词在英语中称为"Christianity",是指信奉耶稣基督为救世主的各教派的统称。基督教主要包括天主教、东正教、新教三大教派及其他一些小教派。

基督教起源于公元1世纪中叶亚洲西部的巴勒斯坦、小亚细亚等地,距今约有1900多年的历史。传说的创始者为耶稣基督及其门徒。从《福音书》中,我们可以知道耶稣的一些情况:玛利亚因圣灵感孕而怀耶稣,罗马政府的人口普查使耶稣得以降生在伯利恒。为躲避希律王的迫害,他的父亲带着他逃亡埃及,直到希律王死后才返回。耶稣受洗后表明他已成为基督,是上帝的儿子,为拯救世人而执行上帝赋予他的使命。耶稣在传教的过程中拣选了十二门徒。但当耶稣受难的时候,部分门徒由于软弱而离开了。事后,他们发现罗马当局无意株连他人,按照耶稣在世时的教训,信徒们又重新聚集,并增补了马提亚为信徒,以代替卖主的犹大,他们成为初期基督教的核心人物。

基督教的兴起几乎与罗马帝国的发展同步,它起源于犹太教,最初只可视作是犹太人信仰的一个流派和支派。建立于公元前27年的罗马帝国是一个地跨欧、亚、非三洲的奴隶制大帝国,广大奴隶和平民由于不堪忍受奴隶主阶级的统治和压迫,不断举行起义和反抗。继著名的斯巴达克起义之后,公元66年爆发了一次规模很大的起义,这就是巴勒斯坦犹太人发动的"犹太战争",历经4年才被罗马统治者镇压。统治者占领了耶路撒冷以后,疯狂地进行屠杀,被俘的起义者几乎全部被钉在十字架上处死,居民被卖为奴隶的达7万多人。城市居民虽然接连不断地起来反抗,但都很快遭到失败。面对强大的罗马帝国政权,零散的小部落或城市进行的任何反抗都是无望的。被奴役、受压迫而沦为赤贫的人们找不到出路,只能寄希望于宗教。

基督教创立初期,其教徒大多是平民和贫民,对统治者极端仇恨,受到罗马帝国的残酷迫害;但又觉得无力改变现状而寄希望于基督再临世上,毁灭世上一切不义,为己复仇,伸张正义。后因被中上层人士渗入并取得领导权,改而主张效忠顺服执政者。罗马帝国当局也对之改迫害为利用,基督教于公元392年被罗马帝国定为国教。欧洲中世纪,基督教正统教会成为封建社会的支柱,并把哲学、政治、法学等都置于其神学的控制下。

基督教的教义是犹太教的神学和古希腊、罗马唯心主义哲学的混合物,信奉"三位一体"的上帝,即相信上帝是唯一的真神。它有三个位格——圣父、圣子和圣灵,这三个位格互不混淆,但其本质相同、神性相通,由此联结成一体。世界万物都由这一上帝所创造和主宰。人类始祖亚当和夏娃因偷食"禁果"而犯了罪,这种罪世代相传,被称为"原罪",它使整个人类陷入罪恶中,无法自拔。上帝爱惜人类,不惜派遣其爱子耶稣化成肉身降为世人，代人受过，被钉死在十字架上以救赎人类，人们因信基督教而罪得赦免，由此得永生。耶稣的降生和牺牲是上帝与人类立的新约，从而带来上帝救赎全人类的福音。从整体上看，基督教要求人类柔顺、忍耐、弃世、禁欲等。

公元1054年，基督教分裂为两个中心。一是以西部的罗马教会为中心，称之为罗马公教（即天主教）；一是以东部的君士坦丁堡为中心，称之为正教（即东正教）。传统上的罗马天主教主要是在西欧、中欧和北欧，后来又转向拉丁美洲等地，其领导中心设在梵蒂冈，首脑是教皇。东正教主要在东欧、俄罗斯等斯拉夫语系的国家。1517年，以马丁·路德反对教皇出售赎罪券为开端，西部教会掀起宗教改革，并陆续分化出脱离天主教会的一些新宗派，这就是新教。新教后又不断分化，形成繁多的派系，主要分布在英、美、德、瑞士、北欧各国和澳大利亚、新西兰等国。新教各宗派于鸦片战争前后陆续传入中国。在中国常以“基督教”一词单指新教，又称“耶稣教”。

基督教各派都以《圣经》为其经典，《圣经》也称为《新旧约全书》。基督教信徒主要分布在欧洲、北美洲、拉丁美洲、亚洲和大洋洲等地区，对欧美许多国家的历史文化有重要影响，在现实政治、社会生活中仍有着重要的影响。

3. 伊斯兰教

伊斯兰教创立于公元610年，到9世纪中叶为全盛时期。它不仅走出了阿拉伯半岛发展成为世界性宗教，而且还建立了地跨亚、非、欧三大洲的阿拉伯—伊斯兰帝国。它促进了东西方经济文化的大交流，创造了光辉灿烂的伊斯兰文化。“伊斯兰”系阿拉伯文“Islam”的译音，原意为顺服，指顺服唯一的神安拉的旨意，信仰伊斯兰教的人被称为穆斯林，意思为顺从者、和平者。

伊斯兰教的创始人为穆罕默德（570—632），出生于麦加古莱什部落哈申家族，父母早亡，由祖父、伯父抚养长大。12岁时他就随伯父外出经商，因而得以广泛地接触社会。在经商和游历中，他不但积累了丰富的社会经验，也熟悉了阿拉伯半岛的原始宗教、犹太教和基督教的情况，为他创立伊斯兰教奠定了坚实的基础。25岁时，受雇于麦加城内的富孀赫蒂彻经商，并同她结为夫妇，生有三男四女。由于接触各阶层人物，有感于贫富悬殊，战争不断，国家四分五裂，穆罕默德开始对社会和人生等重大问题进行思考。公元610年，在他40岁时那一年，穆罕默德宣称得到了“安拉”的启示，以安拉的“使者”“先知”的身份开始了伊斯兰教的传教活动。伊斯兰教在创教初期未能立即取代阿拉伯半岛的多神崇拜，直到622年迁至麦地那并在该地建立了政教合一的宗教公社，才从组织上、制度上和军事上保证了对多神崇拜的胜利。7世纪30年代初，发展为半岛的统治宗教，对外进行了征服战争。8世纪初，进一步发展成为地跨欧、亚、非三洲的世界性宗教。穆罕默德去世后，由于政治、宗教及社会主张上的分歧，伊斯兰教发生分裂，形成众多教派，其中最有影响的是逊尼和什叶两大教派。

据传，穆罕默德每当接到启示，就立刻传授给自己的弟子。但是，当时大多数弟子不会写字，他们就立刻背诵，把它牢记在心。“古兰”一词的本义就是“诵读”，《古兰经》是一部诵读的经典，是伊斯兰教最神圣的经典。《古兰经》是伊斯兰教立法、道德规范、思想学说的基础。《古兰经》上的许多规定,长期以来已经成为伊斯兰教徒的共同习俗。

伊斯兰教的基本教义是:安拉(即"真主")是唯一应受人崇拜的神。安拉是独一而固有的真实存在,不是抽象的概念。安拉是万能的,具有绝对的权威,天地万物的创造、日月星辰的运行、昼夜的往复、风雨雷电的发生、动植物的生长等自然现象,以及人类的产生和繁衍、人生的富贵贫贱和人类社会发展演变等现象,无一不是由安拉的意志所决定的。安拉是完美的和永恒的,任何东西都要消亡,而安拉的本体永存不灭。安拉曾经在不同时期派出不同的使者和先知向人间传道,重要的有亚当、诺亚、亚伯拉罕、摩西等。穆罕默德则是安拉所派的最后一个使者和先知,即"封印"使者。无论是宇宙的形成还是人类的产生,均不是偶然的巧合或自然的机遇,而是安拉意欲造化的必然结果。人类生命并不以死亡为终结,死亡只是今世生活的了结;在今世生活结束之后,还有一个与之完全不同的后世生活。人们要在今世生活中勤奋耕耘,努力进取,积极创造物质和精神财富,建设安定、和平的生活。

自初期哈里发国家以来,伊斯兰教一直是阿拉伯各政教合一的封建国家和近代伊斯兰国家统治的精神支柱。近代以来,在伊斯兰教的名义下还有各种社会运动和社会思潮。伊斯兰教主要分布在西亚、北非、中亚、南亚、东南亚等地区,在一些国家被定为国教。第二次世界大战以后,在非洲一些地区有所发展。

伊斯兰教在中国旧称"回教""清真教""天方教"等,7世纪中叶开始传入我国,宋元以后有一定的发展。到了元末明初,中国称伊斯兰教为"清真教",把伊斯兰教礼拜的地方叫作"清真寺"。我国的回族、维吾尔族、哈萨克族、乌孜别克族、塔吉克族、塔塔尔族、柯尔克孜族、撒拉族、东乡族、保安族等少数民族信仰伊斯兰教。

(三)宗教的本质和社会作用

1. 宗教的本质

宗教神学家们肯定人是上帝创造的。正如《圣经·创世纪》所说,上帝按照自己的形象创造了人。1841年,德国著名的哲学家费尔巴哈写了一本关于宗教的重要著作——《基督教的本质》,向当时居于统治地位的神学提出挑战,对基督教进行了深刻的剖析,指出不是上帝创造了人,而是人创造了上帝。他说,在宗教看来,上帝是第一性的,而人却是第二性的;宗教就是这样来颠倒事物之天然秩序的,第一性的是人,第二性的才是人之成为自己对象的本质——上帝。也就是说,上帝是人按照自己的形象塑造出来的。

马克思和恩格斯从费尔巴哈的论述中得到了很大的启发。关于宗教的本质,马克思在《〈黑格尔法哲学批判〉导言》中有一段经典的描述:"宗教里的苦难既是现实的苦难的表现,又是对这种现实的苦难的抗议。宗教是被压迫生灵的叹息,是无情世界的感情。正像它是没有精神的制度的精神一样,宗教是人民的鸦片。"所以,宗教是现实世界在人们头脑中虚幻的反映,即"支配着人们日常生活的外部力量在人们头脑中的幻想的反映,在这种反映中,人间的力量采取了超人间的力量的形式”。

宗教表现被压迫者对现实苦难的叹息,它对人民的精神有麻痹作用。历史上,统治阶级一般利用宗教作为麻痹人民斗争意志的工具。在古代和中世纪,许多奴隶制国家和封建国家都有强制性的官方宗教。被压迫者由于传统信仰的束缚和历史条件的限制,也常在宗教的幻想世界中寻求精神上的安慰,甚至有时利用宗教进行反抗。

2. 宗教的社会作用

宗教是在一定经济基础之上产生的,属于上层建筑的范畴,它对经济基础和整个社会生活起着重要的作用。它既有消极作用,也有积极的进步作用。

在阶级社会里,宗教是统治阶级进行政治统治的工具之一。列宁曾指出:“所有一切压迫阶级,为了维持自己的统治都需要有两种社会职能:一种是刽子手的职能,另一种是牧师的职能。”这里所谓“牧师的职能”,就包括了利用宗教在思想文化领域来巩固自己的统治秩序,实现其多层面的社会控制。利用宗教进行社会控制所达到的极致就是国教统治,宗教成为全民性信仰。统治阶级为了侵略扩张而以宗教名义发动侵略战争,并且把这种具有侵略性质的战争冠以“圣战”的名义。如著名的“十字军东征”就是在罗马教皇的指挥下,向欧洲东部及西亚、北非进行的侵略。统治者利用宗教给自己的统治披上合法的外衣,利用宗教的教义来麻醉劳动人民,使他们在行动上变得软弱无力,成为剥削阶级统治下的顺从的奴仆。

不过,宗教的消极作用往往是在阶级社会中宗教被统治阶级所利用之后产生的社会作用。事实上,宗教自产生之日起,从原始社会的宗教到阶级社会的宗教,从历史上的宗教到现实中的宗教,在社会生活中都有一定的积极作用。

首先,宗教的一些教义,如尊重生命、非暴力、平等、诚实、宽容、勿偷盗、勿奸淫等,对维护社会秩序有一定的积极作用。宗教教义规定下的行为规范,一定程度上是支持社会规范的,尤其是在一些政教合一、国教制和宗教民族化的国家、民族中,对个人行为的影响就更为巨大,有时甚至起到法律法规的作用。所以,宗教中的一些具有普遍意义的伦理规范,有利于巩固、加强社会秩序。宗教的教义还具有一定的心理调节功能。当人们遇到精神烦恼与障碍时,可以通过对超自然力量和对彼岸世界的追求来得到慰藉,来转移人们的注意力,以消除人们对现实社会的恐惧、忧虑、不满、愤恨等不良情绪。

其次,宗教是一种重要的文化现象。可以说,人类的许多文化系统均以某种宗教为代表,均有宗教的背景,均以某种宗教信仰为支柱。宗教为人类社会提供了基本的信仰体系、价值规范、行为准则、组织体制。宗教也促进了中西方经济、文化教育的交流,加强了世界人民的团结。在共同的宗教信仰和凝聚力下,居住在不同国家和地区的信教者彼此往来,并把各自的文化教育带到对方,这成为增加世界各国人民友好往来和增进友谊的途径。例如,中国唐代鉴真和尚东渡日本,带去了大量的佛教经典、艺术品、医药学著作,对日本的医学、文化等发展起到了重要作用。

3. 宗教对话与世界和平

当代世界的各种冲突,主要的或者根本的仍是经济、政治利益的冲突,宗教无论在历史上还是在今天都不是冲突的根源。但是,由于宗教信仰的特殊性,特别是由于宗教与民族问题的纠缠,在局部地区,在特定时间,政治、经济利益的冲突往往具有宗教、文化冲突的外表。宗教应当是和平的保证,和平应当是宗教的目的。要让宗教成为和平的保证而非战争的根源,有待于全世界热爱和平人士和宗教人士的共同努力。

当前,很多宗教领袖在世界和平问题上都付出了巨大的努力,进行了积极的调解工作。1992 年 11 月,天主教、东正教、伊斯兰教和犹太教领袖在瑞士举行和平与宽容会议,指出那些利用宗教象征来服务于民族扩张主义和极端民族主义的做法乃是对宗教信仰之普遍性的背叛,是对宗教基本价值及道德观念的伤害和摧残。与会宗教领袖联合发表了《伯尔尼宣言》,号召有关宗教人士应在减少和制止民族纠纷及冲突上做出贡献,并且强调"以宗教之名而犯下的罪恶,实际上是犯了宗教本身的大罪"。1999 年 3 月,有关宗教领袖为试图解决科索沃问题、避免战争而在维也纳召开了和平与宽容会议。2000 年,包括中国各宗教领袖代表团在内的世界著名宗教领袖参加了联合国召开的世界和平千年大会,签署了《世界和平宣言》。这些努力,给世界人民带来了和平的希望。

(四) 我国的宗教政策

1. 尊重和保护宗教信仰自由

尊重和保护宗教信仰自由,是中国共产党对宗教问题的基本政策。我国宪法规定,公民有宗教信仰的自由。这就是说,每个公民有信仰宗教的自由,也有不信仰宗教的自由;有信仰这种宗教的自由,也有信仰那种宗教的自由。任何国家机关、社会团体和个人不得强制公民信仰宗教或者不信仰宗教,不得歧视信仰宗教的公民和不信仰宗教的公民。国家保护正常的宗教活动,任何人不得利用宗教进行破坏社会秩序、损害公民身体健康、妨碍国家教育制度的活动。

2. 依法对宗教事务进行管理

国家依法对宗教事务进行管理,保护正常的宗教活动和宗教界合法权益,制止和打击利用宗教进行的违法犯罪活动。我国实行政教分离的原则,任何宗教都没有超越宪法和法律的特权,都不能干预国家行政、司法和教育等国家职能的实施。我国坚持独立自主、自办教会的原则,在平等基础上开展宗教对外友好交往,不允许境外任何宗教组织、团体和个人干预我国宗教事务,坚决抵御境外敌对势力利用宗教进行渗透,坚决打击宗教极端势力,坚决反对和取缔邪教。

3. 引导宗教与社会主义社会相适应

宗教不是社会主义性质的上层建筑,而是社会主义社会中长期存在的一种上层建筑。因为宗教将在社会主义社会长期存在,所以要积极引导宗教与社会主义相适应。中华人民共和国成立以来，中国各大宗教也在努力进行改变，以适应新的社会政治条件。一方面，作为宗教组织，在政治上拥护中国共产党的领导和社会主义制度，排除境外敌对势力的控制，废除自身带有的封建残余制度，发挥在对外交往中的积极作用；另一方面，在教义、仪规方面进行革新，淡化其中的一些迷信成分，发挥有利于社会主义建设的文化和道德因素。

我国积极引导宗教与社会主义社会相适应，坚持政治上团结合作，信仰上相互尊重。要求宗教团体和宗教界人士都必须维护法律尊严，在宪法、法律和政策所允许的范围内活动，把爱国和爱教结合起来，维护人民利益，维护民族团结，维护国家统一，发挥宗教在促进社会和谐方面的积极作用。

四、中国哲学

中华民族是一个历史悠久、富有哲学素养的民族，几千年的哲学遗产为世界人民所瞩目。中国哲学史，就是中华民族的哲学产生、成长、发展的历史。中国哲学是世界几大类型的传统哲学之一。它致力于研究天人之间的关系和古今历史演变的规律，形成了自己独具特色的自然观、历史观、人性论、认识论和方法论，特别重视哲学与伦理的联系。中国哲学大约萌芽于殷、周之际，形成于春秋末期，战国时代出现百家争鸣的繁荣局面。

（一）先秦哲学

中国夏王朝（约公元前 21—前 16 世纪）的建立标志着中国奴隶制的诞生，经殷商（约公元前 16—前 11 世纪），到西周（约公元前 11 世纪—前 771），中国奴隶制进入鼎盛时期。从西周后期到春秋（公元前 770—前 476）、战国（公元前 475—前 221）时期，奴隶制逐渐崩溃，封建制生产关系诞生并确立起来。公元前 221 年秦王朝建立了中国第一个统一的封建中央集权制国家，基本完成了由奴隶制向封建制的转变。人们通常将秦代以前的春秋战国时期的哲学称为先秦哲学。

春秋战国时代是中国历史上一个大转变时代。在这个时期，整个社会处于大动荡之中，阶级斗争十分激烈。社会的大变动，促进了思想文化的大繁荣，出现了“百家争鸣”的局面。西汉刘歆的《诸子略》把先秦和汉初的思想分为十家。这十家分别是：儒家、道家、阴阳家、法家、名家、墨家、纵横家、杂家、农家、小说家。十家中，小说家之外，又称九流。从哲学角度看，最值得重视的是儒、墨、名、法、阴阳、道六家。这些学派各自代表一定阶级的利益，各有自己的宗旨，相互辩难，对当时的各种社会重大问题发表意见，斗争十分激烈。各大派又分化为不少小派别。先秦哲学所提出和讨论的问题几乎囊括了以后中国古代哲学所讨论的一切重大问题。

1. 儒家

儒家是指“以六艺为法”，崇奉孔子学说为主的一个学派，实际上由孔子创始。孔子（名丘，字仲尼，鲁国人，公元前551—前479），我国古代伟大的教育家和思想家，儒家的创始人。孔子自己并没有写下什么著作，只是死后他的学生们根据他的言行，编撰成了《论语》这部书。先秦时儒家已分化为八派，重要的有思孟和荀子两派，代表人物分别为孟子（名轲，战国时邹人，约公元前372—前289）和荀子（名况，字卿，战国末期赵国人，生卒年不详）。一般来说，孔孟为儒家正统。

孔子继承了殷、周以来的天命思想，对传统的唯心主义的天命观，保持着一定程度的信仰，“君子有三畏，畏天命、畏大人、畏圣人之言”，他重视天命，却并没有忽视人事，而且对鬼神还持怀疑态度，“祭如在，祭神如神在”。孔子思想具有两重性。孟子发展了孔子关于天命的唯心主义思想，提出了“尽其心者，知其性也，知其性，则知天矣”的天人相遇的神秘思想，后来演变为天人合一论，成为儒家正统派哲学的核心。荀子则发展了孔子思想中的唯物主义因素。荀子认为，天是自然的运行，自然运行沿着一定的规律，不依人的意志为转移。“天行有常，不为尧存，不为桀亡。”荀子坚持了“天人相分”的唯物论。

在方法论上，儒家正统派推崇“中庸之道”。所谓“中庸之道”，就是不偏不倚、无过也无不及。孔子的方法即是“执两用中”，并赞扬“中庸之道”，说“中庸之为德也，其至矣乎！民鲜久矣”。思孟学派发展了孔子的“中庸之道”。子思说：“中也者，天下之大本；和也者，天下之达道；致中和，天地位焉，万物育焉。”把中和作为宇宙的最根本的法则，在哲学上有调和折中的色彩。

“仁政”和“德治”是儒家学说的两大支柱。孔子提出“仁”的学说，企图借主观的“仁”的修养，以达到维护旧的社会秩序即“礼”的目的。他的名言“克己复礼为仁”，就是这个意思。孟子把孔子的“仁”的学说发展成为“仁政”学说。这个学说的要点是使人民都有足够的生活资料和相当的道德教育。儒家注重“德治”，不赞成单纯的“法治”，“道之以政，齐之以刑，民免而无耻；道之以德，齐之以礼，有耻且格”。认为“德治”是维护统治的最好的手段。

儒家注重名分、等级，特别强调“君君，臣臣，父父，子子”的社会秩序。孔子提出“正名”的主张，强调君臣、父子的名分、等级、差别，成为以后封建社会“三纲五常”的名教的先声。儒家思想，特别是以孔孟为代表的儒家正统思想，也因此成为封建社会的统治思想，孔子成为封建社会的“圣人”，被尊为“至圣先师”“万世师表”。孟子被尊为“亚圣”。以后封建社会历代的儒家学说，大多以孔孟为旗帜。

2. 道家

道家是指先秦以老子、庄子关于“道”的学说为中心的一个学派。道家的创始人是老子（又称老聃，约生活在公元前580—前500年间，楚国人），后人将其言论汇编成《老子》一书（也称《道德经》）。道家的另一代表人物是庄子（名周，战国时宋国蒙人，约生活于公元前369—前286)，后人将其著作编为《庄子》一书。

在中国哲学史上，道家的老子最先提出了“道”这个概念，并认为“道”是自然无为的。老子认为，世界万物都是由“道”产生的，“道生一，一生二，二生三，三生万物”。“道”产生万物是无目的、无意识的，这是无为，但就其产生万物来说，它又是无不为，所以“道常无为而无不为”，因而“道”又可称“自然”。所谓自然，就是本来如此。“人法地，地法天，天法道，道法自然。”这就是道家的自然无为的天道观。道家的自然天道观与殷周以来的神学天命观是对立的，因为它在“天”之上安了一个“道”，否定了创世说和目的论。这是道家在先秦哲学上的最大贡献。但道家老子所说的“道”，并不是物质性的，它是一个超验的绝对，是绝对精神之类的东西。《庄子·知北游》说：“物物者非物。”第一个物是化生万物的“道”，第二个物是万物，“道”是“物物者”，即化生万物者，不是“物”，它是“虚无”。

道家哲学有丰富的辩证法思想。如老子认识到：宇宙间事物都在变化之中，没有什么是不变的；事物都有其对立面，“有无相生，难易相成，长短相形，高下相倾，音声相和，前后相随”；对立面是相互转化的，“祸兮福之所倚，福兮祸之所伏”。老子还把对立面的转化概括为一个规律性的认识，叫“反者道之动”。但由于老子忽视了转化的条件，这就留下了漏洞，到了庄子那里，就变成了“齐是非”“齐死生”的相对主义，并由相对主义走向了不可知论和怀疑论。

道家的社会理想是“小国寡民”，要“邻国相望，鸡犬之声相闻，民至老死不相往来”，反对儒家仁、义、礼、智之类的说教，认为“大道废有仁义，智慧出有大伪”“礼者，忠信之薄，而乱之首”。反对儒、墨的尚贤主张，“不尚贤，使民不争”。反对法家的耕战政策，“师之所处，荆棘生焉，大军之后，必有凶年”。这些可以说是道家的“无为而治”所引申出的必然结果，也是哲学上“以因循为用”的思想在政治上的表现。

3. 名家

名家在先秦著作中称为“辩者”，因他们特别重视名词、概念的分析，所以汉代学者称它为“名家”。其代表是以惠施为首的“合同异”派和以公孙龙(战国时赵人)为首的“离坚白”派。他们围绕着名实关系这个问题进行了很多辩论。

惠施提出的一个命题是“万物毕同毕异”，即万物完全相同又完全不同。这个命题是指从相同的方面看，可以认为万物都是相同的；从不同的方面看，可以认为万物都是不同的。他们否认万物的同与不同的对立统一性，把万物的同和异都只看成是相对的。从这种观点出发，他们可以说“天与地卑”“山与泽平”，天与地、山与泽的高下都是相对的，他们可以说“龟长于蛇”“白狗黑”，长短、黑白也是相对的。惠施一派的辩者看到了事物性质的相对方面，看到了事物处在不断变化之中，事物之间的差别具有暂时性。从这方面说，他们的学说具有辩证法的某些因素，但他们夸大了事物相对性的一面，否定了事物之间的差别，抹杀了事物的特点。因此，他们的学说，不是辩证法的，而是相对主义的。

公孙龙提出的最有名的命题是“白马非马”。他的理由有三：第一，“马”是指形体，“白”是指颜色，两者是不同的概念；第二，假若求“马”，那不论黄马、黑马等都可充“马”数，却不能充“白马”数；第三，“白马”是“白”与“马”的结合，故不再是“马”。这就说明马和白马并非一个东西。在中国哲学史上，公孙龙第一次提出了个别与一般的关系问题。他看到了个别与一般的区别，但把这种区别绝对化了，不懂得个别与一般的关系，得出白马不是马的结论，走向了绝对主义。

他又提出“离坚白”的观点，认为“坚”就是“坚”，“白”就是“白”，有不为任何东西所决定的“坚”，也有不为任何东西所决定的“白”，所以，坚、白与石是分离的，“坚”与“白”也是分离的。这实际是说，概念是孤立存在的精神实体，一般可以脱离个别而存在。公孙龙论名实关系，有唯物主义倾向，但又宣称“物莫非指”，把实物归结为概念，又陷入了唯心主义。

4. 墨家

墨家的创始人是墨子。墨子约生活在公元前476年至前390年间，名翟(dí)，鲁国人。他的哲学思想，就其倾向看，是代表劳动者利益的。在春秋末期到战国时，墨家学派的势力很大，与儒家学派同称“显学”。

墨家的“兼爱”思想主张以“兼爱”处事待人，这是其学说的出发点。他们所讲的“兼爱”，也就是无条件地爱一切人，目的在于反对儒家的别爱。儒家一方面讲“仁者爱人”“泛爱众”，但同时又讲“亲亲”，只在承认本家族利益的前提下才讲仁爱。而墨家则讲所谓无私之爱。从以“兼”反“别”出发，墨子反对战争，反对奢侈，主张尚贤使能，主张天下统一。在认识论上，他提出以“兼”为前提的“三表法”，认为一个人的言论是非，必由三个方面来判断：一为以往的历史记录，二为广大民众的现实见闻，三为其言论的实际社会效果。这三者缺一不可，只能兼顾，不能以偏概全；否则，便是片面的认识。这种从实际出发的认识论，属于唯物主义的经验论。

后期墨家是我国古代逻辑学的杰出代表，其对于类似形式逻辑的基本概念乃至基本的推理形式，都做了探讨与论证。特别是基本逻辑理论，从概念论、判断式及推理说，都建立于明“类”的基础上，这是一项重要的贡献。

（二）两汉时期哲学

1. 黄老之学

战国时期，各国相继确立了封建制。秦灭六国，建立了多民族的、统一的封建中央集权制国家。秦王朝的暴政激起了陈胜、吴广领导的农民起义。借助这次起义，刘邦于公元前206年建立了汉朝。汉初统治者慑于秦亡的教训，抛弃“以法为教，以吏为师”的法家学说，崇尚黄老之学。战国时期出现了一些依托黄帝的著作，其内容是对老子思想的发展与改造，并吸收了法家思想，形成黄老之学。所谓“黄老”，是指经过了改造的先秦道家老子一派的思想学说，主要精神是假托黄帝、老子，讲道术，主张“清静”“无为”，在休养生息中图进取。黄老之学的经典是《黄帝书》和《老子》。汉初黄老之学的代表人物是盖公和曹参。“黄老之学”主张“清静”“无为”，有利于暂时缓和阶级矛盾与恢复经济，为大一统的封建帝国服务，在汉初盛极一时，受到当时朝廷的尊崇。

2. 董仲舒的神学目的论

董仲舒（公元前179—前104），西汉重要的思想家和哲学家。到了汉武帝时期，封建政权进一步巩固。在政治上，董仲舒提出“罢黜百家，独尊儒术”的建议，被汉武帝所采纳，使儒学成为中国社会正统思想，影响长达两千多年。

董仲舒以儒家学说为主，又吸收了法家和其他各家思想，建立了以“天人感应”为中心的神学目的论。他认为“天”是“百神之君”“百物之主”，“天”对地上统治者经常用符瑞、灾异分别表示希望和谴告，用以指导其行动。他将天道和人事牵强比附，企图论证“道之大原出于天，天不变，道亦不变”，借“天意”论证封建专制统治的永恒性。他提出“三纲五常”的封建伦理，“王道之三纲”即以后所说的“君为臣纲”“父为子纲”“夫为妇纲”，“五常”即仁、义、礼、智、信。“三纲”和“五常”都是“天”的意志的表现，三纲的主从关系是绝对不可改变的。

在人性论问题上，董仲舒提出了“性三品”说。他说：“性者，天质之朴也。”认为人性是一种天生的自然本质，并分为上、中、下三种，即圣人之性、中民之性和斗筲之性，即所谓“性三品”。在他看来，圣人之性天生就是善的，斗筲之性天生就是恶的，二者不可以改变。只有中民之性可以为善，也可以为恶。圣王的任务就是“继天承性”，即奉天命教化百姓，使百姓成为善良的人。“性三品”说既维护儒家所谓圣贤的尊严，又制造了以儒家教化人的根据，更重要的是论证了广大民众受压制与役使的必然性。

3. 谶纬迷信

继董仲舒之后，由于王权的力量，西汉后期至东汉，谶纬迷信之风愈演愈烈。所谓“谶”，是指迷信预言，分为“符谶”与“图谶”等，即利用无稽的预言，告以吉凶；“纬”是对“经”而言的，是假托经、义讲灾异、瑞应之书，即对经书进行神秘化的解释。总之，其特点是把儒家的经典及其推崇的帝王、圣人宗教化、神秘化、神灵化，为统治阶级的统治制造神学根据。这种著作甚多，《白虎通义》是有代表性的一种。

4. 王充的无神论

王充（27—约97），东汉唯物主义哲学家、无神论者，著作有《论衡》等。一生致力于反对宗教神秘主义和目的论，将批判的矛头指向天人感应和谶纬迷信，捍卫和发展了古代唯物主义和无神论。他认为：“一天一地，并生万物，万物之生，俱得一气。”天地万物由“气”本身的运动而产生，不存在有意志的造物主。他说：“夫天道者，自然也，无为；如遣告人，是有为，非自然也。”他认为“灾异”是自然现象，和人事无关。他说：“人之所以生者，精气也，死而精气灭。能为精气者，血脉也，人死血脉竭。竭而精气灭，灭而形体朽，朽而成灰土，何用为鬼？”他还认为人的生命和精神也以“精气”作为物质基础，“死而精气灭”，根本没有脱离形体而独立存在的灵魂。王充举事论理，说明天人有别，并依当时的自然科学知识及亲身体验，解释了自然界的各种怪异现象，说明天无意志。他还“刺孟”“问孔”，对儒家的所谓圣贤提出了质疑与指责，表现了他正视现实的唯物主义立场。当然，他的哲学也有时代局限性，如用元气自然解释一切，这就无法回答源于阶级社会的富贵贫贱，最终他把偶然性夸大，以偶然代替必然，又陷入了自然命定论。

（三）魏晋南北朝哲学

1. 魏晋玄学

东汉末年，黄巾起义失败，经过长期混战，出现地方豪强割据，形成魏、蜀、吴三国鼎立的局面。司马氏取代魏，先后灭蜀、吴，建立了西晋王朝。全国统一不久，又出现了南北朝分裂混战的状况。从东汉末期到隋统一，大约经历了长达390年的社会动荡。受社会环境的影响，魏晋南北朝时期的哲学思想十分复杂，也极为活跃。

魏晋玄学是魏晋时期的一种哲学思潮。所谓“玄”，出自《老子》的“玄之又玄，众妙之门”，即虚无玄远、深奥莫测的意思。当时的哲学家们奉儒家的《周易》和道家的《老子》《庄子》为经典，合称“三玄”。玄学的一个重要特征是以老庄思想解释儒家经典，即所谓“以道释儒”“援道入儒”，具有高度抽象的思辨形式。玄学家们大多是出身名门大族的所谓“名士”，并多早熟，少年成名。他们超凡脱俗，故作旷达，崇尚清谈而又笃信名教。玄学本身有不同的派别。主要流派有以玄学创始人何晏（？—249）、王弼（226—249）为代表的唯心主义贵无派。他们“以无为本”，认为“凡有皆始于无”。另一唯心主义派别是向秀（约227—272）、郭象（252—312）。他们主张无不能生有，有也不能生有，而是“明生物者无物，而物自生耳”“块然而自生”“突然而自得”，鼓吹神秘主义的“独化”论。具有唯物主义倾向的有裴頠（267—300）的崇有派，认为“夫至无者，无以能生。故始生者，自生也。自生而必体有”。天地万物的生成和变化都是自然而然的；天地万物的生成、变化都是各自独立、互不相关而突然发生的。在哲学上，魏晋玄学要求认识现象世界的本质，把握现象世界存在的依据。在政治上，则要消除道家的自然无为和儒家的礼法等各教的对立，用新的形式把它们加以融合。魏晋玄学进行哲学的抽象，使思维水平大大提高了，对后来哲学的发展很有启迪作用。

东晋以后，佛教势力大大扩展，小乘佛教的因果报应等教义，在社会下层传播开来，而大乘空宗的般若学理论，则在社会上层流传着。玄学与佛学合流，以玄学解释佛学，当时大乘佛教般若学各宗，则大多用“贵无派”理论解释佛经。于是佛学渐盛，玄学渐衰。

2. 范缜的神灭论

在这种情况下，范缜（450—515）针对佛教的神不灭论，写了论文《神灭论》，除坚持形神一元论，提出“形者神之质，神者形之用”的光辉论点外，还对佛教进行了严厉的抨击：“浮图害政”，这是佛教于盛行之时遭到的一次相当沉重的打击。范缜在先秦、两汉、魏晋哲学形神观的基础上，提出了“形质神用”的形神一元论：“神即形也，形即神也,是以形存则神存,形谢则神灭”“神之于质,犹利之于刃;形之于用,就刃之于利(锋利)”“未闻刃没而利存,岂容形亡而神在?”形体是“本质”,精神是“作用”,形神不可分离,这一理论克服了以往有关理论的缺点,从而把我国唯物主义形神观和无神论思想推向了一个新高度。与范缜相映生辉的是鲍敬言(生卒年不详)反对神仙道教的斗争,鲍敬言进行的斗争,打击了神仙谬论,同时也捍卫了唯物主义路线。

(四)隋唐时期哲学

1. 佛教哲学

隋唐哲学上承魏晋玄学,下启宋明理学,是中国哲学发展史上的一个重要阶段。隋唐时期,适应全国政治大统一和封建专制统治的需要,统治阶级虽以儒学为正统,但又大力提倡佛道二教,尊崇佛教,使以心性问题为核心的佛教哲学广为流传,其理论思维水平达到中国佛教思想史的高峰。佛教各派理论纷纭繁杂,归结起来大致可分为:介绍印度佛学的唯识宗,中国化的天台宗、华严宗和禅宗。

玄奘(602—664),亦称“三藏法师”,俗称“唐僧”。唐代著名佛教学者、翻译家、旅行家,唯识宗(亦称法相宗)的创始人之一。唐贞观三年,从长安出发经玉门关西行赴印度,游历印度各地,遍访有名学者,钻研佛教经籍达十七年。贞观十九年回到长安,致力于佛经的翻译与介绍,创立唯识宗。曾编译《成唯识论》,以烦琐的论证,宣扬“我”(生命主体)、“法”(事物及其规律)都非真实存在,只不过是随着“识”(精神、意识)的变现而兴起的假象;只有彻底破除“我执”和“法执”,以我、法为空,才能使自己从生死轮回中解脱出来,进入涅槃世界。这是通过主观唯心主义来宣扬虚无主义。

法藏(643—712),唐代高僧,佛教华严宗的实际创始人。因为武则天封他为“贤首”,后人也尊称其为“贤首大师”。他把“一真法界”即一种超物质的精神本体当作唯一真实的存在,认为客观世界没有自己的物质基础,呈现于人们面前的只不过是一些“幻相”而已。因此,他主张物质世界是虚幻的,佛性是实有的;事物的现象是假的,精神性的本体是真的。他的学说具有客观唯心主义倾向。

慧能(638—713),又作惠能,唐代高僧,禅宗的实际创始人。他出身破落家庭,家境贫苦,曾以卖柴为业,后来投奔寺院为行者。曾以“菩提本无树,明镜亦非台,本来无一物,何处惹尘埃?”一语来表示对佛教教义的理解,受到禅宗五祖弘忍的赏识。慧能主张“本性是佛”“见性成佛”和“顿悟成佛”的主观唯心主义。他把佛性看成是人的本性,人性即是佛性,人人都有成佛的本性,人人都能成佛。慧能这一派不追求烦琐的宗教仪式,不主张念经、拜佛、坐禅,主张专靠精神的领悟把握佛教义理,提倡“顿悟”成佛说,即凭自己本有的智慧一下子悟出佛理来。为了论证“顿悟成佛”,慧能最后还提出他的唯心论的世界观。他宣称,个人的心不仅是成佛的基础,也是客观世界的基础。据传慧能去广州法性寺,时有风吹幡动,众僧争论不已,一说风动,一说幡动,慧能则曰:“不是风动,不是幡动,仁者心动。”后世一般称他这一派为南宗禅,传承很广，后成为中国禅宗的正统派。慧能不识字，无著作。死后，他的言行被其门徒法海等编为《六祖坛经》。

2. 韩愈的反佛思想

韩愈（768—824），字退之，唐代古文运动的领导人之一，我国古代著名的文学家和诗人。在思想上他排斥佛老，推崇儒家学说，提倡《春秋》《大学》和《中庸》，企图用孔孟之道来对抗佛、道两教。他的著作有《韩昌黎集》《原道》《原性》《与孟尚书书》和《谏迎佛骨表》等。韩愈反对佛、道两教的思想武器主要是他的"道统"说。佛教和道教都把他们的宗教思想奉为绝对真理，并且为自己的那套宗教思想体系炮制了一个传授的系统——"法统"，认为由他们的祖师一脉相传下来。韩愈为了对抗佛、道两教，也说儒家思想在历史上有一个传授系统——"道统"，由尧舜开始，传于周公、孔子，孔子又传给了孟子，孟子以后就不得其传了，结果使佛老思想泛滥而统治了人们的头脑。他认为，他的历史使命就是要恢复这个"道统"，将其发扬光大，使以孔孟为首的儒家学说成为中国社会的正统思想。韩愈所提倡的"道统"，从其内容来说，就是孔孟的仁义道德思想。他指出，佛老学说之所以错误，就在于抛弃"仁"和"义"讲"道"与"德"，从而把"清净寂灭"看成是"道"和"德"的内容，结果走上了不要天下国家、毁灭伦理纲常的道路。为了驳斥佛、道两教的出世主义和空无哲学思想，韩愈宣扬"圣人立教"的思想。他依据《公羊春秋》的"夷夏之辨"，把佛教宣布为"夷狄之教"，把仁义道德教化宣布为"圣人之教"，认为中国的"圣人之教"高于"夷狄之教"，推崇佛教就是毁灭"圣人"所创造的人类文明，把人变成禽兽。

在反对佛教斗争中，韩愈还宣扬了儒家的人性论，并将其作为他的伦理价值观和"圣人立教"说的理论基础。他既不赞成孟子的"性善"论和荀子的"性恶"论，也不赞成扬雄的"性善恶混"论。他提出了"性三品"说，把人性分为上、中、下三等。上品的人性是善的，生来具有"仁、义、礼、智、信"五种道德品性；中品的人性可善可恶，五种道德偏差不齐；下品的人性是恶的，五种道德都不具备。他还认为，人不仅有性，还有喜、怒、哀、惧、爱、恶、欲七情。情也有三品：上品的，七情发作都合乎中道，没有过和不及；中品的，七情发作，有的过多，有的过少；下品的，七情发作或者都过多，或者都不及。每一品中的情和性，都是互相配合的。如上品的人，不仅具备五性，而且七情都合中道，这种人就是"圣人"。下品的人，既不具五性，情也都不合中道。除中品外，上品和下品的人性都是不能改变的。上品人的本性是善的，通过学习可以发扬光大；下品人的本性是恶的，不堪教化，只能用刑罚惩处他们。韩愈的"性三品说"是为封建专制主义服务的。

3. 柳宗元的元气一元论

柳宗元（773—819），字子厚，是唐代著名的文学家和哲学家。他的著作被编为《柳河东集》，其中《天说》《天对》《答刘禹锡天论书》《封建论》和《非国语》等篇是他的主要哲学著述。在哲学思想上，柳宗元发展了古代唯物主义的元气一元论。认为"元气"是物质的客观存在，天地中充满了元气。元气又包含阴阳两个方面，阴阳二气相互作用,形成宇宙和万物。强调万物自己运动,“自动自休,自峙自流”。运动的根源在于“吁炎吹冷,交错而功”,即阴阳二气相互作用而成运动。这种把运动的原因看作“元气”本身两个对立面的“交错”作用的观点,是对以往唯物主义的发展。他反对天人感应的有神论,认为天与地是和草木瓜果一样的自然物,不能赏善罚恶。国家兴亡,全在人为,与天无关。他说:“生植与灾荒,皆天也;法制与悖乱,皆人也;二之而已,其事各行不相预。”柳宗元并不反对佛教,认为在某些方面佛教“往往与《易》《论语》合”,主张“不与孔子道异”。

(五)宋元明时期哲学

1. 程朱理学

理学亦称“道学”,是宋明儒家的哲学思想。汉儒治经专重训诂,宋儒以阐发义理、兼谈性命为主,故有“理学”之称。理学的创始人有周敦颐、邵雍、程颢、程颐、司马光等人,朱熹是集大成者。

程颢(1032—1085)和程颐(1033—1107)长期在洛阳讲学,他们的学派当时称为“洛学”。“洛学”是王安石变法的反对派。他们从王安石变法中看到任何旨在富国强兵的改革,都会触动封建秩序。认为巩固封建统治的最好办法是把封建秩序树立为天理,使人人遵守,因此他们在哲学上提高“理”的地位,认为理在气先,理为气本,提出了以“理”为中心观念的体系,为道学奠定了理论基础。他们认为世界的根源是“理”,也叫作“道”,也叫作“天理”。程颢提出“天者理也”的命题。所谓“天”,指最高实体,认为“天即是理”,就是认为“理”是最高实体。程颐认为,“理”是万事万物所根据的法则,是物质世界的“所以然”。他们提出“理”来把封建的伦理道德普遍化、永恒化,为巩固封建制度和官僚地主阶级的统治地位制造理论根据。

朱熹(1130—1200),南宋哲学家、教育家。晚年曾受当权者的排斥,但死后不久又受到统治集团的推崇和颂扬。朱熹宣扬道统,也就是认为道学已经掌握了永恒的终极的真理。“二程”和朱熹的学派,后人称为程朱学派。从南宋到明清几百年间,程朱学派的哲学成为正统的官方哲学。朱熹的著作甚多,主要哲学著作是《四书集注》《太极图说解》《通书解》等。他平日讲学的问答,后来被编为《朱子语类》。朱熹发展了“二程”的理一元论,建立了一个完整的客观唯心主义学派。他把客观化了的封建道德——“理”看成是至高无上的最高范畴,认为天下万物统一于“理”,理一分殊;在理气关系问题上,他认为理和气不能相离,但断言“理在先,气在后”,“理”是“生物之本也”。朱熹提出了“格物穷理”的命题。他认为,人的心中生来就含有一切事物之理,但心虽含有万理而不能直接自己认识自己,必须通过“格物”工夫,对事物加以研究,然后才能达到心中的自己认识,从而对于天地万物之理就无不了然了。他认为,格物“不用外寻,仁义礼智是也”。所谓穷理,只是读“圣贤之书”,为人子的“止于孝”,为人臣的“止于敬”而已。朱熹理学的中心思想,是宣扬“明天理,灭人欲”的禁欲主义。朱熹是继孔子之后,在中国封建社会影响深远的唯心主义哲学家。

这一学派大体成立于王安石变法开始之后，是理学中的客观唯心主义学派，最受封建统治者的重视。从南宋后期起，历经元、明、清三朝，程朱理学一直居于官方哲学的地位。

3. 陆王心学

陆九渊(1139—1193)，南宋哲学家、教育家。他曾讲学于江西的象山，后人又称他为陆象山。陆九渊的著作有《语录》《文集》，后人总编为《陆象山集》。陆九渊把"心"作为世界的本原。他说："四方上下曰宇，往来古今曰宙。宇宙便是吾心，吾心即是宇宙。"认为"心"是宇宙的根本，宇宙万物都存在于我"心"中。陆九渊还提出"心即理也"的命题。他说，"人皆有是心，心皆具是理，心即理也""此心此理实不容有二"。认为宇宙万物的道理无非是我"心"中的"理"的体现，把心摆在"理"之上，否认客观世界及其规律的存在。

王守仁(1472—1528)，明代主观唯心主义哲学家、教育家。字伯安，曾创办阳明书院，世人称为阳明先生。他的著作辑成《王文成公全书》，其中哲学上的重要著作有《传习录》和《大学问》。王守仁在哲学上继承和发展了陆九渊的学说，主张"心"是世界的本原。他说："人者，天地万物之心也；心者，天地万物之主也，心即天，言心则天地万物皆举之矣。"认为"心"是无所不包的，整个宇宙万物在人的心中，"心外无物，心外无事，心外无理，心外无义，心外无善"。他把自然界和人类社会都说成是"心"派生的，离开了"心"，天地万物就不存在。在认识论方面，他提出"致良知""知行合一"的先验主义认识论，认为"良知"是"心"的本质，是先天固有的认识，一切事物都包括在"良知"之中，人们的认识就是"良知"的自我认识。在知与行的关系上，他说："知是行的主意，行是知的功夫。知是行之始，行是知之成。"又说："正要人晓得一念发动处便即是行了。"把知和行看作是一件事。在社会伦理思想方面，主张"存天理，去人欲"，把封建道德说成是人心固有的"良知"，要求去掉欲望，仅求内心的道德修养，以达到"天理"。他说："圣人之所以为圣，只是此心存守天理，而无人欲之杂。"只要去尽"人欲"，存留"天理"，就是圣人。

陆九渊和王守仁都把"心"看作是宇宙的本体、世界的本原，所以人们称他们的哲学为"心学""陆王学派""陆王心学"。陆王心学对当时和后世影响很大。

(六) 明清之际哲学

中国明清之际，由于明王朝统治阶级的极端腐朽，引起了中国历史上十分尖锐、激烈的民族矛盾、阶级矛盾及民族矛盾和阶级矛盾的交互斗争，这使中国社会处于极度的动荡不安之中。同时，资产阶级经济出现了一些萌芽状态，西方文化也开始向中国传播。这一切使得当时的思想十分活跃。

1. 黄宗羲的民主观念和哲学思想

黄宗羲(1610—1695)，字太冲，号梨洲，浙江余姚人，明清之际杰出的思想家、史学家。他学识渊博，反对"空谈"，注重"实学"，对天文、算学、地理、经史等都有研究，著作有《明夷待访录》《孟子师说》《明儒学案》《宋元学案》和《南雷文定》等。在政治上，黄宗羲深刻地批判了君主专制，提出了比前人更进一步的民主观念。他指出君主一人私有天下产业，已成为“大害”，肯定“盖天下之治乱，不在一姓之兴亡，而在万民之忧乐”。人民生活安乐是治，人民生活愁苦是乱。一个朝代的兴未必是治，一个朝代的亡未必是乱。他对于“杀其身以事其君”的传统道德观念提出了反驳，认为臣不是“为君而设”的，所以也不必为君而死，臣所追求的应该是人民的利益。这种“以天下为主，君为客”的主张，打破了“君为臣纲”的传统思想。

在哲学上，黄宗羲批判程朱理学的“理在气先”，提出了“理在气中”的唯物主义观点，认为宇宙间“气”先于“理”而存在，“理为气之理，无气则无理”，肯定“理”不能离开“气”，“气”是本体，“理”只是“气”中的条理和秩序。“天下之间，只有气，更无理。所谓理者，以气自有条理，故立此名耳。”但在心物问题上，又宣扬“一切皆心”，接受了王守仁的“心外无理”，反对理在心外，认为“心”是一切的主宰。他说：“盈天地皆心也。变化不测，不能不万殊。”“心”的活动变化，形成了宇宙间的千变万化。他还强调“心即是气”。他认为，“气”就是“心”，“心”就是“气”。“心”外无气，“气”在心中，一切存在都是“心”的表现，从而陷入唯心主义。

2. 王夫之的唯物主义哲学

王夫之(1619—1692)，字而农，号姜斋，湖南衡阳人，明末清初之际伟大的唯物主义哲学家。因晚年隐居衡阳石船山，后人称为王船山。王夫之著书极多，后人编为《船山遗书》，主要哲学著作有《张子正蒙注》《周易外传》《周易内传》《尚书引义》《读四书大全说》《思问录》《读通鉴论》等。他对中国古代唯物主义哲学做出了最高的总结和发展。

王夫之继承和发展了张载的气一元论，认为气是世界唯一的实体，所谓理乃是气的内在规律，是依凭于气，“气者，理之所依也”，没有离开气而自己独立存在的理。他说：“天地之蕴，一气而已。”这是说，自然界和人类的实际内容只是气，气即物质存在。王夫之提出“天下唯器”的学说。所谓器就是具体的东西。“天下唯器”就是说世界上只有具体的东西是实际存在的。他认为物质本身是不生不灭的。

王夫之提出“能必副其所”和“知以行为功”的朴素唯物主义的反映论。在中国古代哲学中，主体的认识作用叫作“所以知”，认识的客观对象叫作“所知”。后来翻译的佛典中有“能”“所”的名词。能是能知，指主体的认识作用；所是所知，指客观认识对象。王夫之明确肯定“所固以发能”“能必副其所”，即能知的作用是由所知引起的，而且能知一定要符合于所知。也就是说，主体的认识是客体所引起的，而且必须与客体相应。在知行问题上，王夫之批判了程朱的“知先行后”论和王守仁的“知行合一”论，认为行在先而知在后。知行问题也就是认识和实践的问题。但中国古代哲学中所谓行，主要是指日常行动与道德行为。他说：“知也者，固以行为功者也；行也者，不以知为功者也。行焉可以得知之效也；知焉未可以得行之功也。”这就是说，知是依靠行的，行却不必依靠知；由行可以得到知的效果，而知未必得到行的效果。

王夫之还指出:“知行相资以为用。”知行是相互作用的。

在历史观方面,王夫之提出了许多超越前人的见解。首先,他阐发了历史进化的观点。他指出,历史是发展的过程,后世胜于往古,上古时代并不是理想的境界,秦汉以后的情况事实上比夏、商、周三代更好些。其次,他讨论了“理”与“势”的问题,提出“理势统一”的观点,并认为历史的固有规律和历史的必然趋势是统一的。他说:“势者事之所因,事者势之所救,故离事无理,离理无势。”

(七)中国近代哲学

中国近代哲学,按照传统的看法,是指从1840年的鸦片战争到1919年的五四运动这一历史时期的哲学。中国近代,经历了鸦片战争、辛亥革命和五四运动。中国两千多年封建制度,经过鸦片战争后沦为半殖民地半封建社会,而辛亥革命结束了封建王朝的统治;五四运动又使旧民主主义革命进入新民主主义革命。这些历史性的变化都在哲学的领域里反映出来,使中国哲学进入了新的发展阶段。

1. 中国近代哲学的发展

从鸦片战争到五四运动的中国近代哲学,有其阶段性。第一个阶段,是中国近代哲学的启蒙阶段,它以龚自珍、魏源的“变易”思想和洪秀全、洪仁玕的平均主义思想为代表。第二个阶段,是戊戌变法期间,主张变法维新、吸收西学,出现了进化论,其代表人物是康有为、谭嗣同。第三个阶段,是资产阶级民主革命高涨阶段,出现了以孙中山、章太炎等人为代表的革命思想,在哲学上表现为比较完整的进化唯物论。第四个阶段,是五四运动时期,李大钊等人接受了马克思主义,从而使中国哲学终结了为期不长的资产阶级哲学阶段,开创了中国哲学史上的又一个新阶段。

2. 中国近代哲学的特点

从中国近代哲学的基本内容看,它具有以下四个特点。第一,为了救亡图存、拯救时弊,很多思想家,从龚自珍、魏源、洪秀全、洪仁玕,到康有为、谭嗣同、严复,甚至到陈独秀、李大钊,都主张“变”,一方面中意于今文经学,欲使“六经为我注脚”,另一方面普遍接受西方的进化论,并加以改造,用于改良或革命。第二,受时代使命的驱使,必须强调主观能动性,强调精神的作用,或者说“心力”,于是许多近代哲学家醉心于王守仁的哲学,有的倾心于禅宗和唯识学说,这使得陆王心学一时抬头,释家出现回光返照。第三,时代的变革陶冶了很多哲学家的唯物论自然观倾向,从而使他们十分重视西方的自然科学成就,有的则同时注意到中国固有的气一元论。第四,社会的苦难并没有明显地把人们推到“彼岸”去寻求安慰,倒是培植了三种类型的空想社会主义,即以小农经济为基础的、有均产的太平天国农业空想社会主义,没有斗争只有大同的、“人人平等,天下为公”的《大同书》空想社会主义,不改变政权的剥削阶级性质,而要根本解决土地问题、资本问题的孙中山“无有贵贱之差、贫富之别”的空想社会主义。

五、西方哲学

（一）古希腊罗马哲学

人类以往的全部历史，除原始社会以外，都是阶级斗争的历史。古希腊是西方文明的摇篮，公元前7世纪至公元前6世纪，处于奴隶社会的古希腊产生了哲学。当时社会实践的局限性导致人类获得的各种知识还非常粗浅，刚产生的哲学和具体科学知识没有分开，它们交织在一起，形成人类早期的知识体系，哲学在当时具有科学的意义。古希腊哲学的产生和发展，可以分为三个时期。

1. 希腊奴隶制社会形成时期的哲学

公元前8世纪到公元前6世纪，是希腊奴隶制社会形成时期，在这一时期的后期，出现了古希腊哲学。

这一时期，东方小亚细亚沿岸的伊奥尼亚开始了奴隶制的形成，城邦兴起，手工业和商业发展。米利都和爱菲斯这两个城邦是伊奥尼亚的工业和商业中心，在这里产生了古希腊最早的唯物主义哲学——米利都学派和爱菲斯学派。哲学史上又把它们称为伊奥尼亚哲学。

米利都学派的主要代表有泰勒斯（约公元前624—前547）、阿那克西曼德（约公元前610—前546）、阿那克西米尼（约公元前585—前525），他们三人都是米利都人。关于世界的本原，他们提出了和当时的宗教神话相对抗的见解。泰勒斯认为水是世界的本原，并以此来说明宇宙的形成。泰勒斯关于"水是世界的本原"的论断，是古希腊哲学史上的第一个哲学命题。阿那克西曼德把没有固定形状和性质的物质性东西——"无限者"看作是世界的本原，并力图用"无限者"的变化来描述宇宙的生成，提出了人是从鱼变化来的观点。阿那克西米尼认为气是万物的始基。他们认为，万物都是由这些东西产生，又都还原为这些东西。这种抛弃超自然的原因而从自然本身来说明自然的观点，是一种朴素唯物主义的观点；而且他们把自然本身看成是不断生成的、运动变化着的，这种观点又是朴素的辩证法的观点。

爱菲斯学派的代表人物是赫拉克利特（约公元前530—前470）。他认为世界的本原是物质性的东西——"火"。他说："万物都从火产生，也都消灭而且复归于火。"赫拉克利特认为，世界不是由任何神创造的，它从过去到现在、将来，永远是一团永恒的活火，而且还是按一定的规律燃烧，按一定的规律熄灭。在这里他已经猜测到了世界的运动、变化、产生和消灭都有其固有的客观规律性。赫拉克利特还提出了著名的"一切皆流，无物常住"的观点，以川流不息的河水做比喻，认为世界上没有任何东西是不动和不变的。因此,他说:“人不能两次踏入同一条河流。”即人不能两次走进同一条河流中去,因为当你第二次走进这条河流时,它已经不是你第一次走进时的那条河流,原来的那条河流早就变化了。赫拉克利特这种从变化、发展的观点来观察事物的辩证法思想是朴素、自发的。赫拉克利特被列宁称为“辩证法的奠基人之一”。赫拉克利特的哲学思想远远超出了他所处时代的局限,不易被同时代的人了解,因此被人称为“晦涩的哲学家”。

公元前7世纪至公元前5世纪的意大利南部,也称“大希腊”,原是希腊城邦开辟的殖民地,和伊奥尼亚相比,是一个比较落后的地区。这里产生了以毕达哥拉斯派和爱利亚学派为代表的希腊最早的唯心主义哲学。

毕达哥拉斯学派的创始人是毕达哥拉斯(约公元前580—前500),出生于希腊殖民城邦萨摩斯岛,青少年时代热衷于从事学术活动和宗教神秘仪式、祭典,后来在南意大利的克罗顿城建立了一个集政治、宗教、学术于一体的毕达哥拉斯学派。在科学上,他做出了重要贡献,首次在西方提出了几何学的勾股定理,推测出宇宙的中心不是地球,而是中心火。毕达哥拉斯提出数是万物的本原、始基。他认为,数从一开始,从一产生出二,从一和二产生出各种数,从数产生出点,从点产生出线,从线产生出面,从平面产生出立体,从立体产生出水、火、土、气四种元素,从这四种元素产生出一切可以感觉的物体,产生出世界万物。他还提出荒谬的“灵魂轮回”学说,认为人的灵魂不死,肉体死亡以后,灵魂又可以转到另一个肉体身上。他们宣扬肉体是灵魂的坟墓,要人们轻视肉体,轻视现实生活。他强调对立面的和谐,断言“一切都是和谐的”“美德乃是一种和谐”。毕达哥拉斯学派提倡数的神秘主义,从对数的唯心主义理解而发展到对数的崇拜。

爱利亚学派的创始人是巴门尼德(约公元前515—公元前5世纪中期以后)。巴门尼德在哲学史上最先提出“存在”这个范畴。他提出“存在”是世界的始基。在他看来,世界上运动变化着的万物是不真实的,唯一真实的东西叫“存在”,存在是唯一的,是永恒的,是不运动也不变化的,是不生不灭的。巴门尼德的学生芝诺(公元前5世纪中叶)提出了许多论证来为巴门尼德的思想进行辩护。他认为自己的任务就在于揭露如果承认事物的多样性和运动的存在,就必然要陷入自相矛盾的困难境地,因为“多”和“运动”是不真实的,唯一真实的只有巴门尼德所谓“唯一不动的存在”。芝诺提出了“飞矢不动”“阿基里斯追不上乌龟”等一些否认运动变化的思想的著名论证。芝诺在思维方法上的根本缺陷,就是把概念、范畴凝固化,把一切对立的概念、范畴,如连续性和间断性、有限和无限等,看作是绝对不相容的东西。

2. 希腊城邦奴隶制繁荣和危机时期的哲学

公元前5世纪至公元前4世纪,是希腊城邦奴隶制的繁荣和危机时期。这个时期出现了恩培多克勒、阿那克萨哥拉、德谟克利特和普罗泰戈拉等著名的唯物主义哲学家,也出现了苏格拉底、柏拉图等著名唯心主义哲学家。这个时期的后期还出现了马克思称之为“古代最伟大思想家”、恩格斯称之为古希腊哲学家中“最博学的人”的亚里士多德,亚里士多德对前人的哲学和科学成果进行了总结。

恩培多克勒(公元前490—前430)哲学的基本思想是“四根说”。他把水、土、气、火四种元素看作是万物形成的本原。这四种元素永恒存在,既不能产生,也不能消灭,它们以不同的比例相互混合便形成各种不同性质的事物,当一件事物中各种元素分离时,便发生了这一事物的解体。恩培多克勒为了说明世界万物的运动变化,还提出了“爱和恨”的学说,认为世界中存在着两种相互对立的力量:爱和恨。在这两种力量影响下,上述四种元素不断结合和分离,从而产生出世界万物,形成世界万物的运动变化。与“四根说”相联系,在认识论上恩培多克里提出了一种“同类相知说”。他认为,知觉是从相同的东西来的,无知则是从相异的东西来的。我们从自己的土来认识土,从自己的气来认识气,从自己的水来认识水,从自己的火来认识火,从自己的爱来认识爱,从自己的恨来认识恨。

阿那克萨哥拉(公元前500—前428)哲学的基本思想是“种子说”。他认为,任何物体都是一个复合体。骨头之所以是骨头,是由于它由许多小骨头组成;血液由许多小血滴组成;金子由许多小金片组成。这些小骨头、小血滴、小金片等就是“种子”。世界上有无数多的事物,也就有无数多的种子,种子是形成世界万物的本原。但种子本身是不运动的,推动种子运动的是一种外力“奴斯”。由于“奴斯”的推动,在漩涡运动中,一些种子结合起来,一些种子分离开,于是事物不断发生变化。和恩培多克勒不同,在认识论上阿那克萨哥拉主张一种“异类相知说”。他认为,感觉是由比较对象相反的性质而得来的,比如我们由热而知冷,由酸而知甜,等等。

德谟克利特(公元前460—前370)是原子论之父留基波的学生。他的思想涉及哲学、逻辑学、天文学、物理学、医学等方面,是古希腊第一个百科全书式的学者。德谟克利特提出了世界万物都是由原子组成的这一哲学思想,认为不仅日月星辰而且人的灵魂都是由原子组成的。“原子”这个词希腊文的原意是“不可分割”,他所指的原子就是一种最小、坚实、不可分割的物质微粒,是构成万物共同的最基本的单元。德谟克利特还主张世界上的一切事物具有必然性,即一切事物都有因果关系,研究科学就是探索因果关系。德谟克利特有一句名言:“宁肯找到一个因果关系,也不愿获得一个波斯王位。”德谟克利特引入必然性范畴,用来说明原子运动与自然万物的变化牛灭都是有规律的,这一思想比“水”“火”是事物变化原因的哲学思想有了更进一步的发展。在认识论上,他继承了留基波的“影像说”,认为人的感觉和思想是由客观对象引起的。

普罗泰戈拉(公元前481—前411)是古希腊奴隶民主政治的拥护者,认为古希腊民主制度是国家最好的制度。在哲学上,他是一个唯物主义者。和赫拉克利特一样,他也认为:“万物都在运动、变化和彼此之间的混合所产生。”在认识论上,他主张“知识就是感觉”。在他看来,人没有天赋的道德知识,一切知识都是从感觉中获得的。普罗泰戈拉提出了一个重要的哲学命题:“人是万物的尺度,是存在者存在的尺度,也是不存在者不存在的尺度。”在他看来,神意不再是衡量事物的尺度,唯有人才是权衡一切的准绳。普罗泰戈拉的这种反神学权威，树立人的权威的精神，体现了一种人本主义精神。

苏格拉底（公元前470—前399）是雅典人，古希腊唯心主义哲学家。他有一大批弟子，但没有正式的学校，他的哲学活动的场所是一个叫作“吕克昂”的运动场。雅典民主派当政之后，他被指责不敬神和腐蚀青年之罪，判处死刑。苏格拉底一生没有著作，其言行是由他的学生柏拉图、色诺芬等人记载下来的。苏格拉底宣扬神学目的论，反对研究自然。他认为，研究自然对人来说是毫无意义的。他提出了这样的哲学口号——“认识你自己”，即认识人的精神本身。在他看来，哲学的基本任务是论证道德理论，使人们认识永恒不变的一般道德概念，认识绝对的善，而这种认识是从怀疑自己开始的。苏格拉底关于道德问题的基本主张是“美德即知识”。在他看来，没有知识，就会听任主观的武断，或者为道听途说、似是而非的意见所左右，当然也就做不出符合道德的行为；相反，有了知识，懂得了道德的本性，掌握了善的概念，就必然能够做出符合善的事情。

柏拉图（公元前427—前347）生于雅典，在伯罗奔尼撒战争中长大，后来成为古希腊重要哲学家。他的著作很多，全部都是用对话体裁写的，其中关于哲学最重要的有：《美诺篇》《会饮篇》《国家篇》《斐多篇》《泰阿泰德篇》《巴门尼德篇》《法律篇》等。“理念论”是他哲学思想的重要组成部分。“理念”不是客观事物在我们头脑中的反映，而是早在事物出现以前就已经独立存在的第一性的东西；相反，客观上存在的东西都是由“理念”派生出来的，是第二性的。现实世界中的众多理念并非处于平等地位，而是有高下之别，不同的理念随高下之分层层递升，形成一个阶梯体系。居于理念体系顶端的是“善”这个理念，这是最完全、最圆满的。柏拉图的所谓理念，不过是抽掉了物质基础的概念，是被神秘化和独立化了的概念。在柏拉图的著作中，《理想国》最为著名。理想国中公民被分为三等：保护人、军人、平民。保护人是监护全国的人，柏拉图主张哲学家做国家的监护人，即所谓的“哲学王”。柏拉图用神化来论证等级划分的合理性。他认为，神用各种金属造出不同的人，哲学家是金子做的，卫士或军人是银子做的，而平民则是铜和铁做成的。实质上第一、二等级的人都是奴隶主阶级，第三等级的人是要服从各级统治者的自由人即平民。柏拉图把他的理念论应用到认识论，提出了“灵魂回忆说”，认为人的灵魂本身是不死的，在它堕入人体以前，它是和理念一起生活在理念世界里，而本来就对理念有所认识，只不过当它投生到人体时，因为受到肉体污染而把原来的理念忘了。因此，人的学习只不过是回忆灵魂未进入肉体之前所认识的理念罢了。

亚里士多德（公元前384—前322）是柏拉图的学生，古希腊最伟大的哲学家，被恩格斯誉为古希腊哲学家中“最博学的人物”。他跟从柏拉图学习达二十年之久。之后，在雅典“吕克昂”建立自己的学园，从事教学和科学研究活动，其学派被称为逍遥学派。亚里士多德写了大量的著作，其中重要的有《形而上学》《论灵魂》《物理学》《工具论》《尼各马可伦理学》《政治学》《诗学》等。他的著作在公元前60—前50

年,由安德罗尼珂编定起来,得以流传下来。在编定亚里士多德的著作时,安德罗尼珂把关于哲学的文章放在物理学的后面,这就是我们现在把它叫作《形而上学》的部分,“形而上学”的原意就是“物理学之后”。亚里士多德的哲学思想并非继承柏拉图,相反,对柏拉图的“理念论”的批判是亚里士多德哲学的出发点。他总结在他以前哲学家关于万物本原的争论,提出了“实体”这一概念。他认为哲学研究的对象是实体或“有”(“存在”)本身。哲学的任务就在于通过对这种实体的研究来探求事物的最初根源和最高的原因。因此,他认为哲学高于其他一切科学,他把哲学又称为“第一哲学”。他提出了“四因说”,认为事物的生灭变化归根到底不外乎四个最根本的原因,即质料因、形式因、动力因和目的因。他认为,质料和形式是结合在个体事物中统一而不可分的两个方面,只有两者结合才能形成事物。他把质料看作形成世界万物最基本的东西,称它们为“基质”。亚里士多德又提出,形式和质料的区别具有相对性,一个个别物体是形式或质料要由它和其他事物的具体关系来决定。他把质料和形式说成是潜能和现实的关系,并用它来说明事物的运动变化。在他看来,自然界一切事物的运动就是这种质料形式化、质料和形式统一的过程,或者说由潜能到现实的过程。在认识的对象和来源问题上,他继承和发展了德谟克利特的“影像说”,反对柏拉图的“回忆说”,肯定了感觉的对象是外在的、不以人的意志为转移的客观事物,而认识则来源于感觉。他认为,感官接受事物的感性形式,就好像蜡块接受图章的印迹。亚里士多德是形式逻辑的奠基者。他首次把人的思维方式形式化和系统化,确立了判断的定义和分类,制定了三段论的格和式,着重研究了演绎推理等。亚里士多德的思想对西方哲学史和思想史的发展产生了巨大的影响。

3. 晚期希腊和古罗马时期的哲学

从公元前336年到公元前30年,历史上称为希腊化时期。这一时期是城邦奴隶制的衰落时期,哲学思想反映了这种情况,从总的方面说失去了繁荣时代的朝气蓬勃和全面发展的生命力,转向侧重研究人生哲学和社会伦理。希腊晚期最主要的哲学学派是伊壁鸠鲁学派和斯多葛学派。唯物主义哲学的代表是伊壁鸠鲁。

伊壁鸠鲁(公元前341—前270)是晚希腊时期最著名的唯物主义者。他生于萨莫斯岛,是一位乡村教师的儿子,他在雅典设立了名为“伊壁鸠鲁花园”的学校。伊壁鸠鲁提出了无神论的思想,而且他还继承和发展了德谟克利特的唯物主义原子论。他认为原子不仅有形状、大小的不同,而且有重量的不同。原子不仅有直线运动,而且由于原子内部的原因,还会产生偏离直线的运动。他的这一思想,是对必然性与偶然性进行探索的起点,具有朴素的辩证法思想。

古罗马哲学在理论上是古希腊哲学的继续。古罗马的唯物主义代表是卢克莱修(约公元前99—前55)。他提出了历史进化和旧事物应让位给新事物的理论。卢克莱修认为,人类社会是发展变化的,地球上最先出现了植物,后来才产生了动物和人类。人类最初也和动物一样过着野蛮的生活,经过漫长的年代才逐渐学会使用火和制造工具,进入了人类的文明时期,再往后又产生了家庭、国家、法律等。这种人类社会进化发展的观点是属于唯物辩证法的范畴的。在哲学上,卢克莱修继承和发展了德谟克利特和伊壁鸠鲁的原子唯物主义,指出原子在向下运动时发生的偏离运动是形成世界万物的原因。同时他还用原子的偏离运动去论证人的意志自由,认为人的命运不是由天命决定的,而是可以由自己的意志支配的。在此思想的基础上,他写的哲学诗篇《论物性》,是现在留下来的唯一的系统阐述古代原子论的著作,有一定的研究价值。

罗马共和国末期唯心主义的思想代表是西塞罗(公元前106—前43)。西塞罗在公元前63年曾当选为罗马的执政官。他继承了毕达哥拉斯主义、柏拉图主义和斯多葛主义的唯心主义观点,反对伊壁鸠鲁的原子唯物主义和无神论思想。在欧洲哲学史上,西塞罗是以折衷主义而著名的,他借用折衷主义的手法来宣扬唯心主义。他举例认为,小孩子学习很难的事物可以很快就学会了,好像不是初次学习而是唤起过去的回忆一般,这证明人的许多知识是在生前就有的。西塞罗宣扬灵魂不死,目的就是要证明尘世的物质利益不仅是微不足道的而且是有害的,他的这种说法主要用以蒙蔽广大奴隶和劳动人民。

(二)中世纪欧洲哲学

1. 中世纪的经院哲学

公元476年西罗马帝国灭亡,欧洲开始进入到封建社会,也就是一般所说的中世纪。在欧洲封建社会中,占统治地位的思想是基督教的宗教思想。这一时期哲学表现为基督教的哲学,即经院哲学。经院哲学的前身是所谓教父哲学,即最早由教会神父们制定的基督教教条和对于这些教条所做的辩护。随着封建剥削制度的加强,农民与被压迫人民不断起来反抗。教会与封建统治者为巩固和加强他们的统治,不但在政治上采取了更加残酷的镇压手段,而且在思想上也企图进一步统治和奴役人民,教父哲学于是变成了经院哲学。经院哲学产生于9世纪,11世纪开始形成,13世纪发展到顶峰,14世纪开始解体。

经院哲学是一种系统化、理论化的基督教神学,它用哲学的形式为基督教论证,为封建统治进行辩护。有人把经院哲学称为烦琐哲学,因为经院哲学所争论的问题常常是一些极端荒谬的问题,例如"把猪带到市场上去的究竟是手还是绳子""一个针尖上可以站多少个天使""天堂里的玫瑰花有刺还是没有"等。经院哲学的特点就是咬文嚼字、死啃书本、玩弄概念,经院哲学的主要工作就是论证整个世界是上帝意志活动的产物,整个人类受上帝意志的支配。经院哲学的主要代表人物是天主教会"圣徒"托马斯·阿奎那(1225—1274),其代表作《神学大全》是经院哲学的百科全书。

经院哲学认为,整个世界就是一个以上帝为最终目的的严格的等级系统。在这个系统中,一切事物都以质料对形式、亦即手段对目的的关系,以下级隶属上级、而上级统摄下级的关系层层上升,最后隶属和统摄于上帝。因此,地上的秩序必须服从于天上的秩序,政治必须服从宗教,现世必须服从来世,哲学必须从属于神学,知识必须让位于信仰。托马斯·阿奎那认为整个世界就是一个严格的等级系统,在这个系统中他论证了上帝的存在。另外,以他为代表的经院哲学家还宣扬,上帝按照自己的形象创造了人,人所住的地球是宇宙的中心,月亮、太阳和行星都是绕地球旋转的。他们说世界万物都是上帝按照一定的目的创造出来的,上帝创造太阳是为了给人类光和热,创造猫是为了吃老鼠,地震就是上帝给人的惩罚,等等。按照这种理论体系的规定,人们在世界中就不需要研究客观世界的必然规律。托马斯及经院哲学家们还鼓吹教权至上、君权神授,教会及其首脑教皇都是上帝在人间的代理人,他们的权力高于世俗的权力。由此可见,以托马斯·阿奎那为代表的经院哲学体系是反唯物论的,全部的经院哲学是以上帝的名义为封建剥削阶级制度作论证。

2. 文艺复兴时期的哲学

14—15 世纪,意大利和法国南部一些城市出现了资本主义经济关系的最初萌芽,15 世纪末 16 世纪初的地理大发现和新航路的开辟,也极大地刺激了欧洲各国社会生产和资本主义经济关系的发展。在这一历史背景下,产生了新兴的市民阶级即后来的资产阶级。其代表人物打着"新教"旗帜进行宗教改革运动,动摇了天主教的统治。新兴资产阶级的代表开始从古代希腊罗马的文化(古典文化)中寻找他们可以用来反对封建文化的武器,那就是哲学、自然科学及以人为中心的文学艺术。他们宣称,这些古典文化长期被宗教教会扼杀和歪曲了,现在他们要"复兴古典文化",所以称为"文艺复兴"。其实,它不是对古代奴隶社会文化的简单恢复,而是开始提出了一种新的资本主义思想与文化。文艺复兴是一场资产阶级反封建反神学的思想文化运动。这一时期的代表人物主要有意大利的达·芬奇(1452—1519)、法国的蒙田(1553—1592)、英国的莎士比亚(1564—1616)等人。他们提出了以人为中心的世界观,是一种同中世纪神学的以神为中心的世界观相对立的、全新的世界观,因此他们也被称为人文主义者。

人文主义运动最早发源于意大利,15—16 世纪则发展为遍及全欧洲的文化思潮。文艺复兴时期人文主义哲学思想大致包括四个方面的内容。一是肯定现世人生的意义,要求享受人世的欢乐。同神学所宣扬的"原罪"说和禁欲主义相反,人文主义者认为人是自然的一部分,而且是万物之灵,因此人有权享受人生欢乐。二是提出个性解放的口号,要求个性自由,反对宗教桎梏和封建等级制度的思想。三是相信人力的伟大,歌颂人性的完美与崇高,反对神学抬高神力而贬低人力的观念,也反对封建贵族以门阀等级评论人品高下的封建思想。四是反对蒙昧主义和经院哲学,推崇人的感性经验和理性思维。人文主义者把愚昧和无知看成是社会罪恶的根源,主张依靠人的能力来认识自然、造福人生,在他们看来,只要传播知识、推行教育,就可以消除社会罪恶。

人文主义的基本精神是抬高人的地位,贬抑神的地位。人文主义文化运动的哲学基础是抽象的人性论。人文主义思潮的重大社会意义在于,以抽象的人性论为基础建立了为新兴资产阶级所需要的包括自由、民主、平等、博爱、幸福、科学等一整套理论、观点、方法的体系。这个体系进而被作为舆论工具，在政治、经济、法律、道德、宗教、哲学、文艺以至普遍的社会生活领域开展了反封建反宗教的斗争，解放了人们的思想，为生产力的发展、为资产阶级革命的胜利扫清了道路。

（三）欧洲早期资产阶级革命时期的哲学

16 世纪末到 17 世纪，是欧洲早期资产阶级革命时期。这个时期，劳动人民和资产阶级大规模的反封建、反宗教斗争，推动着社会生产力迅速发展，自然科学也如雨后春笋般地发展起来。在科学进步的推动下，自然科学与唯物主义紧密地联系起来共同反对唯心主义。千百年来封建神学、经院哲学的统治地位被彻底摧毁了。

1. 17 世纪英国唯物主义经验论

从 17 世纪以来，“全部现代唯物主义的发祥地正是英国”。17 世纪英国唯物主义者着重于认识论研究，以唯物主义经验论为主要特点。17 世纪英国唯物主义的主要代表有培根、霍布斯和洛克。

弗兰西斯·培根（1561—1626）是英国经验论也是近代唯物主义的首创者。马克思称他是“英国唯物主义和整个现代实验科学的真正始祖”。他的主要著作是《新工具》《论学术的进步》《论原则和本原》等。培根把宗教神学排斥于自然哲学范围之外，明确划分宗教神学和自然哲学的界限。培根哲学的主要内容就是要人们研究自然，发现自然固有的规律，以便征服自然为人类谋福利。他认为人类的知识和力量是结合在一起的，只有认识了自然才能支配自然，才有力量，为此他提出了一个有名的口号——“知识就是力量”。培根认为有许多错误观念或“假象”盘踞在人们的头脑之中，使人们不能认识真理，严重妨碍科学的复兴。他把这些“假象”分为四类。一是“种族假象”，即把人类天生的本性掺杂到客观事物中去，因而歪曲地反映了事物。例如，由于人的行为是有目的的，于是唯心论的目的论就认为世界上的万事万物都是有目的的。按照培根的看法，这就是把人类所独有的特性强加到客观事物身上。二是“洞穴假象”，是个人的假象，它产生于个人的心理、爱好或身体上的特殊构造。或者是由于教育、习惯等因素的不同，每个人按照其不同特点观察事物产生的假象，好比各个人有他自己的洞穴，因而使自然之光发生曲折和改变颜色一样。三是“市场假象”，是通过语言和名称产生的，即人们由于习惯与依照流行的观念，使用不适当、不正确的言语、词汇而引起的错误。四是“剧场假象”，是由各种哲学教条和荒谬的证明规则产生的，即人们由于盲目信仰权威、教条特别是传统的哲学体系而造成的偏见。培根认为必须从这四种“假象”中把人类的理性力量解放出来，才可以使科学得到光明，才有可能建立新的方法。培根是第一个系统地制定了认识的归纳法的哲学家。在认识论问题上，培根认为一切知识来源于对外部世界的感觉经验，人们在认识中必须由感觉出发。“感官的知觉”是认识的开始阶段，只有在丰富的感觉材料的基础上，才可能达到对事物较广泛和深入的认识。培根依据实验科学的精神，指出感性经验不仅是对事物的简单的直观,它更主要的在于对事物进行科学实验。只有有计划、有系统地进行的科学实验,才能弥补感官的缺陷,保证感觉经验的可靠性。他认为人在获得了感性材料之后,还需要对这些材料进行分析,把研究的对象分解为各个组成因素。只有这样才能揭示事物的原因,才能从个别的事实上升到一般的原理,才能算作是有了真正的知识。

托马斯·霍布斯(1588—1679)是英国著名的唯物主义哲学家,他继承和发展了培根的哲学,主要哲学著作有《论物体》《论人》《论公民》《利维坦》等。霍布斯着重发展培根的自然观,特别是关于物体的学说。他明确指出,哲学的唯一对象是物体,物体是不依赖人的思想而客观存在的、占有空间的、永恒不灭的物质的东西。物体的最根本特性是广延性,而运动、静止、颜色、坚硬则是不为一切物体所共有,而只为某些物体所特有的性质。他指出,整个世界及其各个部分都是有广延的,因此整个世界是物体,世界各个部分也是物体。"宇宙是物体的总和。"既然世界上只有有形体、有广延的东西即物体存在,那么,一切所谓鬼神精灵等无形体的东西就都不存在,都是虚无。哲学的任务在于考察真正存在的物体及其特性,因此,对于一切既非物体又非物体特性的东西,哲学不予理睬。由此,霍布斯提出一个著名的口号"哲学排斥神学"。霍布斯属于最彻底反宗教迷信和反教会行列,他为无神论做了许多工作。在虔诚的英国牧师心目中,霍布斯主义和不信教是同一语。霍布斯不仅排斥神学,而且反对一切唯心主义。他坚决驳斥唯心主义认为有不依赖于思维着的物质而独立存在的思维实体的说法。

霍布斯反对神造国家、君权神授的封建主义国家观,用自然法和社会契约论来论证资产阶级的君主专制。他认为,在国家产生之前,人类处于所谓"自然状态"。在自然状态中,人人都似乎拥有充分的自然权利,但是,因为人的本性就是自我保存,趋利避害,无休止地追求个人利益,从而导致"一切人反对一切人的战争"状态,人和人的关系像狼一样。人们为了结束这种敌对状态,便通过契约建立国家,从而使社会得到安宁,和平得到保证。霍布斯认为,臣民一旦通过契约把权力交给君主,就再也不能收回,只能绝对服从君主。他之所以拥护君主专制,目的是为了创造一个和平的环境,以避免人们之间的相互残杀,为资本主义生产的发展提供条件,保障资产阶级和新贵族的利益。

约翰·洛克(1632—1704)是17世纪英国唯物主义经验论哲学的系统化者。他的哲学的基本倾向是唯物主义的,但在许多问题上都表现了向唯心主义的妥协。他的主要哲学著作有《人类理解新论》《政府论》等。洛克是君主立宪制的热烈拥护者。他的政治论著《政府论》系统地批判了"君权神授"论,以社会契约论为基础系统地论证了君主立宪的合理性,同时提出了资产阶级分权的学说。他认为,君主没有绝对的权力,国家的权力应分为立法权、行政权和联盟权,立法权属于国会,君主只拥有行政权和联盟权。当行政权和立法权发生矛盾时,行政权必须服从立法权。洛克批评天赋观念论,提出了有名的"白板说"。他指出人的知识不是先天就有的,人的心灵本来像一块白板或一张白纸，在它表面上并没有任何天赋的标记，我们的全部知识都来源于后天的经验。

2. 17 世纪欧洲大陆唯理论

17 世纪，欧洲大陆和英国一样，也掀起了一股批判经院哲学的资产阶级哲学思潮。但是，和崇尚经验论哲学的英国不同，此时欧洲大陆盛行的哲学主要是崇尚理性思维的唯理论。17 世纪欧洲大陆唯理论的著名代表人物有法国的笛卡尔、荷兰的斯宾诺莎和德国的莱布尼茨。

勒奈·笛卡尔(1596—1650)是 17 世纪法国著名的科学家和哲学家，欧洲大陆唯理论的主要代表，特别是在数学领域他取得了很大的成就(他是解析几何的创始人)。笛卡尔的哲学是典型的二元论。他认为世界万物的本原是两个，即心灵和实体，这两者彼此互不依赖，是各自独立存在的两个实体。以这两个实体学说为中心，笛卡尔建立了自己的哲学体系。他的主要代表作有《方法论》《哲学原理》《形而上学的沉思》等。"普遍怀疑"是笛卡尔哲学的开端。他认为以往的知识都是靠不住的，科学的体系必须建立在牢固永久的基础之上，因此，首先必须对以往的知识进行一次普遍的怀疑。"我思故我在"是笛卡尔形而上学的第一原理，当我在怀疑一切稍有可怀疑的东西时，我分明感到有一个东西存在着，这就是我。不管我怎样进行怀疑，我在怀疑这件事是确凿无疑的，这样就由我在思考推出了我的存在："我思，故我在"，这就是"必须存在，才能思想"。笛卡尔还推论出上帝的存在。他认为既然某些完满性是我所没有的，那么就说明我不是唯一存在的实体，必定还有一个更加完满的实体作为我这个实体的来源和依靠，这只能是上帝。笛卡尔的这种思想和中世纪对于上帝存在的证明有异曲同工之处。在认识论方面，笛卡尔是理性主义者。他贬低感性认识，抬高理性认识，认为认识就是靠"理性的直观"去发现"清楚明白"的天赋观念，然后以此为出发点，推演出全部知识。这反映了他反对盲目信仰，否定任何神圣权威的进步意向。

别涅狄克特·斯宾诺莎(1632—1677)是 17 世纪荷兰杰出的唯物主义哲学家，出身于一个犹太商人家庭，受过初等教育，24 岁时就因与宗教决裂被逐出犹太教会。斯宾诺莎对于物质财富极其鄙视，坚持过一种十分简单的生活，以磨光学镜片为生，从不积累财富，也不接受别人赠予的财富。有人评价他是人类有史以来具有伟大人格的人物之一。他的主要著作有《笛卡尔哲学原理》《伦理学》《知识改进论》《神学政治论》等。斯宾诺莎认为，实体是独立存在的、永恒无限的唯一自然界，广延和思维不是两个实体的各自属性，而是统一的自然实体的两种属性，是不能脱离实体而独立存在的。斯宾诺莎认为哲学的目的就在于摆脱恶的东西而达到真善和至善，从而使心灵达到愉快、宁静、幸福。"恶"主要有三种：财富、荣誉、感官快乐。因为这三种东西不会带给我们真正的快乐，即当一个人把这些东西作为自己追求的目的，那么他的心灵就不可能达到宁静，也不可能达到真正的幸福。斯宾诺莎在认识论问题上认为知识可分为三种：第一种是感性的知识，如油可以助燃、水可以灭火，这种从对个别事物的经验中得来的知识,不能使我们认识事物的本质;第二种是理性知识,是通过推理得来的知识,它仍不能使我们达到对事物圆满的认识;第三种是直观的知识,它是对事物本质属性的直观认识,它们是真观念,是一切真理的源泉。从以上的观点中可见唯理论在认识论问题上,也没能概括出认识的辩证过程,因此在认识论问题上它也是有局限性的。在政治上,斯宾诺莎明显地倾向于资产阶级。他既反对神权政治,也反对君主专制。在他看来,自由是人的天赋权利,“自由比任何事物都为珍重”。但是,他又认为,自由仅仅是“自由思考和判断”,不能违背法律,不能有损于“统治者的权威”。

戈特弗里德·威廉·莱布尼茨(1646—1716)是德国著名的唯心主义哲学家、伟大的科学家、微积分的创始人之一。他的主要哲学著作有《形而上学谈话》《单子论》《人类理智新论》《神正论》等。莱布尼茨哲学的核心是关于单子的学说。他认为世界万物的实体是单子。单子是单纯的精神性的实体。物质事物是由精神的单子所派生的。单子作为实体,各自独立,彼此之间没有“物理的影响”。每个单子虽然彼此独立,自成体系,但同时各个单子的表象却和谐一致。这种和谐是上帝预先安排好的,叫作“预定的和谐”。上帝保证了无数多单子的绝对的统一,也就保证了万物的和谐与宇宙的秩序。莱布尼茨还提出了世界万物普遍联系的辩证法思想,在当时静止孤立的形而上学观点占统治地位的情况下是可贵的。但莱布尼茨哲学总的来说仍是形而上学的。他把发展看作单纯的量变,否认质变。他有一句名言“自然界从来不会飞跃”,并把这作为一条普遍规律。他认为,世界上一切事物都是上帝早就安排好了的,因此罪必受罚,善必得奖,甚至恶事的存在也无损于现实的圆满。由此,他断言,现存的世界秩序是最好的,这个宇宙是上帝所创造的最好可能的宇宙。由此可见,他的哲学体系是形而上学的,明显表现了对神学的妥协。

3. 18 世纪英国唯心主义经验论

18 世纪初,随着英国资本主义政治制度的确立和巩固,在洛克之后,英国的经验论由唯物论转向了唯心论。英国唯心主义经验论者把经验主义认识论路线贯彻到底,陷入狭隘的感觉主义。他们着重探求了认识的主观性和相对性方面,同时也由此否定了认识的客观性和绝对性,从而导致了主体与客体的分裂,最终陷入了不可知论。18 世纪英国唯心主义经验论的主要代表是贝克莱和休谟。

乔治·贝克莱(1684—1753)是英国唯心主义哲学家。他的主要哲学著作有《视觉新论》《人类知识原理》《希勒斯和斐洛诺斯的三篇对话》。贝克莱继承了洛克经验论的一个前提,即认为经验是我们知识的唯一源泉。他说,认识的唯一对象是观念。他所说的观念不是抽象的思想,而是“硬、软、热、冷、颜色、滋味、气味”等感觉。他认为,感觉观念是人类知识的唯一源泉。然而,他反对洛克经验论的第二个前提,即否认人的感觉观念来自客观实在的外物。他说,我们的感觉器官得到各种感觉观念,其中有些感觉观念经常在一起出现。“例如某种颜色、滋味、气味、形状和硬度,如果常在一块儿出现,我们便会把这些观念当作一个单独的事物来看待,并用苹果的名称来表示它,另外一些观念的集合,则构成一块石头、一棵树、一本书和其他类似的可以感觉的东西。"这样,在贝克莱看来,物就是一些"观念的集合",或"感觉的组合"。这就是贝克莱主观唯心主义的一个基本观点。他进一步推论说,既然承认认识对象是感觉观念,那么就得承认有对于这些感觉观念的感知者的存在,这个感知者就是自我、心灵、精神。感觉观念的存在就在于它们被自我、心灵所感知。因此,一切事物的存在都在于被自我、心灵所感知。这就是说,贝克莱从感觉出发,遵循主观主义路线,最后导致最纯粹的唯我论。

大卫·休谟(1711—1776)是英国著名的怀疑论或不可知论哲学家。休谟的主要哲学著作有《人性论》《人类理智研究》《自然宗教对话录》等。他吸取了古代怀疑论的思想,提出了近代第一个不可知论哲学学说。他的主要哲学观点是:一切观念都是从感觉印象中得来的,我们的理性没有能力构造出感观印象中没有的观念。休谟哲学思想的另一个重要方面是因果学说中的非决定论的因果观——概然性理论。他认为因果联系是有概然性的,它介于确定性和可能性之间,也就是说每一种概然性都有一个和它相反的可能性。例如,我们每天观察到太阳升起,但并不能因此就断言它永远升起;我们观察了一万只乌鸦是黑的,但不能因此断言第一万零一只乌鸦也是黑的(的确有白乌鸦)。因为我们的经验只能证明过去的东西怎么样,而不能证明未来的东西一定是这样,同时我们过去的经验也不能证明这些经验之间存在着内在的联系。非决定论的因果观在哲学史上和科学史上都产生了重大的影响。

(四) 18 世纪法国启蒙运动的哲学

1789 年法国资产阶级大革命爆发,在封建政治制度行将灭亡和资产阶级革命条件日益成熟的形势下,也爆发了思想文化领域的文化运动,历史上称为启蒙运动。启蒙运动是人类历史上一次反对封建主义、反对宗教神学的思想解放运动。启蒙思想家一手持理性的旗帜,一手持人性论武器,用人的眼光考察自然和社会,从理性中引申出事物的本来面目,是人类认识史上的重大进步。启蒙运动时期的主要代表人物有伏尔泰、孟德斯鸠、卢梭、爱尔维修、狄德罗等。

1. 启蒙运动的兴起:自然神论

伏尔泰(1694—1778)是 18 世纪法国启蒙运动的开拓者和著名领袖,大资产阶级的思想代表。他一生屡受天主教会的迫害,曾两次入狱。他的重要哲学著作有《哲学通讯》《形而上学论》《牛顿哲学原理》《哲学辞典》《风俗论》等。伏尔泰着重批判了封建专制制度的精神支柱——天主教会。他虽然激烈抨击天主教,可是并不排斥宗教;相反,他极力主张保留宗教,主张自然神论。他承认客观世界之外存在着上帝,他所认为的上帝是个抽象的含义,上帝除一次创造活动创造了现实世界之外,就不再干预世间的事务。伏尔泰的重要哲学思想就是自然法权论,也称自然秩序论。他设想了人类在原始社会的"自然状态"和"自然秩序"下的生活图景——人人平等、自由,并以此引申出了平等自由的"自然权利"。伏尔泰认为自由是"试着去做你的意见绝对必然要求的事情的那种权力”,自由是人人享有的一种天赋权利,不应受到任何侵犯,这种天赋人权只受法律支配。伏尔泰指出平等,即法律面前人人平等,“一切享有各种天然能力的人,显然都是平等的;当他们发挥各种动物机能的时候,以及运用他们的理智的时候,也是平等的”。伏尔泰的“天赋人权”和“法律面前人人平等的思想”对于促进人民思想解放有重要的意义。

查理·路易·孟德斯鸠(1689—1755)是法国启蒙运动的开创者之一、法学家和自然神论者。孟德斯鸠出身于一个贵族家庭,早年研究法律及古希腊罗马政治思想史,主要著作有《波斯人的信札》《论法的精神》《罗马盛衰原因论》等。孟德斯鸠的主要哲学思想有“一切有权力的人都容易滥用权力,这是万古不易的一条经验”“从事物的性质来说,要防止权力滥用,就必须以权力约束权力”。因此,他提出了三权分立的思想,就是使立法权、行政权和司法权分掌在不同的人和不同的国家机关手中,这样就可以使三种权力相互制约,又可以使三种权力保持平衡,最终建立法治国家。孟德斯鸠还提出了“法的精神”,认为法律与各国的气候、土壤、面积大小等自然条件有关系,与人民的生活方式有关系,与居民的宗教、人口风俗习惯等也有关系,这些关系综合起来就是法的精神。他认为,社会历史发展进程并不是由上帝的意志决定的,而是由自然界本身的原因决定的。地理环境决定人的精神心理状态,而人的精神心理状态直接决定着社会国家制度。这种地理环境决定论观点实质上是唯心史观。

让·雅克·卢梭(1712—1778)是18世纪法国启蒙运动的思想家、资产阶级的思想代表。他出身于日内瓦的一个钟表匠家庭,从小过着贫穷的劳动生活,当过仆役、家庭秘书、音乐教师等。一生致力于多方面的研究,他的思想在我国影响很大。代表作有《忏悔录》《爱弥儿》《论人类不平等的起源和基础》《社会契约论》等。卢梭思想的中心是关于社会的不平等及克服不平等的方法问题。他认为在“自然状况”中即原始社会里人人都是平等的、自由的,那时候没有私人财产,在道德上也很清白,没有罪恶。人类进入“公民社会”后出现了私有财产,出现了富人和穷人,社会上出现了不平等,一切罪恶也随之而来了。卢梭在社会不平等问题上揣测到了社会生活以经济为转移,同时他反对财富分配不均,这是非常有价值的地方。卢梭的另一个重要思想是提出“社会契约说”。他的社会契约说不同于以往的“人对人是狼”的理论。他主张通过契约建立人人自由平等的社会,人民订立契约组成国家,人民是国家的主人,人民的主权是不可转让、不能剥夺的。统治者是由人民派遣出保卫每个人的自由的,统治者如果变成专制的暴君,则人民可以用暴力来推翻他的统治。他的社会契约说在法国资产阶级革命时期有一定意义,他也因此被誉为法国资产阶级革命的理论先驱。

2. 启蒙运动的发展:机械唯物主义和无神论

克劳德·阿德里安·爱尔维修(1715—1771)是法国唯物主义哲学的主要代表之一,是第一个把资产阶级功利主义“变成了哲学体系”的哲学家。他的主要哲学著作有《论精神》《幸福》《论人》等。爱尔维修把人的一切认识都归结为感觉,归结为肉体的感受性。他用洛克的感觉论来解释社会生活方面的问题,主要表现在他用感觉经验来论证利己的人性论。按他的说法,人的一切认识和精神活动既然都归结为肉体感受性,因此人的根本特性即在于在肉体感觉上求乐避苦、趋利避害,这就是“自爱”。自爱是人的共同的、永远不变的本性。他说:“利益是我们的唯一推动力。”与此相联系,他断定一切道德、政治问题的实质都在于功利,所谓“善恶”即是对人的利害和乐苦。政治权力的追求,也是为了利益。他提出“人是环境的产物”的著名命题。他认为,人与人之间精神上的差异,是由不同环境所造成的,而环境即是“教育”。他把“教育”理解为一切社会对象和事物对一个人的影响作用,由此提出了“教育万能”的观点。他又把政体和立法看作环境教育中最主要的、起决定作用的东西。法律造成一切,国家民族的兴衰取决于法律之是否公正合理。公正立法的基本原则是公共利益与个人利益的结合,将个人利益的追求,引导到公共利益。他认为道德依赖法律,而良好的立法则依靠理性的进步。他把封建专制制度的存在归结于人民的无知,而发现和制定明智的法律以代替封建专制则有待于天才的立法者。由于天才所发现的明智的法律是永恒的法律,一经发现即可永不改变。

德尼·狄德罗(1713—1784)是法国唯物主义最卓越的代表,恩格斯曾称赞他为了真理和正义而献出了自己整个一生。他用了将近三十年的时间主持编写《百科全书》,其主要哲学著作有《哲学思想录》《供看得见的人参考而谈盲人的信》《对自然的解释》《拉摩的侄儿》《达朗贝和狄德罗的谈话》《达朗贝的梦》《关于物质和运动的哲学原理》等。

狄德罗的哲学学说,代表着当时资产阶级唯物主义发展的最高水平。他把形成物质世界的粒子的最小单元称为元素,认为物质元素是异质的。自然界中事物的多样性根源于物质元素的“异质性”;他还认为物质本身具有运动能力,万物处于永恒的运动变化之中。他不同意把质的差别归结为量的差别,在这一点上,他超出了同时代的其他机械唯物主义者。狄德罗相信“万象日新月异”的规律,而否认“天下无新事”的形而上学观点,认为在物质自然界的大海里,“一切都在变,一切都在过渡,只有全体是不变的。世界生灭不已,每一刹那它都在生都在灭,从来没有例外,也永远不会有例外”。狄德罗的思想在当时形而上学占统治地位的条件下,确实是难能可贵的。但他毕竟摆脱不了时代的局限,他把变化发展理解为单纯量变,不懂得从量到质的飞跃。他的世界观从基本和主导方面来看仍是形而上学的。

(五) 19 世纪德国古典哲学

德国古典哲学是指 18 世纪末 19 世纪初的德国哲学。所谓“古典”,按照著名翻译家傅雷的解释就是不可更改、不可重写的意思。也就是说,凡是古典的都是唯一的,不可能再一次出现,也不可模仿。德国古典哲学是一座哲学思想的宝库,在西方哲学史上只有古希腊哲学与它有着同样的光辉,现代西方哲学的每个流派都可以从德国古典哲学中找到根源。德国古典哲学的重要成就是辩证法的产生,这和当时自然科学中的许多伟大发现有必然联系。德国古典哲学从康德开始,由黑格尔集大成,最后到费尔巴哈终结。

1. 康德的批判哲学

伊曼努尔·康德(1724—1804)是德国古典唯心主义的创始人。他把他的不可知论和主观唯心主义哲学称为“批判哲学”。康德这里所谓“批判”主要是指考察、研究、分析的意思。他主张,哲学的基本任务就是考察、研究、分析人的认识能力,确定人的认识能力在构成知识时的范围和限度。康德的三部最主要的代表作就都以批判为名:《纯粹理性批判》《实践理性批判》《判断力批判》。《纯粹理性批判》是讲认识论的,《实践理性批判》是讲伦理学的,《判断力批判》则是专讲美学的,这三部著作则构成了他的“批判哲学”体系。

康德是西方哲学史上伟大的哲学家之一。康德承认外部世界(他称之为“自在之物”)在我们之外存在,“自在之物”是作用于我们感官、使我们产生感觉的来源。但是,康德又认为,自在之物是不可以被认识的,人们只能认识自在之物的“现象”,即它们作用于我们的感官而在我们心中产生的表象。康德在现象和自在之物中间划出了一条不可逾越的鸿沟,认为现象属于主观的,人的认识可以达到“此岸”领域,而自在之物则属于知识不能达到而信仰却能发现的“彼岸”领域。

康德还企图把经验论和唯理论这两个认识论上相互对立的派别结合起来。他认为,经验论只承认感觉是实在的,唯理论只承认理性是实在的,它们各执一端,带有很大的片面性。康德认为只有二者的结合才能提供真正的知识。在他看来,知识虽起源于经验,但经验仅提供不具普遍性和必然性的质料,凭这些质料还不能构成真正的知识;要构成真正的知识,还必须在感觉经验上加上人的认识能力所提供的先天形式。康德这种认为感觉、经验是杂乱的,只有人的理智才能提供普遍必然性知识的观点,这又使他走入了唯理论的阵营。康德进一步提出,“理智的(先天)法则不是理智从自然界得来的,而是理智给自然界规定的”“理智是自然界的普遍秩序的来源,因为它把一切现象都包含在它自己的法则之下,从而首先先天构造经验(就其形式而言),这样一来,通过经验来认识的一切东西就必然受它的法则支配”。这种“人为自然立法”的思想,就使康德的哲学完全走到了主观唯心主义。

2. 黑格尔的唯心主义辩证法

格奥尔格·威廉·弗里德里希·黑格尔(1770—1831)是德国古典哲学集大成者,欧洲哲学史上第一个系统地阐述唯心主义辩证法的哲学家。他的哲学思想是马克思主义的理论来源之一。黑格尔出身于巴登·符腾堡州首府斯图加特城的一个官僚家庭,1793 年毕业于图宾根神学院,后来一度在耶拿大学工作。1816 年以后,任海德堡大学和柏林大学的教授,1830 年任柏林大学校长,次年因患霍乱病逝。黑格尔的哲学具有高度的思辨性,因而被称为“思辨哲学”。他的主要哲学著作有《精神现象学》《逻辑学》《哲学全书》《法哲学原理》《哲学史讲演录》《历史哲学》《美学》等。

黑格尔在他的客观唯心主义体系中将整个世界描写成一个绝对理念漫游的过程，一个演化的历史。黑格尔认为在自然界和人类出现之前，就存在着一种精神或理性，这种精神不是一个个人的精神，也不是人类的精神，而是整个宇宙的精神，黑格尔称之为绝对精神。绝对精神是事物的源泉，世界上任何现象，无论自然的、社会的，或是人的思维的现象，都是它的表现，都是从它派生出来的。黑格尔认为绝对精神处于辩证的发展中。它的辩证发展过程可分为三个基本阶段：逻辑阶段、自然阶段、精神阶段，因而它的哲学体系就是由逻辑学、自然哲学、精神哲学这三部分组成的。黑格尔的所谓“逻辑阶段”，就是自然界和人类出现以前的阶段。在这个阶段，“绝对精神”以“纯概念”的形式存在和发展着，这种运动和发展就表现为一个概念向另一个概念的转化，一个范畴向另一个范畴的转化。在“自然阶段”，“绝对精神”披上了物质的伪装或外衣，它隐藏在自然现象背后，操纵着自然现象的变化和发展。在“精神阶段”，经历人的意识的发展变化和社会意识的发展变化而达到绝对精神，这是黑格尔哲学的最高点，即绝对精神经过漫长曲折的发展道路，最后在更高阶段上回复到自身，它体现为艺术、宗教、哲学。

在黑格尔哲学体系中也有其合理内核。黑格尔认为世界是许多方面内在联系着的整体，是不断矛盾发展的过程。他的关于思维与存在、精神与物质的相互转化，认识过程的由简单到复杂、由抽象到具体的矛盾发展过程等，都体现了辩证法思想。恩格斯对黑格尔做了高度评价：“把自然的、历史的、精神的世界描写为处于不断运动、变化发展中并企图揭示这种运动和发展的内在联系，这是他的巨大功绩所在。”

3. 费尔巴哈的“人本学”唯物主义

路德维希·费尔巴哈（1804—1872）是德国伟大的唯物主义哲学家，他的哲学思想也是马克思主义的理论来源之一。他的重要哲学著作有《黑格尔哲学批判》《基督教的本质》《未来哲学原理》《宗教的本质》《宗教本质讲演录》等。

费尔巴哈对黑格尔哲学的批判，结束了黑格尔哲学在德国的统治，恢复了唯物主义的权威。他认为自己的哲学是人本学或未来哲学，人本学的对象是人和作为人的基础的自然。他深刻地揭示出人的自然本质，认为身体是自然界的产物，是自然界的一部分。在描述自然界时，费尔巴哈首先着重指出它的物质性。他说，自然界是有形物体的、物质的、可以被感受的。物质并不是由谁创造出来的，它是永恒的和无限的。自然界的原因应该在自然界本身中去寻找。自然界不是唯心主义者所想象的那样由精神产生出来的，而相反地，精神是由自然界产生出来的。费尔巴哈建立了他的唯物主义反映论。与不可知论相对立，他完全承认世界的可知性。他说：“自然界是一本不隐藏自己的大书，只要我们读它，我们就可以认识它，即使今天还不能认识，以后我们的后代也一定会认识。”

费尔巴哈批判了宗教特别是基督教。他认为，宗教把人的精神和人割裂开，把精神夸大和绝对化，使它变成在人之上，压迫人的非人的东西，即上帝。因此，不是上帝创造了人，而是人创造了上帝。上帝不过是人的本质的异化。但由于费尔巴哈只是从人的本质去揭露宗教产生的认识论根源,而未能从人的社会本质去揭露宗教产生的社会根源,因此错误地认为,宗教变迁的历史就是人类的历史。他还错误地得出结论:只要通过教育和启蒙,人们就会从宗教蒙昧和封建压迫的奴役下解放出来。更荒谬的是,他企图建立新的宗教即“爱的宗教”,以此来代替旧的宗教。他认为,爱随时随地都是一个创造奇迹的神,只要人们彼此相爱,人类社会就成了乐园。

(六) 现代西方哲学

1. 实证主义

实证主义产生于19世纪30年代至40年代初的法国,后流行于英国,是开创现代西方实证主义或科学主义思潮的一个重要哲学流派。这个流派的创始人是法国哲学家奥古斯特·孔德(1798—1857),英国哲学家约翰·穆勒(1806—1873)和赫伯特·斯宾塞(1820—1903)是这个流派的另外两个重要代表人物。

实证主义标榜反对“形而上学”,反对思辨,主张要依据“确实的事实”。所谓“实证”,就是指“确实”“精确”。而“确实的”事实指的就是经验事实。科学只是对经验事实的描写和记录;科学由于是经验的,所以是实证的;实证哲学则是实证科学的延续和总结,是“科学的哲学”。实证主义者否认自然界和社会的客观规律,回避哲学基本问题,认为那是形而上学问题。实证主义把所谓的形而上学与哲学等同起来,从而否认哲学的世界观意义。在实证主义看来,重要的不是划分唯物主义和唯心主义,而是划分实证的与非实证的,不能用科学的方法去研究的,即不能根据经验材料和合理的推论加以研究的,都是非实证的。立足于实证方法的哲学才是实证哲学,这是关于各专门科学之间的联系的总科学,而不是凌驾于科学之上的东西。实证主义的主要课题是哲学与科学的关系问题,它企图结束二者之间的“冲突”“对立”,并以“科学的哲学”代替“形而上学”,否认哲学作为世界观而存在。

实证主义自称为一种不同于以往哲学的崭新的哲学。又将这一哲学主张用于社会学、伦理学和宗教,建立实证的社会学、伦理学和宗教。实证主义者在这方面的具体主张各有特点,孔德提出社会静力学和社会动力学,强调人与人之间的合作和服从关系,建立崇奉人类之爱的“人道教”;穆勒提出建立“人性学”,提倡功利主义的伦理道德,主张绝对自由的政治观;斯宾塞认为生存竞争原则支配着社会进化,主张社会有机体论,提倡自由放任的政治经济原则,发展功利主义的伦理观。但是,他们都是用实证的自然科学的观点和方法解释社会现象,都以“社会改革”和“人类幸福”为旗号,实质上都是为维护、巩固和发展资本主义提供理论依据。新实证主义开启并代表了现代西方哲学发展的一个新倾向。

在西方,实证主义不仅是一个哲学流派的名称,在广义上,它还是一种在思想界、科学界颇有影响的基本立场或思维方式,它的基本点就是主张从“直接给予的东西”,即感觉经验出发。实证主义在反对思辨唯心主义和提倡科学方法方面不无合理之处,但它在哲学上并未摆脱唯心主义的基本立场。

2. 意志主义

意志主义,即“唯意志论”,是一种把自我的主观意志和感情非理性主义化,并把它歪曲、夸大为宇宙的本原和万物的本质的一种唯心主义哲学流派。它产生于19世纪的德国,流行于19世纪下半期和20世纪的德、英、法和北欧等国。它是现代西方人本主义哲学思潮的开创性流派,是德国古典哲学(辩证法和理性主义)的反动。后来的人本主义思潮各哲学流派,如生命哲学、现象学、存在主义等无不直接受它的影响。

意志主义(唯意志论)作为一种哲学倾向,古已有之。奥古斯丁和邓斯·司各脱都把神的意志看作是支配一切和决定一切的根本。在近代,康德和费希特的哲学中,也有夸大意志作用的倾向,但所有这些都只是一种哲学倾向,构不成独立的意志主义派别。意志主义作为系统的哲学理论,产生于19世纪上半叶,到19世纪下半叶广泛传播开来。意志主义的创始人是德国的奥瑟·叔本华(1788—1860),他最先把意志作为世界的本体,建立了具有浓厚的悲观主义色彩的意志主义理论体系。德国的弗里德里希·威廉·尼采(1844—1900)继承了叔本华的理论,并进一步加以发挥,建立了权力意志和超人哲学的反动理论。

叔本华认为,意志是世界的物自体,是世界的内容和本质,而可见的世界、现象只不过是意志的镜子。他把物质与思想都看成是从意志派生出来的,受意志决定的。诸如磁石吸铁、水流归海、重物下落、庄稼生长等,皆为意志的表现。他还说“世界是我的表象”。他认为,世界上的一切东西都受主体的制约,都只为主体而存在。叔本华还是英雄史观的鼓吹者,认为历史是由出类拔萃的“才子”创造的,“才子”是灯塔,没有才子的指引,人类就要沦落在茫茫无际的大海里。叔本华从生存意志哲学出发得出人生就是苦难的悲观主义人生观。他认为,意志就是邪恶,苦难是一切生命必不可少的东西,人生如同一场大梦,又像在燃烧着的煤炭铺成的环形跑道上奔跑。他否认历史是向前发展的,把历史说得漆黑一团,认为历史是永无终结的一连串的谋杀、劫夺、阴谋和欺骗。他说:“大多数人的生活不过是求生存的持续的斗争,即注定终于要失败的斗争。”他认为,人是性恶的动物,是残酷的利己主义者,贪婪的欺诈是人成功的唯一途径。他说:“知识越多,越悲苦;增长知识的人,是增加了烦恼。”因此,叔本华说同情和恻隐之心可以使人从痛苦中得到暂时的解脱;而最好的途径是像基督教和佛教徒那样,实行禁欲主义,甚至扼杀生存意志,达到“涅槃”,才能达到真正的解脱。叔本华的意志主义和悲观主义思想对现代西方的许多哲学家,都产生了很大影响。

尼采狂热地崇拜叔本华,称他是“精神之父”。尼采继承了叔本华的意志主义,克服了叔本华的悲观主义,建立了权力意志主义和超人哲学。他认为,“世界的本原是权力意志”,实在就是“应当如此这般”的意志,最根本的意志就是权力意志,由权力意志规定世界的结构,决定万物的运动变化。他认为,各种有机功能都可以归结为一种根本意志——权力意志,其他意志都是从它那里分化出来的。尼采认为真理是主观的和相对的。他说:"'我相信某某是这样'这个评价,就是'真理'的本质。"他又说:"有各式各样的眼睛……所以有各式各样的'真理',所以根本没有真理。"他还认为"真理的标准就在于提高权力感"。因而他成为哲学史上真理的"权力标准"的著名代表。尼采还提出"超人"哲学,认为超人是历史的主宰,平常人只是超人实现自己意志的工具。他说:"我的学说是:有上等人,也有下等人,一个个人是可以使千万年的历史生色的——也就是说,一个充实的、雄厚的、伟大的、完全的人,要胜过无数残缺不全、鸡毛蒜皮的人。"他把超人比作"金发野兽",是"半神、半兽、半人、背上长着天使的翅膀"的,还说超人使用的武器是"撒谎、暴力和最无耻的自私自利"。他认为没有"超人"就没有历史,所以"超人"哲学是典型的英雄史观。尼采极端仇视人民群众和无产阶级革命,反对民主和自由,主张暴力专横,认为粗野的利己主义是人的本性,残酷的剥削是渴望权力的结果。他鄙视妇女,他说:"你去女人那里吗?别忘了你的鞭子。"尼采还鼓吹反动的种族主义,主张用军国主义复兴人类,建立"欧洲合众国"。

意志主义的唯心主义实质就在于,它根本否认客观物质世界及其规律的客观实在性,主张意志是第一性的,是世界的本体,是一切事物产生和变化的决定力量。意志主义极力贬低理性,强调本能和直觉。意志主义还否认客观真理,认为真理是由主观认定的,是由权力意志决定的。俾斯麦的"强权胜过公理"的理论,就是来源于尼采的权力意志论。总之,意志主义是一种具有反理性主义的、直觉主义特征的极端"唯我论"的哲学,是法西斯主义的思想来源之一。

3. 新康德主义

新康德主义产生于19世纪60年代的德国,70年代后广泛流行,并流传到英、法、意大利等国,20世纪20年代后逐渐衰落,为新黑格尔主义所取代。主要代表人物有奥托·李普曼(1840—1912)、弗莱特里奇·朗格(1828—1875)和物理学家赫尔曼·赫尔姆霍茨(1821—1894)等。在19世纪60年代,李普曼和朗格喊出了"回到康德去"这个口号,标志着新康德主义的诞生。70年代后,新康德主义成为德国资产阶级哲学中的首要派别。后来出现了两个学派,即以海尔曼·柯亨(1842—1918)等为代表的"马堡学派"和以威廉·文德尔班(1848—1915)、亨利希·李凯尔特(1863—1915)等为代表的"弗莱堡学派"。马堡学派和弗莱堡学派的共同特征是打着"回到康德去",即恢复康德哲学的旗号,阉割康德哲学中的唯物主义和辩证法因素,使它彻底唯心主义和形而上学化。

新康德主义从主观主义立场修改康德哲学,否定康德承认的"自在之物",从而抛弃了康德哲学中的唯物主义因素。另一方面,康德哲学中的唯心主义因素、不可知论、形而上学及"绝对命令"等方面被保留下来并得到了发展。新康德主义者声称:存在着什么和如何存在的标准应当是在思维本身之中,因为存在本身只能是在思维本身之中;我们周围的一切对象,以及给予思维的东西无不由思维所创造,一切知识都不与客观现实发生关系,不管它们怎么完满也不能提供对象本身,而只能提供一些对象及其相互关系的记号。它反对把认识理解为对世界的真正反映,认为认识世界的任何企图都是毫无意思的,自然科学概念不过是一种工具。在社会历史观上,新康德主义宣扬目的论支配社会发展,鼓吹资产阶级的自由主义。在社会领域,它与马克思主义相抗争,企图支配工人运动。在自然科学领域,它批判实证主义,声称要把哲学从科学融化之中拯救出来。

新康德主义的哲学思想对第二国际修正主义有重大影响,后者就是在前者的哲学思想的哺育下成长起来的。朗格等新康德主义者们不仅以自由资产阶级的立场极力宣扬新康德主义,他们还进入工人运动内部,腐蚀工人阶级的革命意识。马堡学派的那托普、施丁伯格等人还进入社会民主党内,鼓吹以新康德主义代替马克思主义。特别是自19世纪90年代以后,第二国际领导人伯恩斯坦,与德奥社会民主党内的修正主义者施密特等人都成了新康德主义的信徒,竭力企图以新康德主义"修正"马克思主义。第二国际的一些修正主义者们,首先以新康德主义的主观唯心主义与不可知论反对马克思主义的辩证唯物主义,认为人的认识无法断定"物自体"的存在。其次,竭力以新康德主义反对马克思主义辩证法,蓄意把马克思主义的唯物辩证法与黑格尔的唯心辩证法混同起来,否定矛盾的客观性,把它解释为逻辑混乱,并断言它是人们以唯物主义的观点"妄图"认识"物自体"的产物。再次,他们以新康德主义的社会伦理学说反对马克思主义的历史唯物主义和科学社会主义的理论。他们追随于文德尔班等人之后,公然否认社会历史发展的规律性,否认可以预言社会历史的未来。他们接受新康德主义的"伦理社会主义"的观点,断言社会主义不是建立在唯物主义的基础上,而是建立在唯心主义的基础上,因为社会主义不属于经济的领域而属于"意志"的领域或"伦理"的领域。最后,他们反对马克思主义的无产阶级革命与无产阶级专政学说,主张向工人阶级灌输模糊不清的小资产阶级幻想:"永恒超阶级的社会主义正义"和其他小资产阶级道德原则,妄图以此把工人运动引向改良主义的道路。列宁对伯恩斯坦等第二国际修正主义背叛马克思主义而投身新康德主义的行为进行了有力的批判和揭露。

4. 马赫主义

马赫主义产生于19世纪70年代至20世纪,并流行于欧洲。以创始人恩斯特·马赫(1838—1916)而得名。马赫是奥地利著名的物理学家、生物学家、心理学家、哲学家。马赫主义的另一位创始人是德国哲学家理查德·阿芬那留斯(1843—1896),其代表著作是《纯粹经验批判》,故马赫主义又称为"经验批判主义"。1872年,马赫发表《功的守恒定律的历史和根源》一书,第一次提出"关于思维经济、关于科学的任务就是从概念上确定真实事物的基本思想"和"一般唯能论的要点"。1883年发表《力学及其发展的历史批判概论》,1886年发表《感觉的分析》,1905年把他的哲学讲演编成《认识与谬误》一书出版,系统提出"世界要素说",不仅否认"物质"的客观实在性,而且还否认"运动""时间""空间"的客观实在性,并把它归结为感觉要素的复合。与马赫同时,阿芬那留斯亦提出类似的理论。马赫和阿芬那留斯的理论提出后，很快在西欧各国和俄国得到流传，并出现一批追随者，主要有彼得楚尔特、维利、彭家勒、杜恒等人，以及奥地利和俄国等工人政党的一些领导人。

马赫主义继承了经验论，主要是贝克莱和休谟的传统，主张从感觉经验出发，把经验当作认识的基础和界限，又继承了康德批判哲学的传统，主张要以批判人的认识能力，判定认识的源流、范围和界限，从经验中清除物质、因果性、必然性等超经验的形而上学的抽象。其主要理论"世界要素说"（或称"要素一元论"）认为，世界是由一种中性的"要素"构成的，无论是物质的东西还是精神的东西都是这种要素的复合体。由此认为克服了旧哲学中把物质和精神对立起来的"心物二元论"，构成了一个统一的"一元论的宇宙结构"。从这一立场出发，认为科学理论不是对客观世界及其规律的正确反映，只是对感觉经验的描述。这种描述应当遵循费力最小的"思维经济原则"，从而提出否定因果律的客观性的函数因果观等。马赫主义在反对机械论的片面性时陷入了相对主义，否定物理世界的客观性，导致唯心主义。

法国著名的数学家、物理学家、天文学家亨利·彭家勒（1854—1912）在哲学上是马赫的追随者，并以"约定主义"阐发了马赫主义。在彭家勒看来，自然科学"危机"把一些过去被当作万古不变的基本原理都推翻了，这说明科学理论并不是什么"客观真理"，而是"人造"的。他认为数学和科学原理既不是先验的，也不是经验事实的综合，它是"自由而方便的约定"。受马赫感觉主义哲学的影响，有时"约定主义"认为人们通过科学所获得的知识，并不告诉人们事物的内在本性，它只知道事物之间的关系，而且往往只是感觉之间的关系，故也被认为是马赫主义的支持者。

列宁在 1909 年出版的《唯物主义与经验批判主义》中对马赫主义进行了批判。马赫主义的思想直接影响了以后的实用主义、新实在论、逻辑实证主义等西方哲学流派，还广泛影响于自然科学界。1912 年，在柏林成立了研究马赫哲学的实证主义协会，1927 年在维也纳由纽拉特组织起一个马赫学会。马赫主义在 20 世纪 20 年代开始传入中国，曾对当时的思想界和科学界产生影响，科学家丁文江和王星拱等最早撰文研究马赫主义。

5. 生命哲学与柏格森主义

生命哲学是一种试图用生命的发生和演变来解释宇宙、知识、文化，并把生命归结为某种精神力量的唯心主义哲学学说或流派。生命哲学于 19 世纪末、20 世纪初流行于德、法等国，萌芽于 18 世纪德国的浪漫主义哲学、文学和"狂飙突进"运动。19 世纪初，德国的叔本华和尼采的"生存意志"论和"强力意志"论，把作为生命本质的"生存意志"和"强力意志"作为存在的本原或最高的价值标准，可视为生命哲学的先驱。德国威廉·狄尔泰（1833—1911）最早用"生命哲学"来表达他的哲学，后逐渐形成流派。德国的倭铿、齐美尔，法国的居约、柏格森等都是这一流派的重要代表。该派的基本特征是把生命意志视为世界的内在本质、世界的最终根源，认为生命（生命意志、生命冲动或生的渴望）是存在的第一要义。生命是唯一的实在，是存在和意识的决定性因素。只有生命才能揭示世界的本质、动力及人的生存、人类的文化、道德价值的真谛。生命哲学家以此反对把哲学局限于抽象知识领域的德国学院派哲学,尤其是其泛逻辑主义的本体论,同时也反对自然主义、唯物主义的因果决定论,声称创立了一种新的实在论的世界观。在运动上反对机械的、静止的观点,强调生命是自身运动、生成变化的过程,生命运动本质上与时间联系在一起,时间概念是理解生命的钥匙,但把运动、变化绝对化,强调生命运动的流变是没有相对静止、相对稳定、无方向、无规律可循的,陷入了相对主义。在认识论上,生命哲学强调生命只能通过内心的体验和直觉的方法才能把握,断言理性只能把握凝固的静止的东西,只能认识自然现象,无法把握宇宙、人性和人类的精神文化。生命哲学否定自然科学和理性,但强调自然科学和精神科学的严格区别,认为在哲学和精神科学领域应突出意志、情感、直觉的地位,以免造成对人性、人格和自由的否定,具有非理性主义的倾向。生命哲学对美国实用主义哲学家 W. 詹姆斯和德国现象学创始人胡塞尔有重要影响。存在主义哲学家如海德格尔、雅斯贝斯、萨特等人都继承了生命哲学的观点。生命哲学对西方历史哲学、社会哲学、文化哲学及社会学、文学艺术诸领域均有广泛影响。

柏格森主义因其创始人法国哲学家亨利·柏格森(1859—1941)而得名。柏格森文笔优美,因而获得 1928 年诺贝尔文学奖。柏格森继承并发展了德国哲学家狄尔泰的生命哲学思想,认为世界在本质上是一个不间断的“生命之流”,它不断地实现着“生命的冲动”,整个世界就是生命不断冲动的精神性的过程,这个过程被他称为“创造性的进化”。柏格森认为,“生命的冲动”是绝对自由的,没有任何规律,物质只是“生命冲动”的产物。他把生命比作火箭,而物质只是火箭发射后,散落在地上的弹片,是生命的派生物。他认为,“生命之流”的本质是人的理性所无法认识的,因为理性只能认识凝固的、抽象的概念,把握坚硬的物质,认识生命的影子,而不能认识生命本身。若把握生命之流的本质,只能凭借直觉,即不借助任何理性,纯粹是内心的一种体验,是本能的最佳状态,只有依靠这种直觉才能达到运动的内部,达到绝对本身。因此,哲学史上把柏格森哲学称为直觉主义。柏格森反对把时间看作物质的存在形式,他创造了一个“绵延性”的概念,用以表示没有物质的、仅仅是“生命之流”本身的纯粹的质的变化。柏格森是用“我是一个绵延存在的东西”代替了哲学家笛卡尔的“我是一个思想的东西”。他自称生命哲学既克服了唯物论的缺点,也克服了唯心论的缺点,实现了“形而上学与科学的结合”。柏格森把社会分为低级的“封闭社会”与高级的“开放社会”,他认为这两类社会的对立和斗争体现了决定论与自由、理智与直觉之间的对立和斗争。柏格森还断言,体现生命冲动的个人的自由促进社会的发展,是社会发展的动力,而生命力极强的个别天才人物对历史的创造起决定作用。他认为对人类社会发展起重大作用的不是科学家,而是文学艺术家、政治家和哲学家。因为科学只是对物的认识,而文艺、政治和哲学的创造才体现了宇宙的生命冲动。

柏格森的社会政治思想体现了 20 世纪初期法国垄断资产阶级的利益。它对詹姆斯的“彻底经验主义”及后来的存在主义都有明显的影响。它还曾经影响过工人运动。法国无政府工团主义者索莱尔,曾以柏格森的非理性主义来论证无明显目标的无政府主义的“正确性”。柏格森哲学对旧中国也有过影响,张东荪、梁漱溟、张君劢等人都曾宣扬过柏格森主义。

6. 新黑格尔主义

新黑格尔主义在英、美两国又称绝对唯心主义。它出现于19世纪末的英国,不久流传到美国。20世纪初广泛流行于德意志和意大利等国,并对德国和意大利的法西斯主义的产生有过较大影响。不同国家的新黑格尔主义在理论上互有差异,但是,打着“复兴黑格尔哲学”的旗号,抛弃黑格尔哲学中进步的辩证法因素,则是这个流派所共有的基本特征。主要代表人物有英国的托马斯·格林(1836—1882)、弗兰西斯·布拉德雷(1846—1924),美国的乔萨·罗伊斯(1855—1916)、古斯塔夫·缪勒尔,德国的理查德·克朗纳,意大利的贝尼戴托·克罗齐(1866—1952)、卓万妮·金蒂雷(1875—1944)等人。

新黑格尔主义哲学的兴起,被资产阶级学者称为“黑格尔复兴运动”。其实,新黑格尔主义并不是如实地复兴黑格尔哲学,而是从右的方面,片面地发挥黑格尔哲学的唯心主义,阉割了黑格尔哲学中所包含的“合理内核”,用诡辩论和形而上学代替了黑格尔的辩证法,用主观唯心论改造了黑格尔的客观唯心论。新黑格尔主义认为,只有主观的、神秘的经验才是唯一的实在,布拉德雷将它称为“绝对经验”,克罗齐称为“绝对精神”。总之,新黑格尔主义是把主观精神看作第一性的,把物质看作第二性的。

新黑格尔主义还公开宣扬神秘主义和信仰主义。布拉德雷宣称哲学是建立在信仰的基础上的。缪勒尔说:“宗教像艺术一样,把作为客体的世界和作为主体的人,把作为自然的世界和作为历史的世界,统一为一个无所不包的、超越的整体。”他又说“上帝是绝对的主体”,公开为上帝作论证。新黑格尔主义攻击唯物辩证法是自相矛盾的概念,它只承认有差异存在,不承认有矛盾和对立存在,主张和谐与统一是绝对的,认为“和谐一致”“不自相矛盾”是判断真理的绝对标准。新黑格尔主义还提出一种夸大联系的“内在关系”学说,把任何两个事物之间的联系都说成是因果关系。

在政治上,新黑格尔主义主张反动的国家学说,把国家看作体现着意志、道德和人格的精神实体,说国家是“真我”,而体现“真我”的则是国家领袖的意志。这种反动的国家学说,后来成为法西斯主义的理论基础之一。当代的新黑格尔主义者攻击马克思主义的阶级斗争理论和实践。美国的缪勒尔说:“马克思把黑格尔的逻辑对立改变为残忍的实力集团的冲突。”他认为无产阶级与资产阶级有“共同利益”,资产阶级与共产主义的对立也是可以“调和的”,从而提出他的哲学“是为了一切人的利益进行哲学思考的”。这样,新黑格尔主义成为替资本主义服务,反对无产阶级革命的思想武器。

7. 实用主义

实用主义是当代西方影响最大、流行最广的哲学流派之一。它产生于19世纪下半叶的美国,盛行于20世纪初。实用主义继承了贝克莱-休谟-孔德的主观经验主义路线,它与马赫主义等实证主义思潮的其他流派一样,认为经验是世界的基础,主张把人的认识局限于经验的范围,因而基本上属实证主义思潮,是实证主义的第三代。但是,它也继承了叔本华、尼采等人的意志主义和狄尔泰、柏格森等人的生命哲学的非理性主义思想,因此,人本主义思潮对它也有明显的影响。实用主义的创始人是美国哲学家查尔斯·皮尔士(1839—1914)。最主要的代表人物有美国的威廉·詹姆士(1842—1910)、约翰·杜威(1859—1952)、克拉伦斯·刘易士(1883—1964)、锡德尼·胡克(1902—1989),英国的斐迪南德·席勒,意大利的帕比尼,等等。中国的胡适是杜威的学生,也是一个有名的实用主义者。

实用主义是西方现代哲学中最有影响、流传最广的哲学派别之一。首先,它把所谓具有"双义语"的"纯粹经验"视为唯一的实在和认识的源泉。杜威指出,纯粹经验"是一个原始的整体,它不承认任何行动与材料、主体与客体的区分,而把双方面都包括在一个不可分析的整体之中"。实质上,它是用一个貌似中立的"经验",把不以人的经验为转移的客观物质世界吞噬掉了,把哲学基本问题否定了,把哲学的党性原则阉割掉了。其次,它否认客观真理,否认相对真理与绝对真理的辩证统一关系。它主张真理只表明经验内部的关系,即指把两部分经验联系得"令人满意""简便省力"。詹姆斯有一句名言:"有用就是真理。"这样,它把成功看作一切,只要能给人以满意的效果,就全被看作真理。而观念、思维和真理,都不过是人用以适应环境的工具而已。实用主义也大谈"实践",只不过它是从生物学意义上把实践歪曲为生物有机体适应环境的行为。它还否认客观规律,特别是否认社会发展的规律,认为社会上的事情都是偶然发生的,人生就是"赌博""冒险"和"碰运气"。它主张历史是英雄创造的,鼓吹阶级合作,反对暴力革命,宣扬民主主义社会是最好的社会。总之,实用主义从哲学理论上集中地概括了资产阶级的人生观和政治要求,是以"经验"为基础、以行动为中心的主观唯心主义哲学。

实用主义权威人物杜威的学生胡克,从20世纪20年代开始用杜威的实用主义来解释马克思主义。他把马克思的实践概念理解为经验或行动,把实践是检验真理的标准理解为以行动的目的、价值或是否有效作为真理的标准,由此把"社会革命"纳入应付环境的实用主义轨道中去。他用实用主义抨击辩证法唯物主义、特别是反映论,用杜威的经验自然主义来取代辩证唯物主义,认为这种取消主体和客体、精神和物质等区别和对立的经验方法是一种最科学的方法。他认为杜威的工具主义是一种既能摒弃唯物主义反映论,又能避免唯心主义嫌疑的理论。胡克还用实用主义来解释历史唯物主义,认为马克思主义关于社会生产状况最终决定社会发展的历史决定论是"形而上学"和"神秘的先验主义",认为马克思主义中"有生命的和正确的东西"是"马克思的批判的历史主义""理想主义和人道主义""在今天的世界上,马克思思想中最优秀因素在其中得到表现的最杰出人物,便是约翰·杜威"。胡克对马克思主义的解释受到卢卡奇、柯尔施等人的影响,他赞扬马克思主义的能动的革命性,但他对马克思的理解和解释带有明显的实用主义痕迹,无疑是歪曲了马克思主义。

实用主义另有许多名称：皮尔士称为“实效主义”,詹姆士称为“彻底经验主义”,杜威称为“经验自然主义”,胡克称为“自然主义的人本主义”,刘易士则称为“概念的实用主义”,等等。实用主义自20世纪40年代以后就日渐衰落。它在哲学界的地位逐渐为逻辑实证主义所取代。但是,作为一种哲学思潮,它仍深远地影响着当前的西方世界。

8. 新实在论、批判实在论与科学实在论

新实在论作为一个独立的哲学派别,最初产生于19世纪末的奥地利和德国,20世纪初流传到英国。它作为新黑格尔主义哲学的反叛,迅速在英国,尔后在美国盛行起来,并一时成为一个强大的哲学流派。新实在论的观点在许多方面与新黑格尔主义相对立：新黑格尔主义公开宣扬唯心主义,新实在论坚持“中立”的实在论;新黑格尔主义公然反对科学,新实在论表面上“尊重”科学;新黑格尔主义强调普遍联系,新实在论则强调对事物进行孤立的逻辑分析。因此,它被人们看成是西方分析哲学中最早的一个流派。新实在论的重要代表人物有英国的乔治·爱德华·摩尔(1873—1958)、伯特兰·罗素(1872—1970)、怀特海,美国的拉尔夫·巴尔登·培里(1876—1957)、威廉·培柏雷尔·蒙塔古(1873—1953)等人。英国的著名哲学家伯特兰·罗素的早期哲学观点属于新实在论。

新实在论从本质上讲是主观唯心主义与客观唯心主义的大杂拌。新实在论哲学最显著的特点,就是把形而上学(即关于世界本体的学说)从认识论中解放出来,认为“实体的存在和性质,在任何意义下都不以它们被认识为条件”。新实在论还认为实在是独立的,认识与实在是外在的关系。在这一点上,新实在论反对贝克莱的“存在就是被感知”的理论,但新实在论并没有跳出唯心论的藩篱。新实在论在具体说明什么是“实在”时有两种不同观点。一种观点认为实在是“共相”。蒙塔古说：“实在论认为,认识对象在未被认识之前就已经存在着了……一个事物的存在并不依赖于任何人对它的经验、感知、想象或任何方式的认识。”蒙塔古不仅认为个别事物是独立地实在的,而且认为抽象的本质或共相,像个别事物一样,也是独立地实在的。有时新实在论把这种共相称为“潜在”。摩尔认为整个世界都是由性质共相组成的。持这种观点的新实在论者,通常被称为是柏拉图派的实在论者。新实在论中的另一种观点,是所谓的“中立一元论”。这种观点认为,实在是“中立实体”,它在不同的结构中构成千差万别的事物,在这一种结构中构成物理现象,在那一种结构中又构成精神现象。这种“中立实体”与马赫的“中立的要素”并无二致,只是名称不同而已,其实质都是主观唯心论。美国有一部分新实在论者主张：“对思想的对象以及感觉的对象,对逻辑实有体以及物理实有体,对潜在体以及存在体,都充分给予本体论的地位。”这样,这些新实在论者,“在形而上学方面倾向于多元论,而不是一元论”。

另外,新实在论强调认识主体与认识对象是一种“外在关系”,强调观念与对象完全等同,认为这二者之间没有任何分别,这样不仅把真理视为实在的,而且把错觉、虚幻也都看作实在的,甚至认为实在与虚幻的区分,完全是由人们的约定习惯造成的。这就混淆了真理与谬误之间的根本区别,从而陷入了相对主义的泥潭。比如,在认识方面,美国哲学家培里极力提倡"直接呈现说"或"内在说",反对唯物主义的摹写说或反映论。他断定经验是"大众的,即独立于自我意识的;但当它们与自我的神经系统相联系,即被自我感受时它们就从外在进入内在的自我意识,直接呈现在自我意识之中,变成为自我的'内在知识'"。因而他断定,认识过程不是意识反映物质的过程,而是"经验"从"外在"进入"内在"的过程。培里的荒谬的"直接呈现说"的认识论不可能不矛盾百出。它的最大困难是如何解释错误观点的产生。如果知识都是外在经验移入的,那么就不会有错误,任何荒唐的幻梦都成为真实的了。

批判实在论与新实在论有密切的亲缘关系。它与新实在论同时产生于19世纪末的德国和奥地利,20世纪初流行于美国和英国,在美国尤为盛行。美国的批判实在论最初以批判实在论的面貌出现的,1916年美国6位哲学家R.塞拉斯、普拉特、德雷克、罗杰斯、斯特朗和拉夫乔伊共同发表批判实在论的言论;稍后另一位著名哲学家桑塔亚那参加了他们的行列,7人联合出版了《批判实在论论文集》(1920),从而使这个流派流行一时。美国批判实在论是一个松散的哲学流派。他们在本体论方面的观点各异,但在认识论方面持有共同的见解。这就是他们共同反对新实在论的"直接呈现说"或"内在说",主张在认识的主体和客体之间存在着一种联系双方的环节:"本质""共相"或"观念"。他们断言,人不能直接认识客体,只能通过"本质""共相"或"观念"等中介间接地认识客体,而"本质""共相"或"观念"不是事物的映象,而是认识客体的屏障。因而,"人们永远不可能揭示现实的最终本性"。这明显地表现了他们的理论的不可知论的色彩。由于本体论方面的观点的差异,美国的批判实在论自20世纪30年代以后就开始分化瓦解:以桑塔亚那为一方,倒向宗教唯心主义;以R.塞拉斯为一方则转向自然主义(唯物主义的自然主义)。

科学实在论是从R.塞拉斯的自然主义(物理实在论)中发展而来的一种唯物主义或具有明显唯物主义倾向的哲学思潮。它产生于20世纪60年代和70年代的美国,并日渐流行于当前的西方世界。这个流派的创始人是R.塞拉斯的儿子W.塞拉斯,其他人物有希拉里·普特南、克里普克、夏佩尔、斯马特等。科学实在论认为,理论实体存在,尽管人们不能像观察宏观物体那样直接观察原子、质子、中子等理论实体,但不能由此否认它们的存在,可观察性并不是实在性的标准。理论对象只要产生一定的效果,即使它们本身无法被直接观察到,人们也不能不承认它们是实在的。正确的科学理论所描述的对象、过程或状态都是真实存在的,微观世界中的许多不能观察的实体同日常生活中的宏观物体一样真实。反实在论者承认某些科学理论能够说明某些自然现象、能够做出正确预测,但又否认这些科学理论中所描述的理论实体的存在。科学实在论者大多强调科学理论的认识作用,承认世界的可知性,人类随着科学的发展将创造出更加完善的认识条件,制定出愈益正确的科学理论,从而获得对世界更深层次的认识。通过不断充实和修正原有的科学理论,以及用先进的科学理论取代落后的科学理论,人们便能日渐逼近真理。科学实在论作为一种思潮尚未形成比较固定的学派和比较完整的理论纲领,但它随着20世纪70年代以后科学技术的发展,已使反实在论在科学哲学中的影响日益减弱。

9. 新托马斯主义

新托马斯主义,又名新经院哲学,它是中世纪经院哲学——托马斯主义的新变种,是公开为天主教作论证的现代宗教哲学。

新托马斯主义产生于1879年。该年罗马教皇利奥十三发表《永恒之父》通谕,宣布中世纪"圣徒"托马斯是天主教的最高哲学权威,并号召以"推陈出新"的方式重建托马斯主义。从此托马斯主义就产生和传播了。它最初流行于法、意和西班牙等天主教势力较大的国家,而后逐渐扩散,流传于美国和西方其他各国。它的最早代表人物是梅尔西埃(1851—1926)。当代的代表人物则有法国的马利坦、吉尔松和瑞士的鲍亨斯基等。

新托马斯主义公开宣称用哲学为基督教神学做论证,是它的根本任务。因此,新托马斯主义的全部理论都以上帝为出发点和最终归宿。它认为,上帝既是最高的原因,又不是永恒不变的存在,世界上的一切事物,都是上帝创造的,世界上的一切秩序,都是上帝安排的,世界上的一切变化都以上帝为总根源。新托马斯主义遵循教皇利奥十三关于要用"新的东西来丰富、充实和完善旧的东西"的旨意,采取调和科学与宗教、知识与信仰的方法,虽然为科学与理性保留一定的地盘,但它最后又必须使科学服从宗教、理性服从信仰。它认为,上帝创造的现实事物是可以认识的,感性可以认识个别的具体的对象,理性可以认识普遍的抽象的概念;但理性不是对感性的抽象,而是借助于上帝赋予的神秘的"理智之光",像X光透视似的,直觉到事物的本质。至于有关上帝的知识,不能用理性认识,只能靠上帝的神秘的启示才能得到。它主张双重真理,即理性的真理与信仰的真理。认为理性与科学都是为论证上帝服务的,主张"科学是哲学的工具""哲学是神学的工具"。新托马斯主义还极力为资本主义制度辩护,认为资本主义的私有制是属于自然法,而自然法是永恒法的"分有"或具体体现,因此,私有制是神圣的。它还鼓吹"以神为中心的人道主义",即把人与上帝联系起来,是"基督降生的人道主义"。新托马斯主义还攻击共产主义是"灾难",污蔑革命是"大逆不道",诋毁辩证唯物主义"重视物质,牺牲崇高的精神",是停留在"常识水平"的哲学,是"伪基督教"。总之,新托马斯主义是宗教唯心主义哲学,是反马克思主义的哲学派别。

自20世纪60年代后,由于西方发生了科学技术革命,自然科学的一体性(整体性)和辩证性日益明显,同时随着经济危机、自然资源危机、生态危机、城市危机、道德危机的加深,社会异化现象严重,人本主义思潮流行。广大教徒与群众对"向往天国""无视尘世"的传统的基督教精神枷锁普遍不满,产生了"基督教危机"。为了拯救这种危机,适应新形势,教会在1962—1965年的第二届梵蒂冈会议上又宣布宗教宣传要“世俗化”和“现代化”。自此,新托马斯主义逐渐失势,新经院哲学出现了两种趋向性的变化:一是加紧与自然科学相“结合”,最引人注目的是出现了泰伊亚主义热;二是加紧与人本主义各流派结合,最引人注目的是出现了存在主义化的新托马斯主义——“基督教存在主义”,而“基督教社会主义”和“基督教马克思主义”于20世纪70年代后的出现和流行,标志了新托马斯主义的没落。

10. 现象学

现象学是现代西方哲学中一个反理性主义的、具有重要影响的哲学派别。它由德国哲学家爱德蒙德·胡塞尔(1859—1938)创立于20世纪初。20世纪初,胡塞尔在哥廷根大学任教授时,有一伙学生追随他,他们常聚在胡塞尔的周围讨论现象学理论。1910年胡塞尔发表了《作为严格科学的现象学》一文,人们通常把这篇论文看作是现象学的宣言,把这一阶段的活动称作最初的现象学运动。1938年胡塞尔去世后,梵布雷达搜集了有关胡塞尔的全部资料,在比利时建立了“卢汶胡塞尔文库”,并主持《胡塞尔全集》的出版工作。第二次世界大战后,现象学运动又活跃起来,起初以法国和比利时为中心,60年代现象学的中心转到美国,并成立了国际现象学协会,出版了《哲学和现象学研究》等数十种杂志。现象学的主要代表人物还有德国的舍勒,法国的密劳庞奇、利科、顾尔维奇,美国的法伯尔、肯恩斯,波兰的茵格顿等。

现象学以所谓“纯粹意识”为哲学对象。它认为,一般科学皆以现实的事物为对象,因此只能得到个别的、具体的认识,而哲学应当以本质观念为对象,达到绝对的、永恒的认识。为此,现象学主张通过“现象学还原”的途径,把现实事物“悬搁”起来,通过“理智直观”,以达到对纯粹意识的本质的认识。现象学还主张在纯粹意识中找到一个深藏的我,即先验的“自我本位”,它是现象学理论的立足点和基础。综上所述,现象学实质上是以先验的、本质的自我为基础的唯心主义哲学,是一个反理性主义的哲学派别。现象学对存在主义影响最大,并逐步同其他一些哲学派别合流,形成了存在主义的现象学、宗教的现象学、实用主义的现象学、行为的现象学等。现象学方法、分析哲学的方法和辩证法一起,被称为西方的“三大哲学方法”。

11. 存在主义

存在主义,亦称“生存主义”“实存主义”,是当代西方世界的一个十分时髦的哲学流派。它产生于20世纪20年代的德国,是现代人本主义思潮的代表。在第二次世界大战之后,存在主义在法国、欧洲以至整个西方世界得到进一步流行,并成为一种时髦的哲学。存在主义哲学很大程度上反映了现代西方社会中、小资产阶级的世界观和人生观。但是,由于它标榜关切人的境况,尊重人的价值,因而为现代西方资本主义社会各阶层从不同的角度所利用、采纳或改造,成为现代西方的一种典型的意识形态和价值观。存在主义强调人的意识的自由存在的本体论,鼓吹非理性的临界体验的认识论,注重个人主义的自我造就的伦理观,宣扬“积极的”悲观主义的历史观,都成为现代西方思想调色板上的流行色。存在主义的先驱者是19世纪的丹麦哲学家和神学家索伦·克尔凯郭尔(1813—1855)。尼采的意志主义和胡塞尔的现象学是存在主义的重要理论来源,尤其是胡塞尔的现象学,更是存在主义的直接理论来源。

存在主义哲学本身的流行和发展可分为前后两个时期。前期以其创始人德国的马丁·海德格尔(1889—1976)的学说为代表,后期则以法国存在主义者让·保尔·萨特(1905—1980)最负盛名。存在主义还可分为有神论的存在主义和无神论的存在主义。德国的雅斯贝尔斯和法国的马赛尔是有神论存在主义的代表者,海德格尔和萨特是无神论的存在主义者。由于萨特企图把他的存在主义哲学与马克思主义的革命理论相“结合”,所以他的理论又被称为“存在主义的马克思主义”。存在主义不仅通过哲学,而且还通过小说、戏剧、电影等形式,广泛传播,甚至影响人们的生活方式。

存在主义是一种把存在放在本质之上的哲学理论,它又分为无神论的存在主义与有神论的存在主义。两者共同主张,哲学的基本问题是“存在”的问题。无神论的存在主义认为,存在是人的“自我精神”与“自我意识”。海德格尔说:“我们真正接触的唯一的本体的形式是人的存在。”这里说的“自我意识”,是指具有强烈感情和内心体验的精神存在。有神论的存在主义认为,在人的精神之上,还有一个更根本的存在,即上帝(亦称“大全”)。存在主义哲学中最重要的命题是“存在先于本质”,即先有一个没有本质的纯粹的主观性的存在,然后由它自由地选择或创造自己的本质。存在主义还提出“存在就是虚无”的论点,认为一切存在都是无缘无故地产生、生活和死亡,人生总是由烦、畏、死相伴随。它认为,只有“恐惧启示虚无”,只有在极度的苦闷和死亡的边缘,人才意识到虚无本身。存在主义还大讲人性和自由,认为人性只是个性,不包含社会性,主张人是绝对自由的,人就是自由本身。存在主义哀叹“20世纪是恐惧的世纪”,是“毁灭的时代”,说人的本质中就包含失败,失败是对人类命运的一种“透彻的见解”,鼓吹人们“冒险活下去”。在存在主义中,萨特提出“存在主义的马克思主义”,他主张用存在主义的“人学”来填补马克思主义的“空白”,鼓吹马克思主义与存在主义相汇合,以此克服所谓的马克思主义的“僵化”和“教条主义”的缺点,实质是想用存在主义来改造马克思主义。

总之,存在主义是一个充满悲观主义、反理性主义、意志主义的主观唯心主义派别。存在主义的各个代表人物的理论观点不尽相同,政治表现差别很大,在研究和评价时,要进行具体分析。

12. 法兰克福学派

法兰克福学派是当前西方世界中流行最广、影响最大的一个“西方马克思主义”流派,它产生于20世纪30年代的德国,以对现代资本主义社会进行综合性研究与批判为主要任务,因其成员大多是原德国法兰克福大学社会研究所研究人员而得名。第二次世界大战以后,科学技术的发展加深了西方资本主义世界的矛盾,各种经济危机、社会危机、精神危机加剧,社会异化现象严重,法兰克福学派的理论因能适应当时的某些中小资产阶级及其知识分子既对资本主义憎恨不满,又对社会主义犹豫彷徨的矛盾心境，乃得以流行一时，并一度成为青年学生运动的一种指导思想。法兰克福学派的创始人是德国著名社会哲学家马克斯·霍克海默(1895—1973)，其他主要成员有阿多诺、马尔库塞、弗洛姆、哈贝马斯、内格特、施密特、韦尔默尔、奥菲等人。

法兰克福学派的发展过程可分为五个时期。① 1923—1929 年为孕育期。1918—1919 年德国革命和1919 年匈牙利革命起义失败，马克思主义运动中以伯恩斯坦为代表的社会民主主义和以列宁为代表的社会革命理论分歧深刻，第三国际中西方马克思主义萌生，在此背景下，1923 年 2 月 3 日法兰克福大学社会研究所成立，格律恩堡(1861—1940)出任所长。他站在社会主义立场上，主张以从事社会主义与工人运动史研究为该所的发展方向，把该所办成东西方马克思主义的联结点。② 1930—1939 年为创立期。1930 年霍克海默接任所长，吸收哲学家、经济学家、心理学家、政治学家、历史学家和文艺理论家进所。以现代资本主义社会为对象，主要从事社会哲学研究，出版《社会研究杂志》，法兰克福学派就此诞生。1933 年希特勒上台后，研究所被迫迁往日内瓦、巴黎，并于 1934 年迁到纽约的哥伦比亚大学。③ 1940—1949 年为发展期。40 年代研究所又迁到加利福尼亚大学，此时该学派以法西斯主义、大众文化等作为重要研究课题，写了大量著作，创立了具有自己特色的社会哲学理论。④ 1950—1969 年为昌盛期。1949 年霍克海默、阿多诺等人回到法兰克福大学，重建社会研究所，出版《法兰克福社会学丛刊》，马尔库塞、弗洛姆等人留在美国，创建发达工业社会理论。60 年代起，该派成为西方哲学社会学重要流派之一，并在美国和西欧的知识青年中得到较为广泛的传布，对 1968 年的“五月风暴”起了先导作用。⑤ 20 世纪 70 年代起为衰落期。随着老一代成员霍克海默、波洛克、阿多诺、马尔库塞、弗洛姆等相继去世，学派内部理论分歧加深，分为左右两派，并导致哈贝马斯、奥菲等人离开社会研究所，学生造反失败，“新左派”运动趋于沉寂，法兰克福学派在整体上已趋瓦解。

法兰克福学派理论建构的特征有：同马克思早期著作和存在主义哲学相关的人本主义，以“左”的姿态批判一切的激进主义，用交叉学科对社会现象进行研究的综合性，以弗洛伊德主义“补充”马克思主义，强调“个人主体”的个体主义，以及继承近代欧洲哲学和文学传统的浪漫主义。法兰克福学派认为由于现代科学技术和社会的发展，马克思主义的一些基本理论已经“过时”，所有制在生产关系中不再起决定作用，应该用“工具行为”和“社会交往形式”取代生产力和生产关系的概念。科学技术成为独立的剩余价值来源，并具有意识形态性质。由于工业发达，财富增多，工人和资本家都能享受类同的富裕生活，社会阶级已经同化，敌对者联合起来，阶级斗争学说已不能到处搬用。马克思所讲的无产阶级已不存在，已“溶化”在现代资本主义制度中，丧失了批判能力和革命性，激进的青年知识分子和被社会遗弃的人成了社会革命的“新主体”。现代资本主义社会是个全面异化的“病态社会”，用技术、商品和意识形态控制和操纵人，使人只会肯定，不会否定，受物质欲望驱使，缺乏自主精神和创造精神，成为“单面的人”。应通过“心理革命”“本能革命”，建立起无战争、无剥削、无压抑的爱欲得到解放的"人道主义社会"。在哲学上,主张以实践性取代物质性来回答世界统一性问题,并以人作为最高的存在,将唯物主义人本主义化。指责反映论是一种"照相理论",消极反映客观结构,排斥主体的自主性。认为辩证法只是人和自然、主体和客体的相互作用,不存在离开人类历史实践的自然辩证法,并主张只有否定而无肯定的"否定的辩证法",认为在历史中主体是决定性因素,历史命令归根到底是由人所给予的,主张一种人类学的历史观和"重建"历史唯物主义。该学派在对现代资本主义的分析批判中所提出的"大拒绝"的斗争策略及未来社会的乌托邦,为欧美一些青年所接受,60—70 年代在北美和西欧出现的学生造反运动、"反文化"运动、"嬉皮士"运动和"群居公社"等都受到它的影响。该学派在 20 世纪 30 年代虽以"批判的理论""批判的马克思主义"自居,但自 50 年代起便愈来愈否定马克思主义的基本原理。70 年代以来,该派的重要代表人物哈贝马斯打出了"重建"的旗号,但他政治上趋于改良主义,理论上试图同语言哲学、解释学和结构主义相结合。

13. 结构主义

结构主义是流行于当前西方的一个反人本主义的哲学流派。它出现于 20 世纪 50 年代的法国,60 年代后迅速流行,并取代存在主义的地位,成为一种时髦的哲学流派,并广泛流传于西欧、北美等其他国家。人们把它的产生和流行看成是对存在主义的一种对抗。20 世纪 50 年代出现的科学技术革命促进了科学的大分化和大综合,科学的发展出现了一体化(整体化)的趋向。同时,由于自然科学与社会科学的相互渗透,整体性的观点和方法(结构的方法、系统的方法、模型的方法等)不仅被广大自然科学家所接受,而且也为社会科学家、人文科学家所重视和采用,他们对在自己领域中统治已久的宣扬"主体自由创造一切"的存在主义的观点和方法普遍感到不满,而要求以新的观点和方法代替它,这就是结构主义之所以代替存在主义流行一时的时代原因之一。

结构主义不是一个由持有共同哲学观点的专业哲学家所组成的哲学流派,而是一种哲学运动。某些社会科学家和人文科学家,在人类学、社会学、政治学、心理学、文学、历史学、语言学等领域内,运用一种彼此类似的观点和方法——结构主义的观点和方法,研究自己的学科,建立了各种各样的结构主义的人文科学和社会科学。结构主义的观点和方法来源于语言学。著名语言学家索绪尔、雅各布森等在语言学研究中提出"结构"的理论,被人们视为结构主义的先驱,而结构主义的创始人则是法国的人类学家列维-斯特拉斯。他首先把语言学中的结构主义的观点和方法视为研究人类社会普遍有效的哲学观点和方法。此后,法国的拉康把它应用于心理学,建立起结构主义心理学;历史学家福柯把它应用于文化史,建立起结构主义的历史学;文艺理论家巴尔特把它应用于文艺理论,建立起结构主义的文艺理论;"西方马克思主义者"阿尔都塞把它应用于解释马克思主义理论,建立起"结构主义的马克思主义"。

结构主义哲学的思想核心是"结构"的概念。结构主义往往把结构分为深层结构与表层结构两类,"表层结构"是现象的外部关系,"深层结构"则是现象的内部关系。结构主义者所强调和寻求的是“深层结构”。一般来说,结构主义者都是先验主义者。他们认为,一切由人类行为构成的社会现象,表面看来似乎杂乱无章,其实内蕴着一定的结构。这种结构支配并决定着一切社会现象的性质和变化。但是,这种现象的内部结构并不是客观社会生活自身所固有的,它是由人的心灵的心理机制无意识地创造的,或者说是由人的心灵无意识地把它投射于社会文化现象之中的。因而人的心灵的构造能力是第一性的,社会生活的内在结构或秩序是第二性的。所以说,结构主义理论是建立在唯心主义哲学基础上的,颠倒了物质与意识的根本关系。

结构主义在方法论上一般强调如下几点。第一,结构主义者强调整体性研究,反对孤立、局部的研究。因为任何现象都是许多部分(元素)构成的,而各部分是互相联系的。第二,他们强调认识事物内部的结构,反对单纯地研究外部现象。他们认为,现象虽然看来杂乱无章,但都受其内在结构的统一的支配或规定,因而,研究事物不能像实证主义者那样,满足于经验现象的罗列和描述,而应把握深藏于现象中的结构。第三,结构主义在方法论上强调内部因素的研究,忽视或否定外部因素的研究。第四,结构主义在方法论上强调静态(共时态)的研究,忽视或反对历史(历时态)的研究。第五,结构主义在方法论上还强调结构的不以人的意志为转移的客观作用,而忽视或否定人的主观能动作用。

结构主义在方法论上的整体性研究和内部结构研究都是正确的。但是,它排斥局部的研究、外部的研究、历史的研究,甚至完全否认人在社会历史中的影响作用则都是错误的,这是一种片面性的表现。正由于此,它最终不能彻底战胜存在主义而逐渐衰落。

法学

一、法的基本理论

(一) 法的本质、特征与作用

1. 法的本质

法是由国家制定或认可,依靠国家强制力保证实施的行为规则的总和,目的在于确认、保护和发展对统治阶级有利的社会关系和社会秩序,为社会经济基础服务。法是统治阶级意志的体现,是上升为国家意志的统治阶级意志。

2. 法的特征

法是社会上层建筑的重要组成部分,与上层建筑的其他部分如伦理道德、宗教信仰等相比,具有以下一些基本特征。

第一,法是一种特殊的社会规范。社会规范是调整人和人相互之间(即社会关系)的行为准则,包括法律规范、道德规范、宗教规范、习惯规范及各种社会团体规范等。法作为一种特殊的社会规范,具有规范性、概括性和可预测性等特点。规范性是指法规定了人们在一定情况下可以做什么,应当做什么,或者不应当做什么,也就是为人们的行为规定了模式、标准和方向。概括性是指法的对象是抽象的、一般的人和事,在同样的情况和条件下,法律可以反复使用。可预测性是指人们通过法有可能预见到国家对自己和他人的行为的态度和产生的法律后果,因为法律规定了人们的行为模式,从而成为评价人们行为合不合法的标准。

第二,法是国家制定或认可的社会规范。法是由国家制定或认可的,这是法区别于其他社会规范的重要特点之一。制定和认可是国家创制法律规范的两种基本形式。所谓制定,是指在社会生活中原先没有某种行为规则,立法者根据社会生活发展的需要,通过相应的国家机关按照法定程序制定各种规范性法律文件的活动。所谓认可,是指社会生活中原来已经实际存在的某种行为规则(如习惯规范等),国家以一定形式承认并且赋予其法律效力的活动。无论是制定还是认可,都与国家权力有着不可分割的联系,并且正是这一特点使法律的效力在形式上具有了普遍性。

第三,法是规定了人们权利和义务的社会规范。法的核心内容在于规定了人们在法律上的权利和义务。法律权利是指法律赋予人们的某种利益或行为自由。法律义务是指法律上规定人们必须履行的某种责任或行为界限。法通过规定人们在一定社会关系中的权利和义务来确认、保护和发展有利于统治阶级的社会关系和社会秩序。

第四,法是由国家强制力保证实施的,具有普遍约束力的社会规范。法作为一种特殊的社会规范,它是由国家强制力来保证实施的,而且这种强制力具有普遍性。在任何国家,违反法律规定的行为都将由专门国家机关依照法定程序追究行为人的法律责任,也将受到法律的制裁。

3. 法的作用

法的作用是指法对人与人之间所形成的社会关系所发生的一种影响,它表明了国家权力的运行和国家意志的实现。法的作用可分为法的规范作用和法的社会作用。

法的规范作用,即法作为一种特殊的行为规范,具有规范人们行为的作用。法的规范作用表现为对人们行为的评价、指引、预测,对合法行为的保护和奖励,对违法行为进行的谴责、警戒、预防、制裁等。而且,法作为一种思想、意志、原则的体现,它对人们的观念和品德也有一定的教育影响作用。

法的社会作用,即法具有社会调整作用。在阶级对立的社会中,法的社会作用可归为两个方面:维护统治阶级的阶级统治,执行社会公共事务。我国社会主义法的主要作用表现在以下几个方面:维护和加强人民民主专政的国家制度和社会秩序;执行社会各种公共事务;保障和促进经济建设和经济体制改革的顺利进行;保障和促进精神文明建设;保障和促进广泛的民主氛围和政治体制改革;保障和促进我国的对外开放和交往的顺利进行。

(二) 法的历史发展和分类

1. 法的历史发展

法不是从来就有的,也不是永远存在的。法是阶级社会特有的现象。它的产生和发展经历了相当长的历史过程,即由习惯到习惯法再到成文法的过程。

法的历史类型是与社会形态的划分、国家历史类型的划分相一致的。除了原始社会没有国家和法外,同奴隶社会、封建社会、资本主义社会和社会主义社会这四种社会形态相对应的,有四种类型的国家及有四种类型的法:奴隶制国家、封建制国家、资本主义国家和社会主义国家,以及奴隶制法、封建制法、资本主义法和社会主义法。奴隶制法的主要特征有四点:一是保护奴隶主阶级的私有制;二是运用十分残酷的惩罚措施维持奴隶主阶级的政治统治;三是公开确认自由民之间的不平等;四是在许多方面保持着原始社会习惯规范的痕迹。封建制法的主要特征有四点:一是维护等级性的土地所有权;二是确认农民对封建主的人身依附关系;三是维护等级特权制度和封建特权者的强权;四是在法律渊源方面表现为多法相互并行,没有一个统一体系。资本主义法的主要特征有四点:一是宣布私有财产神圣不可侵犯;二是确立"契约自由"原则;三是确立"法律面前人人平等"的宪法原则;四是确立依照法律办事的法治原则。奴隶制法、封建制法、资本主义法都是剥削阶级意志和利益的体现,都维护着人剥削人的制度,因此统称为剥削类型的法。

社会主义类型的法同剥削阶级类型的法根本不同,它建立在社会主义生产关系之上,是由社会主义国家制定或认可的,是工人阶级领导下的广大人民群众共同意志和利益的体现,是人类历史上新的历史类型的法。当代中国的法律属于社会主义类型的法。

法的历史类型的更替是符合社会发展的必然,但不是自发实现的。由于代表旧生产关系的反动统治阶级总要维护其既得利益,维护他们的法,因而革命阶级不运用社会革命的手段夺取政权,就不可能用新类型的法来代替旧类型的法。

2. 法的分类

对法进行分类可以依据不同的标准。根据法律的外部形式和结构等方面的特点进行的一般分类有以下几种。

成文法和不成文法。成文法是指由特定国家机关制定颁布,以不同效力等级的规范性法律文件形式表现出来的法,故又称"制定法"。不成文法是由国家机关以一定形式认可其法律效力,但不表现为成文的规范性法律文件形式的法,一般指习惯法。

实体法和程序法。实体法主要是规定和确认人们的权利和义务或国家机关及其工作人员的职权和职责的法,通常表现为民法、刑法、行政法等。实体法的规定直接来自人们在生产和生活中形成的要求,如所有权、正当防卫权、纳税的义务等。程序法主要是规定保证权利和义务得以实现或职权和职责得以履行的法,通常表现为民事诉讼法、刑事诉讼法等。

根本法和普通法。在采用成文宪法的国家,根本法是指宪法,在国家法律体系中享有最高的法律地位和法律效力。宪法的内容和制定、修改的程序都不同于其他法律。普通法是指宪法以外的其他法律。普通法的内容一般只涉及社会生活的某一方面,如民法、行政法、刑法等,其法律效力低于宪法。

一般法和特别法。一般法是指在效力范围上具有普遍性的法,即针对一般主体、一般事项,在较长时期内,在全国范围内普遍有效的法。特别法是指对特定主体、特定事项或在特定地域、特定时间有效的法。例如,以空间效力而论,宪法是一般法,特别行政区基本法是特别法;以时间效力而论,治安管理处罚条例是一般法,戒严法是特别法;以对人的效力而论,有关公民在法律面前一律平等的规定是一般法,对妇女儿童特殊保护的规定是特别法;以对事的效力而论,规定盗窃罪的法律是一般法,规定盗窃武器弹药罪的法律则是特别法。

国内法和国际法。国内法是在一国主权范围内,由该国的国家机关制定或认可并保障其实施的法。国内法的法律关系主体一般是个人和组织,在特定法律关系中也包括国家机关。国际法是参与国际关系的国家之间通过协议制定或认可的法律规范,通常表现为多国参与的国际条约、两个以上国家间的协议和被认可的国际惯例。国际法律关系的主体主要是国家,也包括有关的国际组织。

3. 法系

"法系"是根据法律的结构、形式和历史传统等外部特征,以及法律意识和法律实践的特点等因素对不同国家和地区的法律制度所进行的分类。目前运用比较广泛的是大陆法系和英美法系。

大陆法系,也称罗马法系、民法法系、法典法系或罗马-日耳曼法系,它是根据罗马法的传统,在19世纪初的《法国民法典》的基础上产生和发展起来的那些国家或地区的法律的总称。属于大陆法系的国家除法国、德国这两个欧洲大陆国家以外,还包括欧洲和世界其他许多国家,如西班牙、荷兰、葡萄牙等国,以及曾经是上述国家殖民地的国家和地区。还有受其影响较深的日本、泰国、土耳其等国。中国国民党统治时期的法律,大多是参照德、日两国的法律制定的,因此也属于大陆法系。

英美法系又称英国法系或普通法系、判例法系,它是以英国普通法为基础而产生和发展起来的那些国家或地区法律的总称。由于美国独立后仍沿袭英国法的传统,故此也将该法系称为英美法系。属于英美法系的国家还包括一些曾经是英国殖民地的国家和地区,如印度、巴基斯坦、缅甸、马来西亚、新西兰、澳大利亚等。我国香港特别行政区的法律在形式上也保留了英美法系的特点。

大陆法系和英美法系的法律制度在许多方面有明显的差别。20世纪以后,特别是二战以来,随着国际交流的发展,两大法系之间出现了相互接近、互相渗透、互相融合的趋势,但是由于传统不同,它们之间的基本差别仍然存在。

(三)我国社会主义法律体系

法律是治国之重器,良法是善治之前提。我国制定和实施的是中国特色社会主义法律,社会主义法律精神贯穿于我国法律体系的始终。1949年中华人民共和国成立以来,特别是1978年改革开放以来,中国共产党领导中国人民制定宪法和法律,经过各方面坚持不懈的共同努力,到2010年底,一个立足中国国情和实际、适应改革开放和社会主义现代化建设需要、集中体现中国共产党和中国人民意志,以宪法为核心,以宪法及宪法相关法、民法商法、行政法、经济法、社会法、刑法、诉讼与非诉讼程序法等法律部门的法律为主干,由法律、行政法规、地方性法规等层次法律规范构成的中国特色社会主义法律体系已基本形成。国家经济、政治、文化、社会生活各个方面基本做到有法可依,有力地保障和推动了中国特色社会主义事业的发展。

(四)我国社会主义法律的运行

法律的运行是从法律的创制、实施到实现的过程,这一过程主要包括法律制定、法律遵守、法律执行、法律适用等环节。

1. 法律制定

法律制定,又称法律创制、法律创立,最通常的称之为“立法”。它是指有立法权的国家机关依照法定职权和程序制定规范性法律文件的活动。这种活动是法律运行的起始性和关键性环节。根据我国宪法和立法法等相关法律的规定,全国人民代表大会及其常务委员会行使国家立法权。国务院有权根据宪法和法律制定行政法规，国务院各部门可以根据宪法、法律和行政法规，在本部门的权限范围内制定部门规章。省、自治区、直辖市的人民代表大会及其常委会根据本行政区域的具体情况和实际需要，在不与宪法、法律和行政法规相抵触的前提下，可以制定地方性法规。较大的市的人民代表大会及其常委会根据本市的具体情况和实际需要，在不与宪法、法律、行政法规和本省、自治区、直辖市的地方性法规相抵触的前提下，可以制定地方性法规，报省、自治区、直辖市的人民代表大会常委会批准后施行。省、自治区、直辖市、较大的市的人民政府可以根据法律、行政法规和本省、自治区、直辖市的地方性法规，制定地方政府规章。自治区、自治州、自治县的人民代表大会可以根据当地民族的具体情况制定自治条例和单行条例。特别行政区立法机关有权根据特别行政区基本法自主地制定本行政区的法律。

国家机关的立法活动必须遵循法定程序。根据立法法和有关法律的规定，全国人民代表大会及其常务委员会制定法律的基本程序，包括法律案的提出、法律案的审议、法律案的表决、法律的公布四个阶段。

2. 法律遵守

法律遵守是指国家机关、社会组织和公民个人依照法律规定行使权力和权利，以及履行职责和义务的活动。人们通常把守法仅仅理解为履行法律义务。其实，守法意味着一切组织和个人严格依法办事的活动和状态。依法办事包括两层含义：一是依法享有并行使权利，二是依法承担并履行义务。因此，不能将守法仅仅理解为履行义务，它还包含着正确行使权利。在法律运行过程中，守法是法律实施和实现的基本途径。

在社会主义国家，一切组织和个人都是守法的主体。我国宪法明确规定，“一切国家机关和武装力量、各政党和各社会团体、各企业事业组织都必须遵守宪法和法律”“任何公民享有宪法和法律规定的权利，同时必须履行宪法和法律规定的义务”。

3. 法律执行

在广义上，法律执行是指国家机关及其公职人员，在国家和公共事务管理中依照法定职权和程序，贯彻和实施法律的活动；在狭义上，则是指国家行政机关执行法律的活动，也被称为行政执法。行政执法是法律实施和实现的重要环节。在我国，大部分的法律法规都是由行政机关贯彻执行的。在法律运行中，行政执法是最大量、最经常的工作，是实现国家职能和法律价值的重要环节。

行政执法的主体通常是国家行政机关及其公职人员。在我国，行政执法的主体大体分为两类：一类是中央和地方各级政府，包括国务院和地方各级人民政府，另一类是各级政府中享有执法权的下属行政机构。此外，法律授权的社会组织、行政机关依法委托的社会组织可以在一定范围内执行法律。例如，食品卫生法授权卫生防疫站、食品卫生监督站对食品卫生进行检查监督，民政部门可以委托基层群众性自治组织代为发放救灾、救济物资。

4. 法律适用

法律适用有广义和狭义之分。广义的法律适用是指国家机关及其工作人员、社会团体和公民实现法律规范的活动。这种意义上的法律适用一般被称为法的实施。狭义的法律适用是指国家机关及其工作人员依照其职权范围把法律规范应用于具体事项的活动,特指拥有司法权的机关及司法人员依照法定方式把法律规范应用于具体案件的活动。在我国,司法机关是指国家检察机关和审判机关。人民法院和人民检察院根据法律法规,公正司法,保护公民、法人和其他组织的合法权利,解决法律纠纷,惩治违法犯罪行为,从而捍卫法律权威,维护法律秩序。

在我国,法律适用的基本要求是正确、合法、及时、合理、公正。我国社会主义法律适用时应遵循的主要原则是:以事实为依据,以法律为准绳;公民在适用法律上一律平等;司法机关依法独立公正行使职权;实事求是,有错必纠。在我国,公民在适用法律上一律平等原则,概括地说就是要用同一尺度把法律适用于所有公民,不允许任何人有超越宪法和法律的特权。

(五)建设社会主义法治国家

1. 法治和人治

法治和人治是两种不同的治国原则和方略。人治一般是提倡圣君贤人的道德教化,主张因人而异,对人的行为作具体指引,推崇个人权威;法治一般同民主政治相联系,强调统治者通过法律来治理,提倡一般性法则的作用,树立法律权威。古今中外的历史经验已经证明,法治优于人治,法治是人类社会文明进步的重要标志。所以,社会主义中国要实行法治,要依法治国,不能搞人治。

2. 依法治国的基本方略

依法治国是中国共产党领导全国各族人民,依照宪法和法律来治理国家的基本方略,是发展社会主义市场经济的客观需要,是国家长治久安的重要保障。依法治国就是要依照宪法和法律规定,通过各种途径和形式实现人民群众在党的领导下管理国家事务,管理经济文化事业,管理社会事务,保证国家各项工作都依法进行,从制度和法律上保证党的基本路线和基本方针的贯彻实施,保证党始终发挥总览全局、协调各方的领导核心作用。

依法治国是对我国历史经验进行深刻总结的结果。中华人民共和国建立以后,中国民主和法制建设一度有过长足的发展,但由于"左"的指导思想,民主法制建设的良好势头急转直下,最终酿成十年"文革"的历史性悲剧。党的十一届三中全会以来,党和国家制定和实行了一系列完全不同于以往的方针和政策,其中包括从人治向法治过渡,实行依法治国,建设社会主义法治国家。1985 年 6 月,邓小平明确提出了建设社会主义法治国家的思想。1997 年召开的中共十五大提出了党领导人民治理国家的基本方略,指出广大人民群众在党的领导下,依照宪法和法律规定,逐步实现社会主义民主的制度化、规范化、程序化,使这种制度和法律不因领导人的改变而改变，不因领导人看法和注意力的改变而改变。1999 年 3 月，第九届全国人大第二次会议又通过宪法修正案的形式，将这一治国基本方略写入我国宪法之中。

3. 建设社会主义法治国家

2014 年党的十八届四中全会通过的《中共中央关于全面推进依法治国若干重大问题的决定》指出，全面推进依法治国的总目标是建设中国特色社会主义法治体系，建设社会主义法治国家。

中国特色社会主义法治体系包括完备的法律规范体系，高效的法治实施体系，严密的法治监督体系，有力的法治保障体系，完备的党内法规体系五个子系统。建设中国特色社会主义法治体系要求树立社会主义法治理念，弘扬社会主义法治精神。社会主义法治理念包括五个方面的内容：一是依法治国的理念，二是执政为民的理念，三是公平正义的理念，四是服务大局的理念，五是党的领导的理念。全面推进依法治国，既要治标，更要治本。大力弘扬社会主义法治精神，就是全面推进依法治国的治本之策。

建设社会主义法治国家必须把党的领导、人民民主和严格依法办事三者结合起来；必须做到“有法可依，有法必依，执法必严，违法必究”；必须把依法治国同社会主义精神文明建设紧密结合，同步推进。建设社会主义法治国家的主要任务有：进一步加强立法工作，完善中国特色社会主义法律体系；提高中国共产党依法执政的水平；加快建设法治政府；完善司法体制机制；加强对权力运行的制约和监督；培植社会主义新型法律文化。

二、宪法知识

（一）宪法的概念和基本特征

1. 宪法的概念

近代意义上的宪法是资产阶级民主革命的产物，是国家的根本大法，适用于国家全体公民，是特定社会政治经济和思想文化条件综合作用的产物，集中反映各种政治力量的实际对比关系，确认革命胜利成果和现实的民主政治，规定国家的根本任务和根本制度，即社会制度、国家制度的原则和国家政权的组织及公民的基本权利义务等内容。17—18 世纪，英国资产阶级在与封建阶级的斗争和妥协中，逐渐形成了一些宪法性文件和宪法性惯例。1787 年，美国制定的联邦宪法，是世界上第一部成文宪法。1918 年制定的苏俄宪法，是第一部社会主义国家的宪法。

在我国，宪法是党和人民意志的集中体现，是通过科学民主程序形成的根本法。

宪法作为国家的根本大法,规定了国家各项基本制度和根本任务,规定了国家机关的组织与活动的基本原则,规定了公民基本权利和义务。它集中反映掌握国家政权的统治阶级的意志和根本利益,是维护和巩固统治阶级专政的工具。1949 年 10 月中华人民共和国成立后,第一届、第四届和第五届全国人民代表大会分别于 1954 年 9 月、1975 年 1 月、1978 年 3 月和 1982 年 12 月先后制定、颁布了四部《中华人民共和国宪法》。现行宪法为 1982 年宪法,并历经 1988 年、1993 年、1999 年和 2004 年四次修订。

2. 宪法的基本特征

宪法在整个国家的法律体系中居于主导地位,具有最高的法律权威和最高的法律效力,既是国家治国安邦的总章程,也是公民立身行事的总依据。宪法是法律的组成部分,具有法律的共性;但是,宪法作为国家的根本大法,在法律体系中居于核心地位,不同于普通法律,具有以下基本特征。

第一,在内容上,宪法规定国家生活中最根本、最重要的方面。普通法律作为部门法,调整的只是国家生活中某一方面的社会关系,而作为根本法的宪法,它规定的是国家政治生活和社会生活中最根本、最重要的问题,诸如国体、政体、国家的基本国策、公民的基本权利和义务、国家机构的组织及其职权等最重要的问题。

第二,在法律效力上,宪法的法律效力最高。由于宪法是国家的根本法,宪法所具有的就不仅是一般的法律效力,而是最高的法律效力。其法律效力的最高性表现为:宪法是制定普通法律的依据和基础,普通法律不得与宪法相抵触,宪法是一切组织或者个人的根本活动准则。

第三,在制定和修改程序上,宪法比其他法律更为严格。由于宪法是国家的根本法,具有最高的法律效力,为了体现宪法的严肃性,保持宪法的稳定性和连续性,多数国家对宪法的制定和修改都规定了不同于普通立法的特别程序。一方面,制定和修改宪法的机关,往往是依法特别成立的,而并非普通的立法机关。如成立的制宪会议、制宪议会、宪法起草委员会、宪法修改委员会等。另一方面,通过、批准宪法或者其修正案程序,往往严于普通法律。如我国宪法的修改要由全国人民代表大会常务委员会或者五分之一以上的全国人民代表大会代表提议,并由全国人民代表大会以全体代表的三分之二以上的多数通过。而法律和其他议案则由全国人民代表大会以全体代表的过半数通过。

(二)我国宪法的基本情况

1. 我国宪法的历史发展

1949 年中华人民共和国成立以来,我国在各个不同历史发展阶段先后颁布了四部宪法:1954 年宪法、1975 年宪法、1978 年宪法和 1982 年宪法。我国现行宪法是 1982 年 12 月 4 日通过的,是中华人民共和国成立以来最完善的宪法。它继承和发展了 1954 年宪法的基本原则,全面总结了我国社会主义建设正反两方面的经验,反映了我国改革开放以来各方面取得的巨大成就，规定了我国的国家制度、经济制度、公民基本权利和义务，是一部具有中国特色、适应新时期社会主义现代化建设和改革开放需要的社会主义宪法。

2. 我国宪法的指导思想

随着我国改革开放的深入和社会主义建设事业的发展，我国的政治、经济、文化等领域也发生了很大的变化。为了适应这一变化，全国人民代表大会先后几次通过了《中华人民共和国宪法修正案》对 1982 年宪法进行修正。宪法的修改对进一步完善我国宪法体制，推进依法治国的进程将产生重要的意义。

我国 1982 年宪法的指导思想是坚持四项基本原则，即坚持社会主义道路、坚持人民民主专政、坚持中国共产党的领导、坚持马克思列宁主义和毛泽东思想。它是中国各族人民团结前进的共同的政治基础，也是现代化建设的根本保证。

3. 我国宪法的基本原则

我国宪法的基本原则主要有：① 一切权力属于人民的原则。这一原则的核心就是指国家主权这一最高权力来源于人民，同时永远属于人民，人民有权参与国家事务的管理。《中华人民共和国宪法》第 2 条规定："中华人民共和国一切权力属于人民。人民行使国家权力的机关是全国人民代表大会和地方各级人民代表大会。人民依照法律规定，通过各种途径和形式，管理国家事务，管理经济和文化事业，管理社会事务。"② 基本人权原则。我国政权的本质特征就是人民当家做主，而公民基本权利和自由则是人民当家做主最直接的体现。因此，我国宪法明确规定和列举了公民的基本权利和自由，体现了对公民的宪法保护，也体现了对人民当家做主的保护。2004 年 3 月 14 日，第十届全国人民代表大会第二次会议通过的宪法修正案增加了尊重和保障人权的规定，这标志着中国人权发展进入新阶段，具有里程碑的意义。③ 民主集中制原则。我国宪法采取的不是分权原则，而是民主集中制原则。民主集中制原则是社会主义国家制度的一项基本原则，它是民主与集中相结合的制度，具体是指在民主基础上的集中和在集中指导下的民主。《中华人民共和国宪法》第 3 条规定："中华人民共和国的国家机构实行民主集中制的原则。"国家权力统一由各级人民代表大会行使，人民代表大会由人民直接或间接选出的代表组成，对人民负责，受人民监督；国家行政机关、审判机关和检察机关，由人民代表大会选举产生，对它负责，受它监督；中央和地方国家机构和职权的划分及活动，遵循在中央统一领导下，充分发挥地方的主动性、积极性，认真贯彻民主集中制原则。④ 法治原则。法治是相对于人治而言的政府治理形式，是指按照民主原则把国家事务法律化、制度化，并依法进行管理的一种方式，其核心思想在于依法治理国家，法律面前人人平等，反对任何组织和个人享有法律之外的特权。《中华人民共和国宪法》第 5 条明确规定："中华人民共和国实行依法治国，建设社会主义法治国家。"

（三）我国的国家制度

国家制度是一个国家统治阶级通过宪法、法律规定的有关国家性质和国家形式方面的制度的总称。我国的国家制度主要包括人民民主专政制度、人民代表大会制度、中国共产党领导的多党合作和政治协商制度、民族区域自治制度、特别行政区制度、基层群众自治制度和基本经济制度等。

1. 人民民主专政制度

国体也称国家性质，是国家的阶级本质，是指社会各阶级在国家生活中的地位和作用。《中华人民共和国宪法》第1条规定："中华人民共和国是工人阶级领导的、以工农联盟为基础的人民民主专政的社会主义国家。"这一规定表明，我国是人民民主专政的社会主义国家。

我国的国体即国家性质是工人阶级领导的、以工农联盟为基础的人民民主专政。我国的国家性质包含以下基本点：① 人民民主专政实质上是无产阶级专政；② 人民民主专政必须以工人阶级为领导、以工农联盟为基础；③ 人民民主专政必须是最大多数人的民主；④ 人民民主专政是民主与专政的结合；⑤ 在人民民主专政国家政权内部，建立了极其广泛的爱国统一战线，形成了中国共产党领导的多党合作和政治协商制度。

爱国统一战线是人民民主专政的重要保障。《中华人民共和国宪法》规定："社会主义的建设事业必须依靠工人、农民和知识分子，团结一切可以团结的力量。在长期的革命和建设过程中，已经结成由中国共产党领导的，有各民主党派和各人民团体参加的，包括全体社会主义劳动者、社会主义事业的建设者、拥护社会主义的爱国者和拥护祖国统一的爱国者的广泛的爱国统一战线，这个统一战线将继续巩固和发展。"这个统一战线具体包括两个范围的联盟：一是我国大陆范围内，由全体社会主义劳动者、社会主义事业的建设者、拥护社会主义的爱国者所组成的政治联盟；二是广泛地团结台湾同胞和海外侨胞，以拥护祖国统一为基础的政治联盟。目前我国爱国统一战线的任务是：为社会主义现代化建设服务，为实现祖国统一大业服务，为维护世界和平服务。

2. 人民代表大会制度

政体即国家政权组织形式或国家管理形式，是指统治阶级按照一定的原则组成的，代表国家行使权力以实现统治阶级任务的国家政权机关的组织体制。政体是国家制度的重要组成部门，是国家的主要外在表现形态。政体与国体之间是一种形式与内容的关系。国体决定政体，政体体现国体。

我国的政体是人民代表大会制度。人民代表大会制度是指拥有国家权力的我国人民根据民主集中制原则，通过民主选举组成全国人民代表大会和地方各级人民代表大会，并以人民代表大会为基础，建立全部国家机构，人民代表大会的代表对人民负责，受人民监督，以实现人民当家做主的政治制度。

人民代表大会制度是我国的根本政治制度，符合我国的基本国情，在实践中显示出强大的生命力和巨大的优越性：人民代表大会制度保障了人民当家做主，人民代表大会制度有利于调动人民群众建设社会主义的积极性，人民代表大会制度保证了国家机关协调高效运转，人民代表大会制度有利于维护国家统一和民族团结。

3. 中国共产党领导的多党合作和政治协商制度

中国共产党领导的多党合作和政治协商制度是我国的一项基本的政治制度，是具有中国特色的政党制度。我国《宪法》明确规定："中国共产党领导的多党合作和政治协商制度将长期存在和发展。"这一制度为我国根本大法所确认，成为我国民主制度不可缺少的组成部分。其基本内容包括几个方面：第一，中国共产党是执政党，各民主党派是参政党，中国共产党和各民主党派是亲密战友；第二，中国共产党和各民主党派合作的首要前提和根本保证是坚持中国共产党的领导和坚持四项基本原则；第三，中国共产党与各民主党派合作的基本方针是长期共存，互相监督，肝胆相照，荣辱与共；第四，中国共产党和各民主党派以宪法和法律为根本活动准则。

中国共产党领导的多党合作和政治协商制度符合中国国情，反映了人民当家做主的社会主义民主的本质，反映了中国共产党同各民主党派"长期共存，互相监督，肝胆相照，荣辱与共"的关系，体现了我国政治制度的特点和优势。中国共产党领导的多党合作和政治协商制度的特点是共产党领导、多党派合作，共产党执政、多党派参政。这一制度有利于扩大各界人士有序的政治参与，拓宽社会利益表达渠道，促进社会和谐发展，实现中国共产党的领导、人民当家做主和依法治国的有机统一。

中国人民政治协商会议简称人民政协，是中国共产党领导的多党合作和政治协商制度的重要组织形式，是具有广泛代表性的统一战线组织。它由中国共产党、各民主党派、各人民团体、各界代表及特别邀请参加的个人组成。人民政协的主要职能是政治协商、民主监督、参政议政。人民政协的政治协商是党和国家实行科学民主决策的重要环节，是党提高执政能力的重要途径。

4. 民族区域自治制度

现代国家的国家结构形式主要有单一制和联邦制两大类。单一制国家是由若干行政区域或自治单位所组成的统一国家，全国只有一个最高权力机关、一个中央政府和一部宪法，各行政区域或自治单位均受中央统一领导，国家整体是代表国家对外关系的唯一主体。

我国宪法明确规定，中华人民共和国是全国各民族人民共同缔造的统一的多民族的国家。这一规定表明，单一制是我国的国家结构形式。实行单一制，建立统一的多民族国家，既是我国历史发展的必然结果，也是我国民族状况的基本要求，符合各民族人民的根本利益。

民族区域自治制度是指在国家的统一领导下，以少数民族聚居的地区为基础，建立相应的自治地方，设立自治机关，行使自治权，自主地管理本民族、本地区的内部事务，行使当家做主的权利。民族区域自治制度是我国的基本政治制度之一，是我国在单一制国家结构形式下解决民族问题的基本制度。

根据宪法和民族区域自治法等有关法律的规定,民族区域自治制度包括以下主要内容:第一,各民族自治地方都是中华人民共和国不可分离的部分,各民族地方的自治机关,都是中央统一领导下的地方政权机关;第二,民族区域自治必须以少数民族聚居区为基础,是民族自治与区域自治的结合;第三,在民族自治地方,设立自治地方的人民代表大会和人民政府等自治机关;第四,民族自治机关除行使宪法规定的地方国家政权机关的职权外,还可以依法行使广泛的自治权。

民族区域自治制度是我国为解决民族问题、处理民族关系,实现民族平等、民族团结、各民族共同繁荣发展而建立的基本政治制度。民族区域自治,不只是单纯的民族自治或地方自治,而是民族因素与区域因素的结合,政治因素与经济因素的结合。

5. 特别行政区制度

"一个国家,两种制度"是指在统一的社会主义国家内,在中央的统一领导下,经过最高国家权力机关决定,可以容许局部地区由于历史的原因而不实行社会主义的政策,依法保存不同于全国现行制度的特殊制度。"一国两制"是设立特别行政区的指导方针。我国《宪法》第31条规定:"国家在必要时得设立特别行政区。在特别行政区内实行的制度按照具体情况由全国人民代表大会以法律规定。"这一规定是"一国两制"伟大构想的具体化、法律化,是从我国实际出发,以和平方式解决台湾、香港和澳门问题,实现祖国统一的根本法律保证,是一项具有中国特色的政治制度。

特别行政区是指在我国版图内,根据我国宪法和法律的规定专门设立的具有特殊的法律地位,实行特别的政治、经济制度的,直辖于中央人民政府的行政区域。尽管特别行政区与一般行政区一样,都是中华人民共和国不可分离的一部分,都是中华人民共和国的地方行政区域单位,但特别行政区有其自身的特殊性。主要表现在:特别行政区实行"高度自治",享有高度的自治权,包括行政管理权、立法权、独立的司法权和终审权;特别行政区通用自己的货币,财政独立,收入全部用于自身需要,不上缴中央人民政府;特别行政区所实行的制度与内地不同,它可以保持原有的资本主义制度长期不变;特别行政区的立法机关和行政机关由该区永久性居民依照基本法的有关规定组成;特别行政区原有的法律基本不变;等等。

6. 基层群众自治制度

基层群众自治制度,是依照宪法和法律,由居民(村民)选举的成员组成居民(村民)委员会,实行自我管理、自我教育、自我服务、自我监督的制度。我国《宪法》第111条规定:"城市和农村按居民居住地区设立的居民委员会或者村民委员会是基层群众自治组织。居民委员会、村民委员会的主任和委员由居民选举。居民委员会、村民委员会同基层政权的相互关系由法律规定。居民委员会、村民委员会设人民调解、治安保卫、公共卫生等委员会,办理本居住地区的公共事务和公益事业,调解民间纠纷,协助维护社会治安,并且向人民政府反映群众的意见、要求和提出建议。"

7. 基本经济制度

我国《宪法》第6条规定:“中华人民共和国的社会主义制度的基础是生产资料的社会主义公有制,即全民所有制和劳动群众集体所有制。国家在社会主义初级阶段,坚持公有制为主体、多种所有制经济共同发展的基本经济制度,坚持按劳分配为主体、多种分配方式并存的分配制度。”

社会主义公有制经济不但包括国有经济和集体经济,还包括混合所有制经济中的国有成分和集体成分。公有制的主体地位主要体现在:公有资产在社会总资产中占优势;国有经济控制着国民经济命脉,对经济发展起主导作用。公有制实现形式可以而且应当多样化。一切反映社会化生产规律的经营方式和组织方式都可以大胆利用。

非公有制经济包括个体经济、私营经济和外商投资经济。它们是我国社会主义市场经济的重要组成部分。国家对个体经济、私营经济和外商投资经济采取鼓励、支持和引导的政策,同时健全财产法律制度,依法保护它们的合法利益和平等竞争,并加强对它们的监督和管理,保障它们的健康发展,发挥它们满足人民多样化需要、增加就业和促进国民经济发展的作用。

我国目前实行的是按劳分配为主体、多种分配方式并存的制度,把按劳分配与按生产要素分配结合起来,坚持效率优先、兼顾公平,有利于优化资源配置,促进经济发展,保持社会稳定。国家依法保护合法收入,取缔非法收入,整顿不合理收入,调节过高收入。

(四) 公民的基本权利和义务

公民是指具有一国国籍并根据该国宪法和法律,享有权利和承担义务的自然人。国籍是确定中国公民资格的唯一条件。我国《宪法》规定,凡具有中华人民共和国国籍的人都是中华人民共和国公民。外国人或无国籍人申请加入中国国籍须具备下列条件之一:中国人的近亲属,定居在中国,有其他正当理由。我国不承认双重国籍,加入中国国籍,不再保留外国国籍;加入或取得外国国籍,自动丧失中国国籍。

1. 我国公民的基本权利

公民的基本权利也称宪法权利,就是国家通过宪法和法律所保障的,公民享有的基本的、必不可少的权利。根据我国宪法的规定,我国公民享有以下基本权利:中华人民共和国公民在法律面前一律平等;我国宪法规定的政治权利,包括选举权和被选举权的政治权利,以及言论、出版、集会、结社、游行、示威的政治自由;宗教信仰自由;公民人身自由不受侵犯,人格尊严不受侵犯,住宅不受侵犯,通讯自由和通讯秘密受法律保护;对国家机关及其工作人员有批评、建议、申诉、控告并依法取得赔偿的权利;劳动权利,劳动者休息权利,退休人员生活保障权利,因年老、疾病、残疾或丧失劳动能力时从国家和社会获得社会保障和物质帮助的权利;公民受教育权利,进行科研、文化创作和其他文化活动的自由；妇女在政治、经济、文化、社会和家庭生活等方面享有同男子同等的权利；婚姻、家庭、母亲和儿童受国家保护；华侨、归侨和侨眷的正当权利和利益受国家保护。

2. 我国公民的基本义务

公民的基本义务，是指宪法规定的公民必须履行的法律责任。公民的基本义务决定着公民在国家生活中的政治和法律地位，体现了国家利益、集体利益和个人利益的结合，体现了权利和义务的一致性。根据我国宪法的规定，我国公民的基本义务主要有几个方面：维护国家统一和全国各民族团结的义务；遵守宪法和法律，保守国家秘密，爱护公共财产，遵守劳动纪律，遵守公共秩序，尊重社会公德的义务；维护祖国的安全、荣誉和利益的义务，不得有危害祖国的安全、荣誉和利益的行为；保卫祖国，依法服兵役和参加民兵组织的义务；依法纳税的义务。此外，公民还有劳动的义务、受教育的义务；夫妻双方有实行计划生育的义务；父母有抚养教育未成年子女的义务；成年子女有赡养扶助父母的义务。

（五）我国的国家机构

国家机构是国家为了实现其职能而建立起来的国家机关的总和。根据我国宪法规定，我国的国家机构分为全国人民代表大会、中华人民共和国主席、国务院、中央军事委员会、地方各级人民代表大会和地方各级人民政府、民族自治地方的自治机关、人民法院与人民检察院。

1. 全国人民代表大会

我国《宪法》规定："中华人民共和国全国人民代表大会是最高国家权力机关，它的常设机关是全国人民代表大会常务委员会。"

全国人民代表大会是我国最高国家权力机关，又是行使国家立法权的机关。它由省、自治区、直辖市、特别行政区和军队选出的人大代表组成，每届任期为5年。全国人民代表大会的职权包括：修改宪法，监督宪法的实施；制定和修改基本法律；选举、决定和罢免国家领导人；决定国家重大问题，包括审查和批准国民经济和社会发展计划及计划执行情况的报告，审查和批准国家预算和预算执行情况的报告，批准省、自治区和直辖市的划分，决定特别行政区的设立及其制度；监督由其产生的国家机关的工作；等等。

全国人民代表大会常务委员会是我国最高国家权力机关——全国人民代表大会的常设机构，对全国人大负责并报告工作。全国人民代表大会常务委员会在每届全国人民代表大会第一次会议时，由全国人民代表大会从代表中选举委员长、副委员长若干人、秘书长和委员若干人组成。每届任期五年。委员长、副委员长连续任职不得超过两届。它的组成人员不得兼任国家行政机关、审判机关和检察机关的职务。它的职权包括：解释宪法，监督宪法的实施；制定除由全国人大制定的基本法律以外的其他法律；解释法律；审查和监督行政法规、地方性法规的合宪性和合法性；对国民经济和社会发展计划及国家预算部分调整方案的审批权；监督其他国家机关的工作；决定任免国家机关领导人员；国家生活中其他重要事项的决定权；等等。

2. 中华人民共和国主席

中华人民共和国主席是中华人民共和国的代表，由全国人民代表大会选举产生，根据全国人大及其常委会的决定行使国家元首的职权，包括颁布法律权、发布命令权、任免权、荣誉授予权、外事权等。它不是握有一定国家权力的个人，而是一个国家机关，包括国家主席和副主席。

根据我国《宪法》规定，有选举权和被选举权且年满45周岁的我国公民，可以被选为国家主席、副主席。国家主席、副主席每届任期5年，连续任职不得超过两届。国家主席的职权包括：公布法律，发布命令，提名国务院总理人选，根据最高国家权力机关的决定任免政府领导人员，授予国家勋章和荣誉称号，发布特赦令，宣布进入紧急状态，宣布战争状态，发布动员令，等等。

中华人民共和国主席代表中华人民共和国，进行国事活动，接受外国使节；根据全国人民代表大会常务委员会的决定，派遣和召回驻外全权代表；批准和废除同外国缔结的条约和重要协定。

3. 国务院

中华人民共和国国务院是我国的中央人民政府、最高国家权力机关的执行机关、最高国家行政机关。国务院统一领导国务院各部委工作，统一领导地方各级国家行政机关的工作。国务院实行总理负责制。总理、副总理、国务委员和秘书长组成国务院常务会议。它对全国人大及其常委会负责并报告工作。

国务院总理人选根据国家主席的提名，由全国人民代表大会决定；副总理、国务委员、各部部长、各委员会主任、审计长和秘书长根据总理的提名，由全国人民代表大会决定；国务院的每届任期与全国人民代表大会的任期相同，即为五年。我国宪法规定，总理、副总理、国务委员连续任职不得超过两届。

国务院的职权包括：行政法规的制定和发布权，行政措施的规定权，提出议案权，对所属部、委和地方各级行政机关的领导权和监督权，行政人员的任免、奖惩权，对国防、民政、文教、经济等各项工作的领导权和管理权，等等。

4. 中央军事委员会

我国《宪法》规定：“中华人民共和国中央军事委员会领导全国武装力量。”中央军事委员会是我国武装力量的最高领导机关。中央军委主席由全国人大选举产生，副主席、委员由中央军委主席提名，全国人大或全国人大常委会决定。中央军委每届任期5年，实行主席负责制，中央军委主席对全国人大及其常委会负责。

5. 地方各级人民代表大会和地方各级人民政府

根据我国《宪法》和《地方各级人民代表大会和地方各级人民政府组织法》的规定，省、自治区、直辖市、自治州、县、市、自治县、市辖区、乡、民族乡、镇设立人民代表大会。地方各级人大是地方国家权力机关，由通过直接选举或间接选举产生的人大代表组成。县级以上地方各级人大常委会是本级人大的常设机关，对本级人大负责并报告工作。

地方各级人民政府是地方各级国家权力机关的执行机关，是地方各级国家行政机关。它由同级人民代表大会产生，既对同级人民代表大会及其常委会负责并报告工作，同时也对上一级国家行政机关负责并报告工作。地方各级人民政府实行首长负责制。

6. 民族自治地方的自治机关

民族自治地方的自治机关是自治区、自治州、自治县的人民代表大会和人民政府。它们是民族自治地方行使自治权的国家机关。根据宪法和法律的规定，自治区、自治州、自治县的人民代表大会常务委员会中应当由实行区域自治的民族的公民担任主任或者副主任。自治区主席、自治州州长、自治县县长由实行区域自治的民族的公民担任。

民族自治地方的自治机关除行使一般地方国家机关的职权外，还可依法行使广泛的自治权。包括根据本地区实际情况，贯彻执行国家的法律和政策，如果上级国家机关的决议和命令不适合本地情况，经上级国家机关批准，可以变通或者停止执行；制定自治条例和单行条例；管理地方财政；自主地安排和管理本地方的经济建设事业和教科文卫事业；可以依法组织本地方维护社会治安的公安部队；等等。

7. 人民法院和人民检察院

人民法院是国家审判机关，依照法律规定独立行使审判权，不受行政机关、社会团体和个人的干涉。我国人民法院的组织系统包括最高人民法院、地方各级人民法院和专门人民法院。最高人民法院是最高国家审判机关，对全国人大及其常委会负责并报告工作；地方各级人民法院对产生它的权力机关负责并报告工作。最高人民法院监督地方各级人民法院和专门人民法院的审判工作。上级人民法院监督下级人民法院工作。

人民检察院是国家的法律监督机关，依照法律规定独立行使检察权，不受行政机关、社会团体和个人的干涉。我国人民检察院的组织系统包括最高人民检察院、地方各级人民检察院和专门人民检察院。最高人民检察院是最高国家检察机关，对全国人大及其常委会负责并报告工作；地方各级人民检察院对产生它的国家权力机关和上级人民检察院负责并报告工作。最高人民检察院领导地方各级人民检察院和专门人民检察院的工作。上级人民检察院领导下级人民检察院的工作。

三、行政法知识

(一)行政行为与行政法

1. 行政行为的概念与特征

学习行政法,首先要了解什么是行政。对行政概念的认识至今并不统一,有各种各样的观点。但在各种观点中,有一点是相同的,即行政最终以行政机关的行政行为——执行、管理、组织、决策、调控——为其表现形式。

行政行为是指国家行政机关在其职权范围内依法定权限和程序做出的产生行政法律后果的行为。从行政行为的定义可以看出,行政行为具有以下特征。

第一,行政行为的主体是行政机关。也就是说,行政管理职权只能由行政机关行使,行政行为只能由行政机关做出。当然,在很多时候,行政行为是由行政机关所属的行政执法人员做出的,但行政执法人员都是以行政机关的名义做出行政行为的。如果行政机关的工作人员以自己的名义做出的行为,那是民事行为,不是行政行为,其行为后果由其本人承担。而行政执法人员以行政机关名义做出的行政行为,其后果由行政机关承担。在某些情况下,法律、法规将部分行政管理职权授予具有管理公共事务职能的组织行使,这些组织在行使法律、法规的授权时,其所做出的行为也是行政行为。因此,该组织具备了行政管理职能。

第二,行政行为必须依法定权限和程序做出。也就是说,行政行为作为执行法律的行为,每一行为的做出都必须有法律依据,没有法律依据的行政行为就没有法律效力。依法行政是民主法治的基本要求。

第三,行政行为是行政机关行使国家行政管理权的行为。也就是说,行政机关在法律、法规授权的范围内,无须征得行政管理相对方的同意,也无须与行政管理相对方协商,即可依程序自行做出并直接实施行政行为。尽管有许多行政行为,如颁发执照、许可证、资格证、资质证等证书的行为是应行政管理相对方的请求而做出的,但是,行政机关是否同意行政管理相对方的请求,是由行政机关依职权和法定条件自行做出的。

第四,行政行为是行政机关自由裁量的行为。由于社会现象的复杂性、多变性及行政管理相对方行为的差异性,法律、法规在规定行政机关的职权时,往往只对行为的目的、行为的原则做出明确的规定,而将行为的具体条件、范围、幅度、方式留给行政机关自行选择,即所谓自由裁量。但是,自由裁量不是无限制的,必须在法律、法规规定的范围内进行。因此,行政行为的自由裁量性与依法行政的要求是统一的;自由裁量不能违反行政行为的目的,否则即构成滥用职权;自由裁量不能越出法定幅度,否则即构成行政越权。

第五,行政行为是有强制性的行为。也就是说,行政行为是行政机关以国家的名义、代表国家做出的行为,因此,行政行为一经做出,行政管理相对方必须履行。如果行政管理相对方拒不履行行政机关做出的行政行为,行政机关可依法采取强制执行措施强制其履行,或者依法申请人民法院强制执行。

第六,行政行为是产生行政法律后果的行为。行政机关做出的行政行为都会对行政管理相对方的权利和义务产生一定的影响。就行政行为的内容而言,行政机关做出的行政行为要么是赋予行政管理相对人权益或者科以义务,要么是剥夺权益或者免除义务,要么是确认、变更法律地位和法律事实。

2. 行政法的概念与形式

在我国改革开放,建设社会主义现代化强国过程中,我们一方面要规范和约束行政机关的行政权力和行政行为,保护公民、法人和其他组织的正当权益;另一方面也要规范和约束公民、法人和其他组织的行为,维护公共利益和社会秩序。因此,必须用行政法对以上两方面进行调整和约束。

行政法是国家重要的部门法之一,是调整行政关系的法律规范的总称。具体来说,它是调整国家行政机关在履行其职能的过程中所发生的各种社会关系的法律规范的总称。行政法在我国社会主义法律体系中具有非常重要的地位。在我国,目前尚没有统一、完整的行政法典,行政法律规范都散见于各种法律、法规中。我国行政法的渊源,按照制定主体、效力等级的不同,可以分为以下几种形式。

一是宪法。宪法是国家的根本大法,是所有法律、法规立法的依据。宪法中确认的一系列行政法规范和原则,对所有其他的行政法规范具有统率的作用。例如,关于国家行政机关组织和职权的规范,关于国家行政机关活动基本原则的规范,关于公民基本权利自由和对这些基本权利自由提供保障的规范,等等。

二是基本法律和法律。基本法律是由全国人大制定的,其地位仅次于宪法;法律是由全国人大常委会制定的。有些基本法律和法律可能在整体上具有行政法的性质,有些基本法律和法律可能只有部分法律规范属于行政法规范。

三是行政法规和部门行政规章。行政法规是指国务院为领导和管理国家各项行政工作,根据宪法和法律,按照有关程序制定发布的政治、经济、教育、科技、文化、外事等各类法规的总称。部门规章是指国务院有关部门,依法按照规定程序发布的行政规范性文件的总称。

四是地方性法规、地方行政规章、自治条例和单行条例。地方性法规,是省、自治区、直辖市人大及其常委会,以及省、自治区人民政府所在地的市、经济特区所在地的市、经国务院批准的较大的市的人大及其常委会,在不与法律、行政法规相抵触的前提下,所制定的规范性文件的总称。地方行政规章,是指省、自治区、直辖市,以及省、自治区的人民政府所在地的市、经济特区所在地的市、经国务院批准的较大的市的人民政府,根据法律、法规制定的规范性文件的总称。自治条例和单行条例,是少数民族自治地方的人民代表大会,依照宪法、民族区域自治法和其他法律规定的权限,结合本地区政治、经济和文化的特点所制定的规范性文件。

五是其他规范性文件。其他规范性文件是指地方各级人民政府的职能部门及不享有地方行政规章制定权的地方人民政府制定的具有普通约束力的规范性文件。

3. 行政法的基本原则

行政法的基本原则是行政法的精髓,贯穿于行政立法、行政执法、行政司法和行政法制监督之中,是指导行政法的制定、修改、废除及实施的基础性法则。它贯穿于行政法具体规范之中,同时又高于行政法具体规范,体现行政法基本价值观念。其基本原则具体包括以下三点。

一是行政合法性原则。这个原则又称为依法行政原则或行政法治原则,指的是所有行政法律关系当事人都必须严格遵守并执行法律的规定,一切行政活动都必须以法律为依据,任何行政法律关系主体不得享有法外特权,越权行为是无效行为,违反行政法律规范的行为应承担相应的法律后果,一切行政违法主体必须承担相应的法律责任。

二是行政合理性原则。这个原则指的是行政法律关系当事人的行为,特别是行政机关的行为,不仅要合法而且要合理,也就是行政机关的自由裁量要做到合情、合理、恰当和适度。

三是行政应急性原则。这个原则是指在某些特殊情况下,出于国家安全、社会稳定和公共利益的需要,行政机关可以在限制条件下,采取没有法律依据或者同法律抵触的措施。

(二) 行政处罚与行政复议

1. 行政处罚的种类和原则

行政处罚,是指享有行政处罚权的行政机关或法律、法规授权的组织,对违反行政法律规范的公民、法人或其他组织所实施的一种行政制裁行为。

1996 年 3 月 17 日,第八届全国人大第四次会议通过了《中华人民共和国行政处罚法》。该法系统地规定了行政处罚的种类和设定、行政处罚的实施机关、行政处罚的管辖和适用、行政处罚的程序及法律责任等内容。根据该法,行政处罚有 7 类:警告,罚款,没收违法所得和非法财物,责令停产停业,暂扣或者吊销许可证或执照,行政拘留,法律、行政法规规定的其他行政处罚。

根据行政处罚法的规定,行政处罚的原则包括:行政处罚法定原则,公正、公开原则,处罚与教育相结合原则,保障当事人程序权利原则,一事不再罚原则。

2. 行政复议的范围和程序

行政复议制度是现代民主的法治国家解决行政争议的一项重要的法律制度。行政复议,是指行政机关根据上级行政机关对下级行政机关的监督权,在当事人的申请和参加下，按照行政复议程序对具体行政行为进行合法性和适当性审查，并做出裁决来解决行政侵权决议的活动。1999 年第九届全国人大常委会第九次会议通过的《中华人民共和国行政复议法》，对行政复议范围、行政复议程序等进行了具体明确的规定。行政复议的基本原则有：合法原则；公正原则；公开原则；及时原则；便民原则；坚持有错必纠，保障法律、法规正确实施的原则。

行政复议的范围包括：① 对行政机关做出的警告、罚款、没收违法所得、没收非法财物、责令停产停业、暂扣或者吊销许可证、暂扣或者吊销执照、行政拘留等行政处罚决定不服的；② 对行政机关做出的限制人身自由或者查封、扣押、冻结财产等行政强制措施决定不服的；③ 对行政机关做出的有关许可证、执照、资质证、资格证等证书变更、中止、撤销的决定不服的；④ 对行政机关做出的关于确认土地、矿藏、水流、森林、山岭、草原、荒地、滩涂、海域等自然资源的所有权或者使用权的决定不服的；⑤ 行政相对人认为行政机关侵犯合法经营自主权的；⑥ 行政相对人认为行政机关变更或者废止农业承包合同，侵犯其合法权益的；⑦ 行政相对人认为行政机关违法集资、征收财物、摊派费用或者违法要求履行其他义务的；⑧ 行政相对人认为自己符合法定的条件，申请行政机关颁发许可证、执照、资质证、资格证，或者申请行政机关审批、登记有关事项，行政机关没有依法办理的；⑨ 行政相对人申请行政机关履行保护其人身权利、财产权利、受教育权利的法定职责，而行政机关没有依法履行的；⑩ 行政相对人申请行政机关依法发放抚恤金、社会保险金或者最低生活保障费，而行政机关没有依法发放的；⑪ 行政相对人认为行政机关的其他具体行政行为侵犯其合法权益的。

根据《行政复议法》的规定，下列事项不能提起行政复议：① 不服行政机关做出的行政处分或者其他人事处理决定的；② 不服行政机关对民事纠纷做出的调解或其他处理的；③ 对国防、外交等国家行为不服的，不能申请复议。

根据我国《行政复议法》的规定，行政复议程序分为申请、受理、审理、决定和执行五个阶段。申请行政复议的申请人认为具体行政行为侵犯其合法权益的，可以自知道该具体行政行为之日起60 日内提出行政复议申请；但是，法律规定的申请期限超过60 日的除外。因不可抗力或者其他正当理由耽误法定申请期限，申请期限自障碍消除之日起继续计算。

（三）行政责任和行政赔偿

1. 行政责任

行政责任是指行政法律关系主体由于违反行政法律或不履行行政法律义务依法应承担的行政法律后果。行政违法或不当是行政责任得以形成的前提条件和直接根据。

行政违法或不当主要有以下情况：实施行政行为的主要证据不足或事实不清，缺乏法律法规依据或依据错误，违反法定程序，超越法定权限，滥用职权，不履行法定职责,行为内容显失公正,等等。

行政责任追究必须遵循的原则主要有:责任法定原则,责任与违法程度相一致原则,补救、惩戒和教育相结合的原则,等等。根据有关法律法规的规定,行政主体承担行政责任的方式主要有:通报批评,赔礼道歉,承认错误、恢复名誉,消除影响,返还权益,恢复原状,停止违法行为,履行职务,撤销违法的行政行为,纠正不当的行政行为和行政赔偿,等等。

2. 行政赔偿

行政赔偿是国家行政机关和行政机关工作人员违法行使职权侵害相对人的合法权益造成损害的,受害人有依法取得赔偿的权利,由国家承担赔偿责任的制度。

行政赔偿,是国家赔偿制度的重要组成部分,是行政救济制度的必然要求。1994年5月12日,第八届全国人民代表大会常务委员会第七次会议通过了《国家赔偿法》,使1982年《宪法》第42条"由于国家机关和国家机关工作人员侵犯公民权利而受到损失的人,有依照法律规定取得赔偿的权利"成为现实。

构成行政赔偿必须具备的条件是:行政赔偿的损害必须是行政机关和行政机关工作人员的行为造成的;行政赔偿的损害必须是行政机关或行政机关的工作人员行使职权时造成的;行政赔偿的损害必须是违法行为造成的;损害必须是现实已经产生或者必然产生,是直接的;赔偿是法律规定的一种责任,必须符合法律规定的条件和要求。

根据我国《国家赔偿法》的有关规定,行政赔偿范围可分为侵犯人身权的违法行政行为和侵犯财产权的违法行政行为两大类。《国家赔偿法》第3条规定,行政机关及其工作人员在行使行政职权时侵犯行政相对人人身权的,受害人有取得赔偿的权利。具体地讲,对下列侵犯人身权的违法行政行为,受害人有权请求行政赔偿:限制公民人身自由的违法行政行为,即违法拘留或违法采取限制公民人身自由的行政强制措施;剥夺公民人身自由的非法行政行为,即无权行使剥夺公民人身自由的行政机关,超越职权、滥用职权,采用拘留、禁闭、隔离、关押等方法剥夺公民的人身自由;违法使用武器、警械造成公民身体伤害或者死亡的行政行为;造成公民身体伤害或者死亡的其他违法行为。《国家赔偿法》第4条规定,行政机关及其工作人员在行使行政职权时侵犯行政相对人财产权的,受害人有取得赔偿的权利。具体包括:违法实施罚款、吊销许可证和执照、责令停产停业、没收财物等行政处罚;违法对财产采取查封、扣押、冻结等行政强制措施;违反国家规定征收财物、摊派费用的;造成财产损害的其他违法行为。

根据法律规定,赔偿请求人要求赔偿,应当先向赔偿义务机关提出。赔偿义务机关应当自收到申请之日起两个月内依法给予赔偿;逾期不予赔偿或者赔偿请求人对赔偿数额有异议的,赔偿请求人可以自期间届满之日起30日内向上一级机关申请复议。复议机关应当自收到申请之日起两个月内做出决定。赔偿请求人不服复议决定的,可以在收到复议决定之日起30日内向复议机关所在地的同级人民法院赔偿委员会申请做出赔偿决定；复议机关逾期不做决定的，赔偿请求人可以自期间届满之日起30日内向复议机关所在地的同级人民法院赔偿委员会申请做出赔偿决定。赔偿委员会做出的赔偿决定，是发生法律效力的决定，必须执行。

四、民法知识

（一）民法的概念和基本原则

1. 民法的概念

“民法”一词源于古罗马的市民法。古罗马时期，把调整本国公民（市民）相互之间关系的法律叫“市民法”，把调整本国公民与外国人、外国人与外国人之间关系的法律叫“万民法”。现代各国使用的“民法”一词，都是从古罗马“市民法”转译来的，其含义是调整平等主体的公民之间、法人之间及公民和法人之间的财产关系和人身关系的法律规范的总称。民法与人们日常活动的关系最直接、最密切。人们的人身、财产等权益受民法保护，买卖、租赁等日常活动都要受到民法的调整。我国于1986年公布并施行的《民法通则》，是我国的基本法律之一，它规定了我国民事法律的基本制度。2017年3月15日第十二届全国人大第五次会议表决通过了《中华人民共和国民法总则》，民法总则自2017年10月1日起施行。《民法总则》是民法典的总则编，规定了民事活动的基本原则和一般规定，在民法典中起统领性作用。共分基本规定、自然人、法人、非法人组织、民事权利、民事法律行为、代理、民事责任、诉讼时效、期间计算和附则11章、206条。

2. 民法的基本原则

民法的基本原则是效力贯穿民法始终，体现民法的基本价值，集中反映民事立法的目的和方针，对各项民法制度和民法规范起统率和指导作用的基本原则。我国民法的基本原则主要有以下7条。一是平等原则，是指民事主体的法律地位平等及适用法律的平等和受到法律的平等保护。二是自愿原则，是指民事主体在法律允许的范围内有完全的意志自由，可以根据自己的意愿参加民事活动，做出民事行为，并自主地决定民事法律行为的形式与内容，任何组织和个人都不得非法予以干预、强迫或胁迫。三是公平原则，是指应当以利益均衡作为价值判断标准来调整民事主体之间的物质利益关系，确定其民事权利、民事义务和民事责任。四是诚实信用原则，是指民事主体从事民事活动、行使民事权利或履行民事义务时，应善意无欺，讲求信用，不规避法律和约定。五是守法原则，是指民事活动必须遵守法律，法律没有规定的，应当遵守国家政策。六是公序良俗原则，是指一切民事活动应当遵守公共秩序及善良风俗。七是禁止权利滥用原则,是指民事主体在进行民事活动中必须正确行使民事权利,如果行使权利损害同样受到保护的他人利益和社会公共利益时,即构成权利滥用。

(二) 民事主体与民事法律行为

1. 民事主体

民事主体是指在民事法律关系中独立享有民事权利和承担民事义务的公民(自然人)、法人和其他组织。

自然人是指依自然规律出生而取得主体资格的人。可见,自然人的概念宽于公民,自然人既包括我国公民,也包括外国公民和无国籍人。公民是我国民事法律关系中最重要和最广泛的主体。公民作为民事法律关系的主体是由国家的法律所规定的,而不是“天赋”的。

公民的民事权利能力,是指由法律确认的公民享有民事权利和承担民事义务的资格。公民具有了民事权利能力,也就具有了法律上的人格,即能以独立的民事主体的身份参与民事活动,享有民事权利,承担民事义务。公民的民事权利能力是法律平等赋予民事主体享受权利、承担义务的资格,公民的民事权利是平等的,而且与公民的人身不可分离,不能转让或放弃,他人也不得限制或剥夺。我国《民法通则》第 9 条规定:“公民从出生时起到死亡时止,具有民事权利能力,依法享有民事权利,承担民事义务。”

公民的民事行为能力,是民事主体独立实施民事法律行为的资格。判断公民是否具有民事行为能力主要有两个标准。第一是年龄,这是一般的标准;第二是精神是否正常,这是特殊标准。按照我国《民法通则》的规定:18 周岁以上的公民是成年人,具有完全民事行为能力,可以独立进行民事活动,是完全民事行为能力人;16 周岁以上不满 18 周岁的公民,以自己的劳动收入为主要生活来源的,视为完全民事行为能力人;10 周岁以上的未成年人和不能完全辨认自己行为的精神病人是限制民事行为能力人,可以进行与他的年龄、智力及精神健康状况相适应的民事活动,其他民事活动要由他的法定代理人代理;不满 10 周岁的未成年人是无民事行为能力人,由他的法定代理人代理民事活动。不能完全辨认自己行为的精神病人是限制民事行为能力人,可以进行与他的精神状况相适应的民事活动;其他民事活动由他的法定代理人代理,或者征得他的法定代理人的同意。无民事行为能力人、限制行为能力人的监护人是他的法定代理人。

法人是指具有民事权利能力和民事行为能力,依法独立享有民事权利和承担民事义务的组织。根据我《国民法通》则的规定,法人成立的法律要件有四项:依法成立;有必要的财产或者经费;有自己的名称、组织机构和场所;能够独立承担民事责任。法人的民事权利能力从法人成立时产生,在法人解散、被撤销、被宣告破产或其他原因而终止时消灭。法人的民事行为能力与民事权利能力同时产生,同时终止。

二者的内容也相同。法人的民事行为能力是由法人的法定代表人如公司董事长或总经理来实现的。按法人的功能、设立方法及财产来源的不同,法人分为四类,即企业法人、机关法人、事业单位法人和社会团体法人。

其他组织是指不具有法人资格,但可以以自己的名义进行民事活动的组织。它主要包括合伙、个人独资企业、个体工商户、农村承包经营户等。

2. 民事法律行为

民事主体取得权利和承担义务,必须通过自己的行为,如订立合同,订立遗嘱,设立公司,以及结婚、收养等。民法分别规定了各种行为的成立条件、生效条件和法律后果。只有符合法律条件的行为,才能够发生当事人所希望的法律后果,才属于民事法律行为。我国《民法通则》规定:“民事法律行为是公民或者法人设立、变更、终止民事权利和民事义务的合法行为。”

民事法律行为应当具备下列条件:行为人具有相应的民事行为能力,意思表示真实,不违反法律或者社会公共利益。民事法律行为可以采用书面形式、口头形式或者其他形式来进行意思表示。法律规定用特定形式的,应当依照法律规定。书面形式包括文书、证书、合同书、证明、信件、电报、电传等形式,要求有民事主体的签名盖章,口头形式包括当面交谈和电话对讲及通过录音来完成的。

民事主体不可能亲自进行所有的民事行为,可以通过签订合同等形式委托他人代理。代理是代理人在代理权限内,以本人(被代理人)名义向第三人(相对人)进行意思表示或受领意思表示,而该意思表示直接对本人生效的民事法律行为。被代理人对代理人的代理行为,承担民事责任。以代理权产生原因的不同为标准,代理可分为委托代理、法定代理和指定代理。

(三)民事权利

民事权利是指自然人、法人或其他组织在民事法律关系中享有的具体权益。民事权利所包含的权益,可以分为财产权益和非财产权益。因此,民事权利可以分为财产权和非财产权两大类。我国民法所规定的民事权利,主要有物权、债权、知识产权、继承权、人身权等。

1. 物权

物权是指权利人依法对特定的物享有直接支配和排他的权利,包括所有权、用益物权和担保物权。物权关系在本质上是一定社会的所有制关系及由所有制关系所决定的财产占有、支配关系在法律上的表现。

所有权是最典型、最完全的物权。抵押权、质权、留置权、土地使用权是不完全的物权。它作为一项法律规定的民事权利,是指所有权人对自己的不动产或动产,依法享有占有、使用、收益和处分的权利。

土地使用权属于用益物权,是对标的物使用价值的支配,即对标的物的占有、使用和收益。抵押权、质权、留置权属于担保物权,是对标的物交换价值的支配,即在所担保的债务到期不能清偿时，以变卖标的物的价款抵偿。

2. 债权

《民法通则》第 84 条规定：“债是按照合同的约定或者依照法律的规定，在当事人之间产生的特定的权利和义务关系。享有权利的人是债权人，负有义务的人是债务人。”债权人有权要求债务人履行义务，债务人有义务满足债权人的要求，这种关系就称为债或债权关系。

债作为一种民事法律关系，它的发生、变更、消灭必须基于一定的法律事实。因此，凡能引起债的发生的法律事实，就是债的发生根据。根据我国的现行立法，依据债发生的依据不同主要有以下几类债。一是合同所生之债。合同之债是民事法律关系中最常见、最重要的一种债，其基本特点在于它是在双方当事人的意思自由的原则下设立的，因此在法律上往往称为任意之债。当然所谓任意是相对于其他法定债而言的，合同之债双方当事人协商基础上的意思自由也必须是在合法的前提下进行的，否则，即使是双方当事人的合意，也不构成民法中的合同之债。二是侵权行为所生之债。侵权行为是指侵害他人财产或人身权的不法行为。根据法律规定，因侵权行为而受到损害的一方，即受害人，有权请求侵害人赔偿损失，而致害人则有义务负责赔偿。侵害人和受害人之间的这种关系就是债的关系，这种因侵权行为而发生的债叫作侵权行为之债，也称为损害赔偿之债。三是不当得利所生之债。不当得利，是指没有合法根据地获得利益而使他人财产受到损失的情形。我国《民法通则》规定，没有合法根据，取得不当利益，造成他人损失的，应当将取得的不当利益返还受损失的人，从而形成受益人与受害人因返还而产生的债权债务关系。不当得利之债的确立，旨在使社会经济生活中不合理、不正常的关系得到纠正，从而有效地保障民事主体的合法权益不受损害。四是无因管理所生之债。无因管理，是指没有法定或约定的义务，主动为他人管理事务或者进行某种服务。为他人管理事务或服务者称管理人，被管理事务或被服务的人称受益人或本人。我国《民法通则》规定，没有法定或者约定的义务，为避免他人利益受损失进行管理或者服务的，有权要求受益人偿付由此而支出的必要费用。在无因管理发生后，管理人和受益人之间产生债的法律关系，管理人是债权人，受益人是债务人，他负有向管理人偿还该项管理费用的义务。债可以因履行、双方协议、当事人的死亡和抵销等法律事实而消灭。

3. 知识产权

知识产权是指创造性智力成果的完成人或工商业标志的所有人依法享有的权利的总称。它主要包括著作权、专利权、商标权、商业秘密权、植物新品种权、集成电路布图设计权等。

著作权也称版权，是指公民、法人或非法人单位创作了某种作品，可以依法享有署名、发表、出版、获得报酬等权利。著作权的内容包括人身权和财产权。著作权中的人身权包括署名权、发表权、修改权、保护作品完整权等。作者有权决定自己的作品是否出版、发行、改编、表演、录音、展览或用其他方式传播。著作权中的财产权包括使用权、出租权和获得报酬权。作者有权使用或允许他人使用自己的作品,有权从使用该作品的人或单位处获得相应的报酬。公民的作品,其发表权、使用权和获得报酬权的保护期为作者终生及其死后50年,合作作品的保护期截止于最后死亡的作者死亡后50年,职务作品为首次发表或创作完成后50年。依法禁止出版、传播的作品,不受著作权法的保护。

专利权是指专利人对取得专利的发明享有专有利用的权利。根据专利法的规定,受保护的发明创造包括发明、实用新型和外观设计三种。对违反国家法律、社会公德或妨害公共利益的发明创造,不授予专利权。专利权人在专利有限期内,享有为生产经营目的专有制造、使用和销售其专利产品或专有使用其专利方法的权利。其他单位或个人未经许可,不得实施该项专利。专利权人有权许可或转让他人使用其专利权,并收取专利使用费。专利权人有权在其专利产品或该产品的包装上注明专利标记和专利号。为避免专利权人长期垄断专利,专利法规定发明专利期限为20年,实用新型和外观设计专利权的保护期限为10年,均自申请日起计算。

商标权是指商标注册人在注册商标的有效期内,可以独占地在自己商品上使用这种商标的权利。商标权在鼓励优质产品、名牌产品,促进企业间的生产竞争方面,有积极的作用。根据我国法律的有关规定,商标权主要包括:商标专用权,即商标权人有禁止他人使用或假冒其注册商标的权利;转让商标权,即商标权人可依法按一定方式将商标权转让给第三人;许可使用权,即通过签订商标使用许可合同而许可他人使用的权利。商标权是具有时间性的权利,商标法规定注册商标有效期为10年,自核准注册之日起算,期满需要继续使用的,应在期满前6个月内申请续展注册。每次续展的有效期为10年。

4. 继承权

继承权是指自然人依法享有的取得或承受被继承人遗产的权利。公民的财产继承权是个人财产所有权的延伸。我国《宪法》第13条规定:"国家依照法律规定保护公民的私有财产的继承权。"我国继承法规定,继承从被继承人死亡时开始。根据继承权产生方式的不同,继承权主要有法定继承权和遗嘱继承权。

法定继承是指直接按照法律规定的继承人的范围、继承顺序、遗产分配原则将遗产转归继承人的一种继承方式,又称无遗嘱继承。配偶、子女、父母是第一顺序继承人,丧偶的儿媳对公、婆,丧偶的女婿对岳父、岳母,尽了主要赡养义务的,也可作为第一顺序继承人;兄弟、姐妹、祖父母、外祖父母是第二顺序继承人。继承开始后,先由第一顺序继承人继承,第二顺序继承人不能继承。没有第一顺序继承人继承的,由第二顺序继承人继承。同一顺序继承人不分男女都享有平等的继承权。被继承人的子女先于被继承人死亡,由被继承人子女的晚辈直系血亲代位继承被代位人所应得的份额。代位继承只适用于法定继承。

遗嘱继承是公民死亡后,按其生前所立合法遗嘱的内容继承其遗产的继承方式。遗嘱继承优先于法定继承。继承法规定公民立遗嘱的形式有五种:公证遗嘱、自书遗嘱、代书遗嘱、录音遗嘱、口头遗嘱。继承开始后,只要继承人表示接受继承,就意味着继承人全面继承了被继承人的权利和义务,应负责清偿被继承人生前所欠的税款和债务。清偿的原则以遗产的实际价值为限。超过遗产实际价值部分,继承人可以不承担偿还的责任,但继承人自愿偿还的,不在此限。

5. 人身权

人身权是民事主体基于其人格或身份而依法享有的,以其人格利益或身份利益为客体的民事权利。人身权是与财产权同时并存的民事主体所享有的民事权利。人身权包括人格权和身份权。人格权是在法律上享有民事主体资格所应具备的权利,又包括生命权、健康权、姓名权、肖像权、隐私权、婚姻自主权等具体权利。身份权是民事主体基于某种特定身份享有的民事权利。身份权主要包括配偶权、亲权等。

(四) 民事责任及诉讼时效

1. 民事责任

民事责任,是指民事主体因违反民事义务,侵犯他人合法权益,依照民法所应承担的民事法律后果。我国《民法通则》规定,民事主体违反合同或者不履行其他义务的,应当承担民事责任;由于过错侵害国家、集体的财产,侵害他人财产、人身的,应当承担民事责任;没有过错,但法律规定应当承担民事责任的,应当承担民事责任。

我国《民法通则》以民事责任发生的原因为标准,将其分为违反合同的民事责任和侵权的民事责任两类。违反合同的民事责任又称违约民事责任。违约民事责任的构成要件有:有违约行为,违约造成了损失,违约行为与损害事实之间存在因果关系,存在过错。在违约责任的诸形式中,只有赔偿损失责任的构成必须同时具备以上几个条件,其他责任的构成依其他法律的具体规定来认定。侵权民事行为主要包括:侵犯财产所有权的行为,侵犯公民生命健康权的行为,侵犯公民人身权的行为,侵犯知识产权的行为,等等。侵权民事责任分为一般侵权民事责任和特殊侵权民事责任。一般侵权民事责任的构成要件有:客观上存在损害事实,行为具有违法性,违法行为和损害事实之间存在因果关系,行为人主观上有过错。特殊侵权民事责任与一般侵权责任的构成要件区别在于,它不要求行为人主观上有过错。

根据《民法通则》的规定,承担民事责任的方式主要有:停止侵害,排除妨碍,消除危险,返还财产,恢复原状,修理、重作、更换,赔偿损失,支付违约金,消除影响、恢复名誉,赔礼道歉,等等。

2. 民事诉讼时效

为了督促权利人及时行使民事权利,我国《民法通则》规定了诉讼时效制度。诉讼时效,是指民事权利受到侵害的权利人在法定的时效期内不行使权利,当时效期间届满时,即丧失了请求人民法院依诉讼程序强制义务人履行义务之权利的制度。诉讼时效分为普通诉讼时效和特殊诉讼时效两类。

普通诉讼时效适用于一般民事法律关系,分为两类:一般诉讼时效期间为2年,短期诉讼时效期间为1年。我国《民法通则》规定以下四种性质的案件,其诉讼时效期间为1年：因身体受到伤害要求赔偿的,出售质量不合格的商品未声明的,延付或拒付资金的,寄存财物被丢失或毁损的。

特殊诉讼时效是指由特别法规定的诉讼时效,如我国《合同法》规定,因国际货物买卖合同和技术进出口合同提起诉讼或者申请仲裁的期限为4年。诉讼时效期间从权利人知道或者应当知道权利被侵害时起计算。在诉讼时效期间内,由于发生当事人一方提出履行要求或另一方同意履行义务或一方提起诉讼,诉讼时效中断,诉讼时效期间重新起算。但是,从权利被侵害之日起超过20年的,法律不予保护。

(五)婚姻法律制度

我国婚姻法,是调整婚姻、家庭关系的法律规范的总和。根据我国《婚姻法》的规定,调整我国婚姻家庭关系的基本原则是：婚姻自由,一夫一妻,男女平等,保护妇女、儿童、老人的合法权益,计划生育。

1. 婚姻关系

按照我国《婚姻法》的规定,结婚必须男女双方完全自愿;男女都要达到法定年龄,男子结婚不得早于22周岁,女子不得早于20周岁;符合一夫一妻制,避免发生重婚。直系血亲和三代以内的旁系血亲,或患有医学上认为不应当结婚的疾病的人,禁止结婚。我国婚姻法中的结婚概念,不包括订立婚约(订婚)和举行结婚仪式等环节,这些做法应视为同法律无关的私人事情。

我国《婚姻法》规定,要求结婚的男女双方必须亲自到婚姻登记机关进行结婚登记。符合结婚条件的,应当即时予以登记,发给结婚证。取得结婚证,即确立夫妻关系。办理结婚登记的机关,在城市是街道办事处或市辖区、不设区的市人民政府的民政部门,在农村是乡、民族乡、镇的人民政府。有下列情形之一的婚姻无效：重婚的;有禁止结婚的亲属关系的;婚前患有医学上认为不应当结婚的疾病,婚后尚未治愈的;未到法定年龄的。

2. 家庭关系

家庭是社会的细胞。家庭成员之间应当敬老爱幼,维护平等、和睦、文明的婚姻家庭关系。家庭关系中除了最基本的夫妻关系外,还有父母子女关系、兄弟姐妹关系和祖孙关系等。

我国《婚姻法》规定,夫妻双方都可以保持自己姓名的独立,不因结婚而改变。双方所生子女可以随父姓,也可以随母姓。夫妻双方都有参加生产、工作、学习和社会活动的自由,一方不得对他方加以限制或干涉。夫妻有实行计划生育的义务。夫妻应当相互忠实、互相尊重。夫妻对夫妻共同财产,享有平等的处理权。夫妻有相互抚养的义务,有相互继承财产的权利。

我国《婚姻法》规定,父母对子女有抚养教育的义务,子女对父母有赡养扶助的义务。在未成年子女对国家、集体或他人造成损害时,父母有承担民事赔偿责任的义务。父母和子女有相互继承财产的权利。非婚生子女享有与婚生子女同等的权利,任何人不得加以危害和歧视。继父母与子女、养父母与子女之间的权利、义务,适用婚姻法对父母子女关系的有关规定。

我国《婚姻法》规定,有负担能力的祖父母、外祖父母,对父母已经死亡或父母无力抚养的未成年的孙子女、外孙子女,有抚养义务。有负担能力的孙子女、外孙子女,对子女已经死亡或子女无力赡养的祖父母、外祖父母,有赡养义务。

我国《婚姻法》规定,有负担能力的兄、姐,对于父母已经死亡或父母无力抚养的未成年的弟、妹,有抚养义务。由兄、姐抚养长大的有负担能力的弟、妹,对于缺乏劳动能力又缺乏生活来源的兄、姐,有抚养义务。

3. 离婚

离婚是夫妻双方依法定程序解除夫妻关系的法律行为。正确处理离婚问题的原则是:保障离婚自由,反对轻率离婚,保护婚姻关系中的无过错方、女方及子女的利益。夫妻双方自愿离婚属于协议离婚,适用行政程序办理。男女一方要求离婚的,可由有关部门进行调节或直接向人民法院提出诉讼。人民法院审理离婚案件,应当进行调解,如感情确已破裂,调解无效,应准予离婚。若一方被宣告失踪,另一方提出离婚诉讼的,应准予离婚。现役军人的配偶要求离婚,须征得军人同意,但军人一方有重大过错的除外。女方在怀孕期间、分娩后1年内或终止妊娠后6个月内,男方不得提出离婚。女方提出离婚的,或人民法院认为确有必要受理男方离婚请求的,不在此限。

离婚只解除夫妻关系,父母与子女间的关系不因父母离婚而消除。离婚后,父母对于子女仍有抚养教育的权利和义务。离婚后,不直接抚养子女的父或母,有探视子女的权利,另一方有协助的义务。离婚时,夫妻共同财产由双方协议处理,协议不成时,由人民法院根据财产的具体情况,按照顾女方和子女权益的原则判决。原为夫妻共同生活所欠的债务,以共同财产偿还。如果共同财产不足清偿的,或财产归各自所有的,由双方协议清偿;协议不成时,由人民法院判决。

五、刑法知识

(一) 刑法的概念和任务

1. 刑法的概念

刑法是统治阶级为了维护其阶级利益和统治秩序,根据自己的意志,以国家名义颁布的,规定犯罪、刑事责任和刑罚的法律规范的总称。简言之,刑法就是规定犯罪和刑罚的法律。刑法有狭义和广义之分。狭义的刑法是指规定犯罪和刑罚的一般原则,以及具体犯罪与刑罚的法律规范的刑法典;广义的刑法是指刑法典和单行刑事法律,以及非刑法规范性文件中的刑事规范。我国刑法是国家的基本法律之一。

2. 刑法的任务

《中华人民共和国刑法》明确规定,我国刑法的任务是用刑罚同一切犯罪行为作斗争,以保卫国家安全,保卫人民民主专政制度和社会主义制度,保护国有财产和劳动群众集体所有财产,保护公民私人所有的财产,保护公民的人身权利、民主权利和其他权利,维护社会秩序、经济秩序,保障社会主义建设事业的顺利进行。

(二)刑法的基本原则和效力范围

1. 刑法的基本原则

我国刑法明文规定了三个基本原则。一是罪刑法定原则。即法无明文规定不为罪,法无明文规定不处罚。什么行为构成犯罪、构成什么罪及处何种刑罚,均须由法律明文规定。对于刑法没有明文规定为犯罪的行为,不得定罪处刑。二是罪刑相当原则。是指犯罪社会危害程度及应负刑事责任的大小,是决定刑罚轻重的主要依据,重罪重罚,轻罪轻罚,无罪不罚,罪刑相当,罚当其罪。三是适用刑法一律平等原则。是指对任何人犯罪,不论其社会地位、民族、种族、性别、职业、宗教信仰、财产状况如何,在定罪量刑上应当一视同仁,在适用刑法上一律平等,任何人都不得有任何超越法律的特权。

2. 刑法的效力范围

刑法的效力范围,即刑法的适用范围,指的是刑法在什么时间、什么地域、对什么人具有效力。我国刑法关于刑法效力的范围做出了明文规定。

我国《刑法》规定,凡在我国领域内犯罪的,犯罪的行为或者结果有一项发生在我国领域内的,除法律有特别规定的以外,都适用我国刑法;凡在我国船舶或航空器内犯罪的,适用我国刑法;在我国驻外大使馆、领事馆内犯罪的,也适用我国刑法。

我国《刑法》规定,我国公民在我国领域内犯罪的,一律适用我国刑法。我国公民在我国领域外触犯我国刑法规定之罪的,也适用我国刑法,但是按刑法规定的最高刑罚为3年以下有期徒刑的,可以不予追究。如果是我国国家工作人员和军人在我国领域之外触犯我国刑法规定之罪的,则不论其所犯之罪按我国刑法规定的最高刑罚是否为3年以下有期徒刑,都适用我国刑法。

按我国《刑法》规定,具有外国国籍和无国籍的外国人在我国领域内犯罪,除法律有特别规定的以外,都适用我国刑法。享有外交特权和豁免权的外国人的刑事责任,通过外交途径解决。外国人在我国领域外对我国国家或者公民犯罪,而按我国刑法规定的最低刑罚为3年以上有期徒刑的,可以适用我国刑法,但是按照犯罪地的法律不受处罚的除外。

刑法的生效时间一般有两种方式：一是从刑法公布之日起生效，二是刑法公布后经过法律规定的一段时间再生效。刑法的失效时间一般也有两种方式：一是国家立法机关明确宣布某些法律失效；二是自然失效，即由于新法施行后代替了同类内容的旧法，或者由于原来特殊的立法条件已经消失，旧法也就自行失效。

在刑法的溯及力上，我国《刑法》规定，中华人民共和国成立以后新刑法实施以前的行为，如果当时的法律不认为是犯罪的，适用当时的法律；如果当时的法律认为是犯罪的，依照新刑法应当追诉的，按照当时的法律追究刑事责任，但如果新刑法不认为是犯罪或处刑较轻的，适用新刑法。在新刑法实施以前，依照当时的法律已经做出的生效判决，继续有效。

（三）犯罪

1. 犯罪的概念和特征

犯罪是指严重危害社会，触犯刑法并应当受刑罚处罚的行为。我国《刑法》规定："一切危害国家主权、领土完整和安全，分裂国家、颠覆人民民主专政的政权和推翻社会主义制度，破坏社会秩序和经济秩序，侵犯公民的人身权利、民主权利和其他权利，以及其他危害社会的行为，依照法律应当受刑罚处罚的，都是犯罪，但是情节显著轻微危害不大的，不认为是犯罪。"

2. 犯罪构成

犯罪构成是指按照我国刑法的规定，决定某一具体行为的社会危害性及其程度，而为该行为构成犯罪所必需的一切主观要件和客观要件的总和。犯罪构成包括：犯罪主体、犯罪主观方面、犯罪客体和犯罪客观方面。

犯罪主体，指实施了危害社会的行为、依法应当承担刑事责任的自然人和单位。根据我国《刑法》的规定，犯罪主体对自己实施的刑法所禁止的危害行为应负刑事责任必须达到一定的年龄，即达到刑事责任年龄。已满 16 周岁的人犯罪，应当负刑事责任；已满 14 周岁不满 16 周岁的人，除了犯故意杀人、故意伤害致人重伤或者死亡、强奸、抢劫、贩卖毒品、放火、爆炸、投毒的犯罪外，不负刑事责任；不满 14 周岁的人，为完全不负刑事责任的人，其所实施的任何行为，都不构成犯罪。

犯罪主观方面，指犯罪主体对自己实施的危害行为及其危害社会的结果所持有的心理态度，它包括犯罪故意和犯罪过失等。此外，还有犯罪目的与动机。任何犯罪的成立都要求行为人主观上具有故意或者过失，这是犯罪构成的必要条件。

犯罪客体，是指我国刑法所保护的而为犯罪行为所危害的社会关系。某种行为如果没有或者不可能侵害任何一种刑法所保护的社会关系，就不可能构成犯罪。侵犯刑法所保护的社会关系，包括实际侵害的事实，也包括有侵害的危险。

犯罪客观方面，是指刑法规定的构成犯罪在客观上需要具备的诸种要件的总称，具体表现为危害行为、危害结果，以及犯罪的方法、犯罪的时间、犯罪的地点等。

3. 排除犯罪的事由

排除犯罪的事由是指虽然行为人的行为在客观上造成一定的损害结果,表面上符合某种犯罪的客观要件,但实际上没有犯罪的社会危害性,不符合犯罪构成,依法不构成犯罪的事由。我国刑法明文规定了两种排除犯罪的事由,即正当防卫和紧急避险。我国《刑法》第 17 条第 1 款规定:“为了使公共利益、本人或者他人的人身和其他权利免受正在进行的不法侵害,而采取的正当防卫行为,不负刑事责任。”正当防卫作为公民的一项合法的权利也是有条件的。这些条件是:第一,只有合法权益受到不法侵害时才能实施正当防卫;第二,正当防卫必须是在非法行为正在进行时才能实施;第三,必须是在被害人来不及诉诸法律的时候;第四,防卫必须是对加害人本人,而不能施于第三人;第五,防卫不能超过必要限度。我国《刑法》第 18 条第 1 款规定:“为了使公共利益、本人或他人的人身和其他权利免受正在发生的危险,不得已采取的紧急避险行为,不负刑事责任。”紧急避险的条件主要是:第一,必须是合法权益受到危险的威胁时,才能实施紧急避险;第二,危险必须是正在发生中的;第三,紧急避险必须是在没有其他方法排除危险即“不得已”时,或者说是唯一办法时,才能实施;第四,由于紧急避险是牺牲合法利益,因此,所造成的损害必须是轻于或小于所保护的利益,二者不能相等,不能因小失大;第五,刑法中关于避免本人危险的规定,不适用于职务上或业务上负有特定责任的人,否则这些人要承担渎职罪。

4. 故意犯罪形态

故意犯罪形态是指故意的犯罪在其发展过程中的不同阶段,由于主客观原因而停止下来的各种犯罪形态,即犯罪预备、犯罪未遂、犯罪中止和犯罪既遂。我国《刑法》规定,为了犯罪,准备工具、制造条件的,是犯罪预备。我国《刑法》规定,对于预备犯罪,可比照既遂从轻、减轻处罚或者免除处罚。但究竟如何处罚,要看所预期实施的是什么性质的犯罪,还要看犯罪预备到什么程度。已经着手实行犯罪,由于犯罪分子意志以外的原因而未得逞的,是犯罪未遂。法律规定,犯罪未遂可比照既遂从轻或者减轻处罚。在犯罪过程中,自动中止犯罪或者自动有效地防止犯罪结果发生的,是犯罪中止。不是任何犯罪活动的停止都是犯罪中止。犯罪中止必须具备以下条件:① 犯罪中止是在犯罪既遂之前的中止;② 犯罪中止的最大特点是出于犯罪本人的念头,即自动地停止犯罪,而不是被迫暂时中止;③ 犯罪中止要能有效地防止预期的危害结果的发生。我国法律规定,对于中止犯罪,没有造成损害的,应当免除处罚;造成损害的,应当减轻处罚。犯罪既遂是指行为人故意实施的行为已经具备了某种犯罪构成的全部要件。

5. 共同犯罪

共同犯罪是指二人以上共同故意犯罪。根据共同犯罪的结合形式,共同犯罪可分为一般的共同犯罪和犯罪集团。我国刑法根据共同犯罪人的作用并适当考虑分工的情况,将共同犯罪人分为主犯、从犯、胁从犯与教唆犯,并规定了不同的刑事责任原则。主犯,指组织、领导犯罪集团进行犯罪活动的人,或在共同犯罪中起主要作用

(包括罪大恶极)的分子。主犯可以是一人,也可以是多人。主犯危险性最大,所以法律规定了从重处罚的原则。从犯,指在共同犯罪中起次要作用或者辅助作用的人。对于从犯,应比主犯从轻处罚、减轻处罚或免除处罚。胁从犯,指被胁迫、被诱骗参加犯罪的分子。对于胁从犯,应当按其犯罪情节减轻处罚或者免除处罚。教唆犯,指用胁迫、欺骗、怂恿、引诱、授意、劝说等多种手段,故意引导他人去犯罪的人。对于教唆犯,应当按照他在共同犯罪中所起的作用处罚。教唆不满18周岁的人犯罪的,要从重处罚。如果被教唆的人没有犯被教唆的罪,对于教唆犯,可以从轻或者减轻处罚。

6. 单位犯罪

单位犯罪是公司、企业、事业单位、机关、团体等法定单位,经单位集体研究决定或由有关负责人员代表单位决定,为本单位谋取利益而故意实施的,或不履行单位法律义务、过失实施的危害社会,而由法律规定为应负刑事责任的行为。单位犯罪的主体是公司、企业、事业单位、机关和团体;单位犯罪构成中单位所实施的犯罪行为必须是我国法律明文禁止单位实施的那些危害社会的行为;单位犯罪,目的是为该单位谋取利益,并且单位犯罪行为的实施必须与单位的工作或业务相联系。我国《刑法》规定,单位犯罪的,一般实行双罚制。对单位判处罚金,并对其直接负责的主管人员和其他直接责任人员判处刑罚。但是,如果刑法分则和其他法律规定的只处罚直接责任人员的,则依照规定实行单罚。

7. 十类犯罪

我国《刑法》规定了下列十大类犯罪。第一,危害国家安全罪,是指故意危害中华人民共和国的主权、领土完整和安全,分裂国家,颠覆国家政权,推翻社会主义制度,危及国家安全的行为。第二,危害公共安全罪,是指故意或者过失地实施危害不特定多数人的生命、健康或者重大公私财产安全的行为。第三,破坏社会主义市场经济秩序罪,是指违反国家经济管理法律法规,干扰国家对市场经济的管理活动,破坏社会主义市场经济秩序,使国民经济受到严重损害的行为。第四,侵犯公民人身权利、民主权利罪,是指故意或者过失地侵犯他人人身权利和其他与人身权利直接有关的权利,以及非法剥夺或者妨害公民自由行使依法享有的管理国家事务和参加社会政治活动等各项权利的行为。第五,侵犯财产罪,是指以非法占有为目的,攫取公私财物,或者故意毁坏公私财物,以及故意破坏生产经营的行为。第六,妨害社会管理秩序罪,是指妨害国家机关的正常管理活动或者司法机关的职能活动,破坏社会秩序的行为。第七,危害国防利益罪,是指危害作战和军事行动,危害国防建设,危害国防管理秩序,拒绝或者逃避履行国防义务的犯罪行为。第八,贪污贿赂罪,是指国家工作人员利用职务上的便利,贪污公共财物、挪用公款、索贿、受贿及其他贪利性的职务犯罪行为和相关的行贿、介绍贿赂等犯罪,以及由国家机关、国有公司、企业、事业单位、人民团体实施贿赂及相关的犯罪行为。第九,渎职罪,是指国家机关工作人员滥用职权,玩忽职守,或者利用职权徇私舞弊,妨害国家机关正常的职能活动致使国家和人民利益遭受重大损失的行为。第十,军人违反职责罪,是指现役军人、执行军事任务的预备役人员和其他人员违反职责,危害国家军事利益,依照法律应当受刑罚处罚的行为。

(四)刑罚

刑罚是由刑法规定的由国家审判机关依法对犯罪分子所适用的限制或者剥夺其某种权益的最严厉的法律制裁方法。我国的刑罚是通过惩罚和教育相结合的方法,改造罪犯、教育罪犯,最终达到预防犯罪的目的,包括特殊预防和一般预防。

1. 刑罚的体系

我国刑法所规定的刑罚体系由主刑和附加刑两部分组成。其中,主刑是指对犯罪分子独立适用的主要刑罚方法,包括管制、拘役、有期徒刑、无期徒刑与死刑。

管制是指由人民法院依法判决,对犯罪分子不予关押,但限制其一定自由,由公安机关予以执行和人民群众监督改造的刑罚方法。管制是最轻的主刑,其期限为3个月以上2年以下,数罪并罚时最高不能超过3年。拘役是指短期剥夺犯罪分子的人身自由,由公安机关就近执行,并对受刑人进行劳动改造的刑罚方法。拘役的期限为1个月以上6个月以下,数罪并罚时最高不能超过1年。有期徒刑是指剥夺犯罪分子一定期限的人身自由,实行强制劳动改造的刑罚方法。有期徒刑的刑期为6个月以上15年以下,数罪并罚时最高不能超过20年。无期徒刑是指剥夺犯罪分子终身自由,并强制进行劳动改造的刑罚方法。死刑是指剥夺犯罪分子生命的刑罚方法,是一种最严厉的刑罚。我国刑事立法的一个独创是死缓制度,它与死刑立即执行共同构成死刑这一刑罚方法,而不是轻于死刑的一个独立刑种。

附加刑是指既能独立适用,又能附加适用的刑罚。它既可以作为主刑的附加刑,也可以独立适用。我国刑法规定的附加刑有罚金、剥夺政治权利、没收财产及适用于犯罪的外国人的驱逐出境。罚金是由人民法院判处犯罪分子或犯罪单位向国家缴纳一定数额货币的刑罚方法。剥夺政治权利是指剥夺犯罪分子参加国家管理与政治活动权利的刑罚方法。剥夺政治权利,是指剥夺以下政治权利:选举权和被选举权;言论、出版、集会、结社、游行、示威自由的权利;担任国家机关职务的权利;担任国有公司、企业、事业单位和人民团体领导职务的权利。没收财产是指没收犯罪分子个人所有财产的一部分或全部的刑罚方法。在没收财产的时候,不得没收属于犯罪分子家属所有或应有的财产。没收全部财产的,应当对犯罪分子个人及其抚养的家属保留必要的生活费用。驱逐出境是指强迫犯罪的外国人离开中国国境的刑罚方法。

2. 刑罚的裁量

刑罚的裁量即量刑,在我国,量刑是指人民法院依据刑法在认定行为人构成犯罪的基础上,确定对犯罪人是否判处刑罚、判处何种刑罚及判处多重的刑罚,并决定所判刑罚是否立即执行的刑事司法活动。对犯罪分子决定刑罚,应当根据犯罪事实、性质、情节和对社会的危害程度,依照刑法的有关规定予以判处。具体的量刑制度包括累犯、自首和立功、数罪并罚、缓刑等。

累犯是指因犯罪而受过一定的刑罚处罚，在刑罚执行完毕或者赦免以后，在法定期限内又犯一定之罪的情况。对于累犯，应当从重处罚，但过失犯罪除外。自首是指犯罪分子犯罪以后自动投案，如实供述自己的罪行的行为，或者被采取强制措施的犯罪嫌疑人、被告人和正在服刑的罪犯，如实供述司法机关还未掌握的本人其他罪行的行为。对于自首的犯罪分子，可以从轻或者减轻处罚；其中，犯罪较轻的，可以免除处罚。立功是指犯罪分子揭发他人犯罪行为，查证属实，或者提供重要线索，从而得以侦破其他案件等行为，分为一般立功和重大立功。犯罪人有立功表现的，可以从轻或减轻处罚；有重大立功表现的，可以减轻或免除处罚；犯罪后自首又有重大立功表现的，应当减轻或免除处罚。数罪并罚，是指人民法院对一人犯数罪分别定罪量刑，并根据法定原则与方法，决定应当执行的刑罚。缓刑是指人民法院对判处拘役、3年以下有期徒刑的犯罪分子，根据其犯罪情节及悔罪表现，认为暂缓执行原判刑罚，确实不致再危害社会的，规定一定的考验期，暂缓其刑罚的执行；在考验期内，如果符合法定条件，原判刑罚就不再执行的一项制度。

经济学

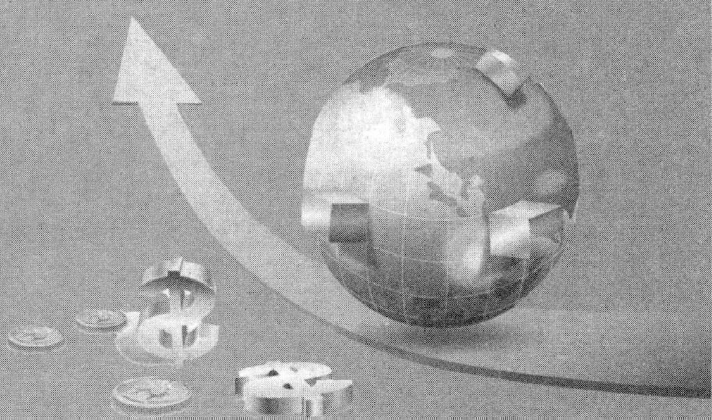

一、经济学概述

(一) 经济学的基本问题

1. 资源的稀缺性

经济学,英文是 economics,国内有人翻译为“西方经济学”,严格地讲,这种翻译是不恰当的。经济学是人类的共同财富,不存在什么“东方的”或“西方的”经济学之分。所以会翻译成“西方经济学”是有历史背景的。改革开放前,我国实行计划经济,相应地在高等院校的课程设置中没有这门课程。改革开放后,“经济学”被重新引进中国,为了与传统开设的马克思主义政治经济学相区别,有人就将 economics 翻译成“西方经济学”,并且一直沿用至今。

什么是经济学呢?经济学的定义很多,即使是经典的经济学著作也表述不同。我们参考各家之言,将其定义为:经济学是研究如何配置和利用稀缺资源以创造财富和增进福利的一门社会科学。

首先,什么是资源?资源是用于生产或消费的有用物品,如钢材、水泥、服装、食品等,这些有用的物品都是资源。资源可以分为自由资源(又叫自由物品)和经济资源(又叫经济物品)。自由资源是能够无限供给且无须支付代价的有用物品。如空气就是自由资源,离开空气,机器不能发动,炉火无法燃烧,人类也无法生存。经济资源是需要通过交换或支付代价才能获得的物品,它不但是有用的而且是稀缺的。人们在生产和生活中使用的大多数资源均是经济资源。

经济资源根据用途又可分为生活资源和生产资源。粮食、服装、电视机等就是生活资源,钢材、水泥、机器设备等就是生产资源。有些物品既可能是生产资源也可能是生活资源,要看它的用途。如电力,用于机器发动则是生产资源,用于居家照明则是生活资源。生产资源又称为生产要素。所谓生产要素,是指社会生产活动得以进行所必须具备并协同发挥作用的主要条件和因素。生产要素是多种多样的,但可以归纳为几种类型。随着社会经济的发展,西方主流经济学中关于生产要素的理论经历了二要素论(土地、劳动)→三要素论(土地、劳动、资本)→四要素论(土地、劳动、资本、企业家才能)→五要素论(土地、劳动、资本、企业家才能、知识)。现在,五要素论已经被普遍接受。它们是:

(1) 劳动。指劳动能力,包括脑力和体力。

(2) 土地。这里讲的“土地”是广义的概念,泛指一切用于生产的自然资源,包括土地、矿藏、森林、水域等。

(3) 资本品。也就是人们常说的“资本”,英文是 capital,但是要注意的是,这里讲的“资本”不是指金融资本。人们在股票市场用 100 万美元买卖股票是不是资本呢? 当然是资本,但那是金融资本,不是这里讲的“资本”。这里讲的“资本”是生产要素。如果用 100 万美元购买为钢材、水泥、机器设备等生产资料,方称为这里的“资本”,所以叫资本品,如厂房、机器、原材料等。

(4) 企业家才能。主要指企业家经营企业的组织能力、管理能力与创新能力。

(5) 知识。包括科学与技术,简称科技。知识作为生产要素,是指知识劳动者的科技能力。

那么,什么是资源的稀缺性呢? 资源的稀缺性是经济资源的基本特性。所谓资源的稀缺性,不是指这种经济资源是不可再生的或可以耗尽的,也与这种资源的绝对量的大小无关,而是指相对于人类需要的多样性和无限性来说经济资源是稀缺的。

有些经济资源是不可再生或可以耗尽的,如石油、煤炭等,这当然是资源稀缺性的一种表现,但不能反过来说,资源的稀缺性就是某些资源的不可再生或可以耗尽的性质;在经济衰退时期,有些资源供给过剩,这也不能说这项资源是不稀缺的,因为资源稀缺性不是从这个意义上讲的,而是相对于人类需要的多样性和无限性来说的。由于人类需要是多样性的,一项资源用于某一用途就不能再用于其他用途;由于人类需要是无限性的,一项资源满足了旧的需要就不能再去满足新的需要。因此,资源是稀缺的。

2. 机会成本和生产可能性曲线

正是资源是稀缺的,为了最合理或最合算地配置和利用资源,就需要“选择”。在资源选择中需要运用两个基本的分析工具: 机会成本和生产可能性曲线。

(1) 机会成本。所谓机会成本,是指一项资源用于某一项目就必须放弃的其他最优项目的可能受益。假如某人有能力经营甲、乙、丙三个项目,他有 100 万美元资本(可以购买劳动力和生产资料)打算投资甲项目,这样就必须放弃乙、丙项目,而乙、丙项目的预期年收益率分别是 10% 和 15%,他必须放弃的其他最优项目是丙项目,被放弃的丙项目的预期收益即 15 万美元就构成他打算投资甲项目的成本,这就是甲项目的机会成本。也就是说,他投资甲项目所得到的收益必须大于或等于 15 万美元,否则他就是亏本的。再假如某人有 100 万美元购买股票,一年后他赚了 6 万美元,他的资金账户增加到 106 万美元,他很高兴。然而,同期银行的储蓄存款利率是 10%。如果当初他将 100 万美元存入银行,一年后可以得到 10 万美元利息收入,这个被放弃的 10 万美元利息收入就是他投资股票的机会成本。这个股民以为自己赚了 6 万美元,实际上他赔了,至少赔了 4 万美元。这就是为什么银行存贷款利率提高往往被看成是股市利空因素的原因。

(2) 生产可能性曲线。它是指在给定的经济资源和生产技术条件下一个厂商或社会所能达到的两种或两类产品最大可能的产量组合。生产可能性曲线既可以从微观角度考察一家厂商如何配置稀缺资源来生产两种产品，也可以从宏观角度考察一个社会如何利用稀缺资源来生产两类产品。如果从宏观的角度看，一个社会生产出的产品可以分为资本品和消费品（或军用品和民用品）两类，因为经济资源的总量是既定的，要多生产资本品就必须少生产消费品，反之亦然。

在图 1-1 中，横轴表示 X 产品（消费品），纵轴表示 Y 产品（资本品），生产可能性曲线是凹向原点的曲线。在生产可能性曲线上的每一点均表示社会的所有生产资源得到充分利用时资本品和消费品的最大产量组合。在 D 点表示所有的生产资源均用来生产消费品，不生产资本品，社会只能实现简单再生产；在 A 点表示所有的生产资源均用来生产资本品，不生产消费品，社会的福利水平等于零。这当然是理论上的极端情况，现实社会中如果生产的消费品过少而资本品过多，社会的福利水平就差，甚至会引发政治动荡。苏联解体的原因之一就是农（农业）、轻（轻工业）、重（重工业）比例严重失调，重工业比例过高，轻工业和农业比例过低，人民生活难以改善。如果在生产可能性曲线上向上滑动，如在 B 点，生产资源向资本品生产转移，生产出的资本品多一些而消费品少一些；如果在生产可能性曲线上向下滑动，如在 C 点，生产资源向消费品生产转移，生产出的消费品多一些而资本品少一些。

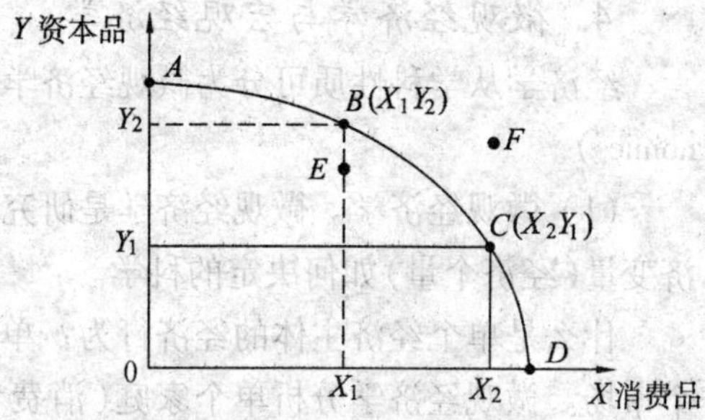

图 1-1　生产可能性曲线

需要说明的是，不在生产可能性曲线上的任何点都不是资源得到充分利用的最大产量组合。如果在生产可能性曲线外部，如在 F 点，虽然资本品和消费品的产量组合大，却是现有资源无法达到的，除非技术进步使得生产可能性曲线向外平行移动才有可能达到；如果在生产可能性曲线内部，如在 E 点，说明资源没有得到充分利用，存在资源闲置，或者说没有达到充分就业。

3. 理性经济人假设

理性经济人是西方经济学的基本假设，是指人们在市场活动中总是受利己动机驱使，总是深思熟虑地对各种可能的抉择进行权衡比较，以便以较小的代价获得最大限度的利益。

理性经济人是针对经济活动的理论分析的一种假设。假设人们总是追求自身利益的最大化，比如卖方总是希望赚很多的钱，买方却希望以较少的支出而获得更多的商品或效用。现实生活中有没有总是考虑别人不考虑自己的人呢？当然是有的，但那属于社会道德的范畴，经济活动的理论分析并不建立在这种情况的基础之上的。如果这样分析：卖方要卖 10 元而买方非要给 15 元，或买方要给 15 元而卖方却偏偏只收 10 元，这样的话经济分析就没法进行，也不符合经济活动的普遍情况。理性经济人还假设人们的经济决策是经过深思熟虑的,是理性的、非情绪化的。现实生活中有没有非理性的、情绪化的情况呢?当然也是有的,一些商家往往利用这种情况开展促销活动。一些人的购买行为有从众心理,看见别人买自己也抢着买,结果买回家的是自己不需要的东西,用经济学的术语来说就是效用为零,经济活动的理论分析也不建立在这种情况的基础之上的。

4. 微观经济学与宏观经济学

经济学从学科性质可分为微观经济学(microeconomics)和宏观经济学(macroeconomics)。

(1)微观经济学。微观经济学是研究单个经济主体的经济行为及相应的单项经济变量(经济个量)如何决定的科学。

什么是单个经济主体的经济行为?单个经济主体包括单个家庭、单个厂商和单个市场。微观经济学分析单个家庭(消费者)如何支配收入并以有限的收入获得最大效用,单个厂商如何配置有限资源并以最小成本取得最大利润或产量。

什么是单项经济变量(经济个量)?单项经济变量(经济个量)包括单个厂商的产量、成本、利润,单个商品的效用、供求量、价格等。微观经济学分析这些经济个量是如何决定的。例如,如何获得最大化产量和利润,供求均衡量和均衡价格是如何决定的,等等。

由于微观经济学是研究单个经济主体的经济行为和单项经济变量(经济个量)如何决定的,所以微观经济学又叫作个量经济学。从生产的角度看,微观经济学要解决三个核心问题:① 生产什么?② 如何生产?③ 为谁生产?这三个核心问题涉及单个厂商如何合理配置生产资源,所以说微观经济学是研究资源配置问题的。

哪些经济学理论属于微观经济学理论呢?微观经济学的理论主要包括供求理论、消费行为理论、厂商理论(生产理论和成本理论)、市场结构理论(完全竞争、垄断竞争、寡头垄断和完全垄断)、收入分配理论、福利经济学和一般均衡理论,以及博弈论、信息经济学等。

(2)宏观经济学。宏观经济学研究的是社会总体的经济行为及其后果。也就是以整个国民经济活动作为考察对象,研究社会的总体经济问题及相应的总体经济变量(经济总量)如何确定及相互关系。由于宏观经济学是研究总体经济问题和总体经济变量(经济总量)的,所以又叫作总量经济学。它要解决的核心问题是:资源总量如何确定?这个问题涉及在现有的资源总量条件下如何合理利用资源,所以可以说宏观经济学是研究资源利用问题的。

宏观经济学的考察对象是整个国民经济活动。这个考察对象不仅仅指一个国家的国民经济,也可以大到全球经济(如对各国的GDP进行分析比较),或者小到一个省、一个市、一个县,甚至一个镇的国民经济。

哪些经济问题是总体经济问题呢?总体经济问题包括经济周期、经济增长、就业、通货膨胀、国家财政、进出口贸易、国际收支等。

哪些变量是总体经济变量(经济总量)呢？总体经济变量(经济总量)包括国民收入、就业量、消费总量、储蓄总量、投资、物价水平、利率、汇率等，以及这些变量的变动率。

哪些经济学理论属于宏观经济学理论呢？宏观经济学理论包括国民收入决定理论、就业理论、通货膨胀理论、经济增长理论、财政与货币政策理论、国际收支平衡理论等。

(二) 经济学的基本研究方法

1. 均衡分析

均衡分析是经济学最基本的分析方法。所谓经济均衡，是指相互对立的经济决策者的行为方向相反且力量相等的状态，或经济决策者调整投入，获得最大利益，从而不再改变其决策的状态。

从微观经济学的角度，经济均衡状态有四类：供求均衡、消费者均衡、生产者均衡、厂商均衡。我们将在以后的章节里逐渐讨论。

均衡分析的方法有以下两类。

(1) 局部均衡分析：假定其他自变量已知或不变，研究某一自变量的变化对因变量的影响，从而达到经济均衡。

(2) 一般均衡分析：研究所有自变量的变化对因变量的影响，以及自变量之间或与因变量之间的相互影响，从而达到经济均衡。

2. 实证经济学与规范经济学

实证经济学如实描述、分析和预测经济事实、情况及其相互关系，它力求说明和回答这样的问题：经济现象是什么？例如，现在的失业率是多少？政府的四万亿救市资金能拉动百分之几的经济增长？属于实证经济学的分析方法就是实证分析。它要求如实分析经济现象，经济现象是什么就是什么，不加入任何的主观臆断，也不设立任何的价值评判标准。

规范经济学涉及伦理和价值判断。它以一定的价值判断为出发点，提出行为标准并研究如何才能符合这些标准。它力求回答：应该是什么？它涉及是非善恶，应该与否，合理与否的问题。例如，通货膨胀的容忍限度应该是多少？是否应当向富人课以重税以帮助穷人？国防开支每年应当增长多少？这些问题涉及根深蒂固的价值和道德判断。属于规范经济学的分析方法就是规范分析。

实证经济学与规范经济学，相应的实证分析与规范分析，不存在孰优孰劣的问题，在经济分析中往往都要运用到。对实证分析要检验其结果，因为实证分析的结果往往不符合现实情况；对规范分析要检验其价值判断标准，因为规范分析运用的价值判断标准可能已经过时或者不正确。

3. 存量分析与流量分析

存量(stock)指的是一定时点(如 2017 年 7 月 31 日 24 时)上取值的经济变量。

例如,总人口、生猪存栏、资本、财富、货币供应(需求)量等。

流量(flow)指的是一定时期内(如2017年3月、第一季度或2017年等)取值的变量。例如,新增人口、生猪出栏量、投资、储蓄、国际收支、国民收入等。

存量与流量的关系是:某期流量是该期末存量与上期末存量之差。某期末存量是上期末存量与当期流量之和。

4. 经济模型

经济模型是用来描述与所研究的经济现象有关的经济变量之间的依存关系的理论结构。它包括文字模型、图表模型和数学模型。

二、市场供求与价格

(一) 需求和需求的变化

1. 需求及影响需求的因素

需求是指买方(或消费者)在各种价格时愿意并能购买的商品数量。需求反映了买方的购买意愿,它是由需求规律决定的。需求规律反映该商品价格和该商品需求数量之间的反向变动关系,是指在既定的市场和既定的时期内,某种商品的价格下降则需求数量增加,价格上升则需求数量减少。

需求有两个基本要素:购买欲望和购买力。购买欲望是形成需求的最基本要素,没有购买欲望则不可能形成需求。在一个没有电力系统的山区不可能产生对电视机等家电产品的购买欲望,因而没有对家电产品的需求。然而,仅仅有购买欲望还不行,商家不会白送你,你必须花钱购买,要有购买力。购买力是指人们的货币支付能力,它主要是由人们的收入水平决定的。购买力是市场容量即需求大小的决定因素。

需求包括个人需求和市场需求。个人需求是单个消费者或单个家庭在各种价格时愿意并能购买的商品数量。市场需求是个人需求的总和。只有市场需求才能影响市场价格。

其实,影响需求数量的因素很多,主要有下列几种。

(1) 商品价格。商品价格与商品需求数量反方向变动。商品价格下降则商品需求数量增加,反之则减少。它反映了需求规律。

(2) 消费者收入。在一般情况下,消费者收入与商品需求数量同方向变动。消费者收入增加则商品需求数量增加,反之则减少。

(3) 其他相关商品价格。其他相关商品有两类。

其一是替代品，又叫互替品，是具有相同使用功能，在消费中可以互相替代的商品。又分为相似替代品和完全替代品。相似替代品有两种情况。一是使用功能相同但商品的品种不同。例如，面粉和大米，猪肉和羊肉，等等。二是商品的品种相同但等级质量不同。例如，同一品牌的大米有上、中、下三个质量等级。完全替代品是商品的品种和等级质量完全相同的商品。例如，两家商场销售同一品牌、同一规格的液晶电视机，它们之间就具有完全替代性。替代品价格与被替代商品需求数量之间是同方向变化，替代品价格下降（从而替代品需求数量增加）则被替代商品需求数量减少。

其二是补充品，又叫互补品，是需要配合消费或具有派生需求的商品。所谓派生需求，是指一种商品的需求是由另一种商品的需求引发出来的。在生活中鱼和葱是配合消费的，在服装生产中布匹和线、纽扣是配合消费的，而棉花需求是由棉纱需求派生出来的。补充品价格与被补充商品需求数量之间是反方向变动的。例如，棉纱价格下降（从而棉纱需求量增加）则棉花的需求数量增加。

（4）消费者偏好或嗜好。消费者偏好是指消费者对某种商品特别偏爱的程度。消费偏好与需求数量同向变动。消费偏好增强则需求数量增加，消费偏好减弱则需求数量减少。消费偏好是可以诱导的，因此，商家往往通过广告等促销手段来诱导和增强消费者对某商品的偏好。

（5）价格预期。如果买方（消费者）预计该商品未来价格将上涨，则会增加现在的购买（需求）；如果预计未来价格将下跌，则会减少现在的购买（需求）。

2. 需求函数及需求曲线

需求函数表示某一商品的需求数量与影响需求数量的各种因素之间的依存关系。如果影响需求数量的其他因素（包括消费者收入、其他相关商品价格、消费偏好等）不变，仅反映该商品需求量与该商品价格之间的依存关系，则叫需求价格函数，即 $Q_d=f(P)$。在经济分析时经常使用线性需求价格函数，即 $Q_d=a-bP$，例如：$Q_d=20-2P$。

在需求价格函数中，需求量 Q_d 通常作为因变量放在等式的左边，价格 P 作为自变量放在等式的右边。但也可以将价格 P 作为因变量放在等式的左边，需求量 Q_d 作为自变量放在等式的右边，这时就叫价格需求函数，也有人翻译为反需求价格函数，即 $P=10-0.5Q_d$。

需求价格函数还可以用需求曲线图表示，一般将因变量放在纵轴，将自变量放在横轴。若将需求量 Q_d 放在纵轴，则是需求价格曲线〔见图 2-1(1)〕；若将价格变量 P 放在纵轴，则是价格需求曲线，又叫反需求价格曲线〔见图 2-1(2)〕。

需要指出的是，人们在分析供求均衡及相关问题时，往往习惯使用反需求价格函数或反需求价格曲线，也就是将价格作为因变量或将价格 P 放在纵轴上，而在计算点弹性系数时又往往需要将反需求价格函数转换为需求价格函数。

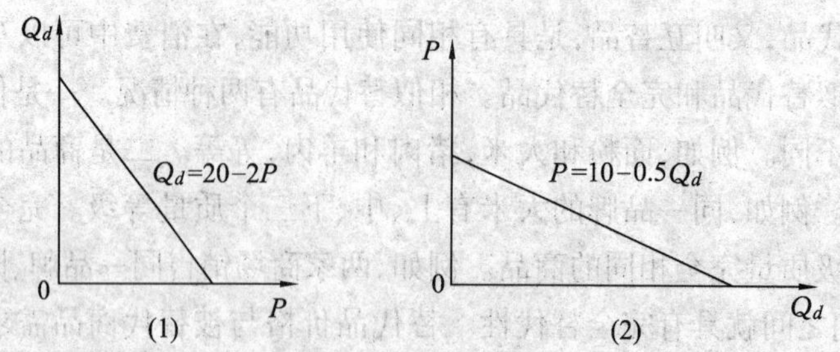

图 2-1　需求曲线

3. 需求量变化与需求变化

需求量变化与需求变化都是需求数量的变化，两者的区别在于引起变化的因素不同，了解它们之间的区别对今后进一步学习很有帮助。

需求量变化是指在影响需求的其他因素不变时，该商品价格变动引起的该商品需求数量的变动。反映在需求曲线图上，则是 P、Q 组合点在某一条需求曲线上向上或向下滑动。例如，在图 2-2(1)中，当价格从 P_1 降至 P_2 时，需求量从 Q_1 增加到 Q_2，它是由于 P、Q 组合点在同一条需求曲线 D 上从 A 点下滑到 B 点。

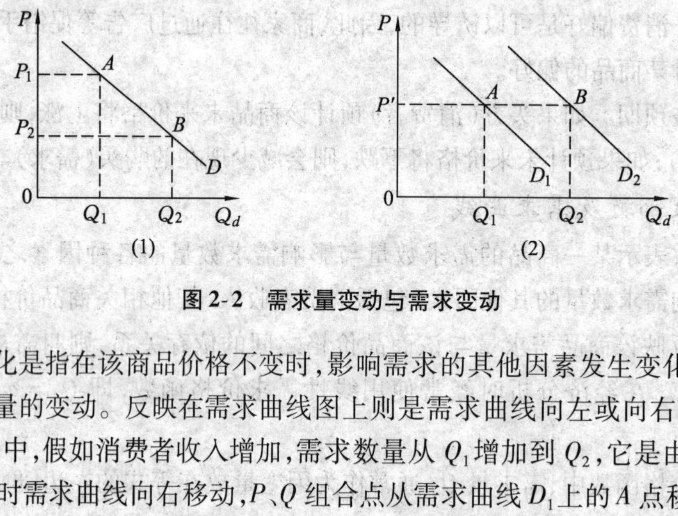

图 2-2　需求量变动与需求变动

需求变化是指在该商品价格不变时，影响需求的其他因素发生变化而引起的该商品需求数量的变动。反映在需求曲线图上则是需求曲线向左或向右移动。例如，在图 2-2(2)中，假如消费者收入增加，需求数量从 Q_1 增加到 Q_2，它是由于在该商品价格 P' 不变时需求曲线向右移动，P、Q 组合点从需求曲线 D_1 上的 A 点移动到需求曲线 D_2 上的 B 点。

(二) 供给和供给的变化

1. 供给及影响供给的因素

供给是指卖方(生产者或经营者)在各种价格时愿意并能供应的商品数量。

需要指出的是，供给和供应的含义是有区别的，尽管这两个词都可以从英文supply翻译而来。供给反映的是卖方的销售意愿，是由供给规律决定的。供给规律反映该商品价格和该商品需求数量之间的同方向变动关系，是指在既定的市场和既定的时期内，某种商品的价格下降则供给数量减少，价格上升则供给数量增加。而供

应反映的是在价格既定时卖方的销售活动,其表现形式可以由供应量公式来表现:供应量 = 生产量 ± 调拨量 ± 库存量

影响供给数量的因素很多,主要有下列几种。

(1) 该商品价格。该商品价格与该商品供给数量同方向变动,价格下降则供给减少,价格上升则供给增加。

(2) 技术因素。技术因素与该商品供给数量同方向变动,技术进步会提高劳动生产率,从而增加供给量。

(3) 投入物价格。投入物即生产要素的价格与该商品供给数量反方向变动。投入物价格上升则提高成本,降低利润,从而供给数量减少;反之,投入物价格下降,则供给量增加。

(4) 生产者可供的其他商品价格。该商品供给数量与生产者可供的其他商品价格之间反方向变动。如果其他商品价格上升,则该商品供给量减少,反之则增加。例如,对粮食供给来说,经济作物是其他相关商品,如果经济作物价格上升,农民会将生产资源更多地转向经济作物,粮食供给数量因而会减少。

(5) 政府政策。政府政策如果有利于该商品生产,则该商品供给数量将增加。

(6) 价格预期。如果卖方预测未来该商品价格将上升,则现期供给会减少,也就是惜售;如果预测未来该商品价格将下跌,则现期供给会增加。

2. 供给函数与供给曲线

供给函数表示某一商品的供给数量与影响供给数量的各种因素之间的依存关系。如果影响供给数量的其他因素(技术因素、投入物价格、其他相关商品价格、政府政策、价格预期等)保持不变,仅反映该商品供给量与该商品价格之间的函数关系,则叫作供给价格函数,即 $Q_s = f(P)$。经济分析时经常使用线性供给价格函数,即 $Q_s = -a + bP$,例如:$Q_s = -20 + 2P$。

供给价格函数还可以用以下的供给曲线图反映出来。它表示该商品价格与该商品供给量之间的同向变动关系,价低则供少,价高则供多。

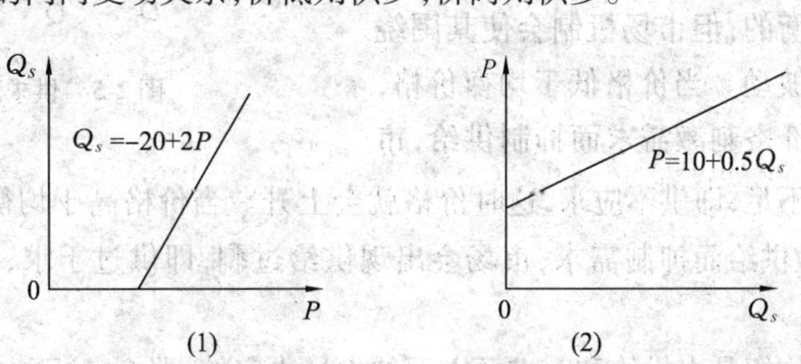

图 2-3 供给曲线

3. 供给量变化与供给变化

供给量变化是指在影响供给的其他因素不变时,该商品价格变动引起的该商品供给数量的变动。反映在供给曲线图上则是 P、Q 组合点在某一条供给曲线上向上

或向下滑动。例如,在图2-4(1)中,当价格从 P_1 增至 P_2 时,供给数量从 Q_1 增加到 Q_2,它是由于 P、Q 组合点在同一条供给曲线 S 上从 A 点向上滑动到 B 点。

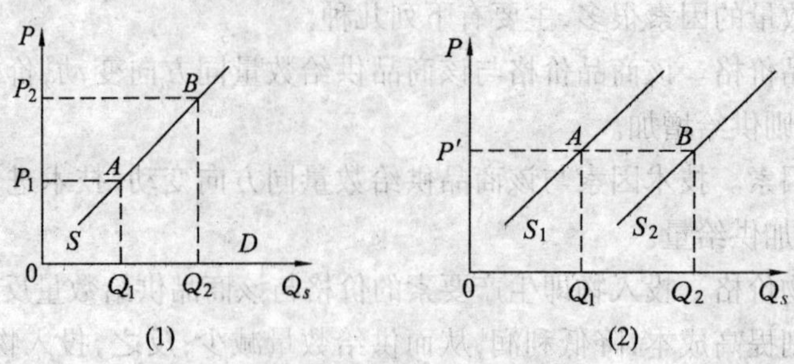

图2-4 供给量变动与供给变动

供给变化是指在该商品价格不变时,影响供给的其他因素发生变化而引起的该商品供给数量的变动。反映在供给曲线图上则是供给曲线向左或向右移动。例如,在图2-4(2)中,假如技术进步,供给数量从 Q_1 增加到 Q_2,它是由于在该商品价格 P' 保持不变时供给曲线向右移动,P、Q 组合点从供给曲线 S_1 上的 A 点移动到供给曲线 S_2 上的 B 点。

(三)市场均衡价格与均衡产量的决定

1. 供求均衡

卖方愿意卖出的数量和买方愿意买进的数量恰好相等,这时就达到供求均衡,这时的价格就是均衡价格,这时的数量就是均衡数量。见图2-5,E 点便是供求均衡点,P' 便是均衡价格,Q' 便是均衡数量。

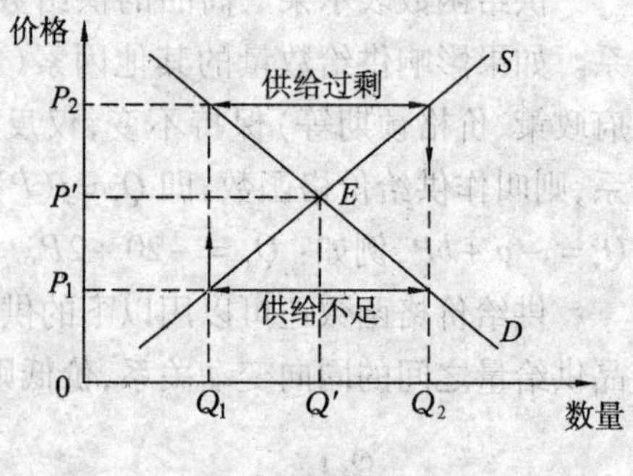

图2-5 供求均衡

供求均衡是一种趋势,现实生活中多数情况下是不均衡的,但市场机制会使其围绕均衡价格上下波动。当价格低于均衡价格,例如在 P_1,低价格刺激需求而抑制供给,市场会出现供给不足,即供不应求,这时价格就会上升。当价格高于均衡价格,例如在 P_2,高价格刺激供给而抑制需求,市场会出现供给过剩,即供过于求,这时价格就会下降。

既然供求均衡是由供给和需求两方面的力量决定的,那么,这两方面的任何一方面发生变化,都可能使供求均衡发生变化。如果需求增加,需求曲线向右移动〔见图2-6(1)〕,均衡点从 E_1 移动到 E_2,均衡价格和均衡数量均增加。如果供给增加,供给曲线向右移动〔见图2-6(2)〕,均衡点从 E_1 移动到 E_2,均衡价格下降,而均衡数量增加。

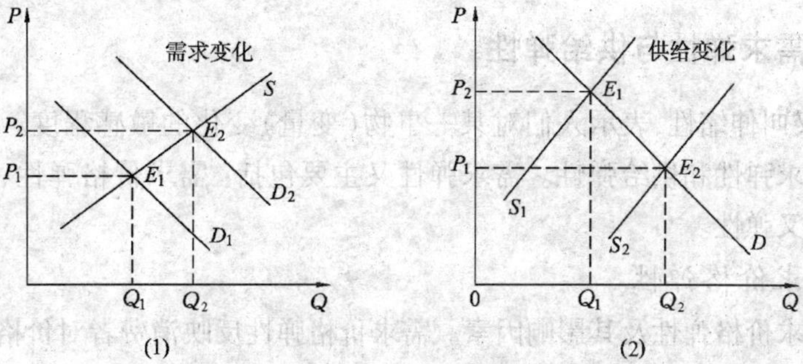

图 2-6　供求均衡的变动

2. 价格干预

供求均衡价格是卖方愿卖的数量与买方愿买的数量恰好相等时的价格，那么，均衡价格就是合理价格吗？不能这样认为。均衡价格的形成是实证经济学的命题，而均衡价格是否合理则是规范经济学的命题。在图 2-7 中，有三个均衡点 E_1、E_2和 E_3，相应的有三个均衡价格 P_1、P_2和 P_3，对生产者来说，P_1可能不能弥补成本，因而认为不合理；对消费者来说，P_3可能超过承受能力，因而认为不合理。因此，均衡价格不一定是合理价格，两者之间不能画等号。

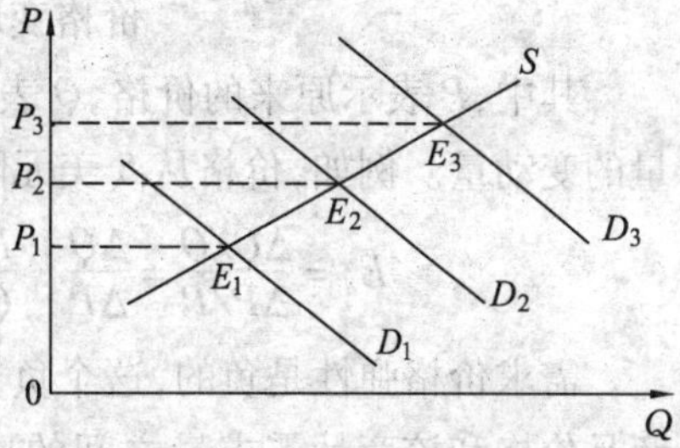

图 2-7　均衡价格不一定是合理价格

既然均衡价格不一定是合理价格，因此，政府适时进行价格干预是非常必要的。政府对市场价格进行的干预有两种形式：最高保护价和最低保护价。

(1) 最高保护价。它是指当市场价格过高，脱离了消费者的承受能力，为了保护消费者利益，政府规定的最高限价。见图 2-8(1)，最高限价通常要低于市场均衡价格，它规定卖方索取的价格不能高于此限价。

(2) 最低保护价。它是指当市场价格过低，甚至低于成本，为了保护生产者利益，政府规定的最低限价。见图 2-8(2)，最低限价通常要高于市场均衡价格，它规定买方支付的价格不能低于此限价。农产品价格支持(保护价收购)和最低工资政策就是最低保护价的例证。

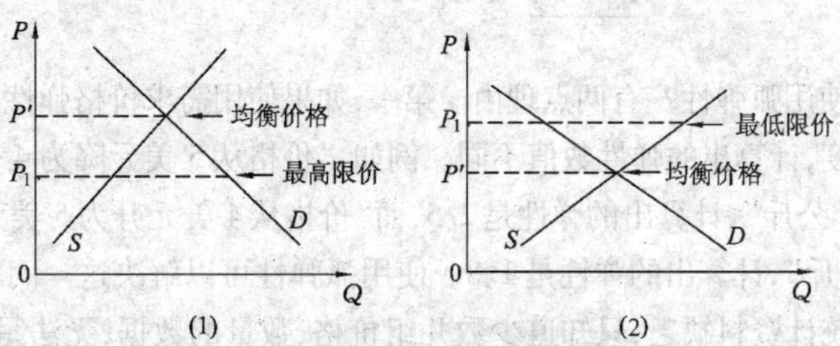

图 2-8　最高限价与最低限价

(四)需求弹性与供给弹性

弹性,又叫伸缩性,表示人们对某一事物(变量)变化的敏感程度。在经济学上主要包括需求弹性和供给弹性。需求弹性又主要包括:需求价格弹性、需求收入弹性和需求交叉弹性。

1. 需求价格弹性

(1)需求价格弹性及其影响因素。需求价格弹性反映消费者对价格变动的反应敏感程度。需求的价格弹性系数表示需求量的变动率与价格的变动率之间的比率。用公式表示:

$$E_d = \frac{\text{需求数量变动百分比}}{\text{价格变动百分比}} = \frac{\Delta Q/Q}{\Delta P/P} = \frac{\Delta Q}{\Delta P} \cdot \frac{P}{Q}$$

其中,P 表示原来的价格,Q 表示原来的数量,ΔP 表示价格的变动量,ΔQ 表示数量的变动量。例如,价格从5美元降为4美元,需求量从20公斤增为30公斤,则:

$$E_d = \frac{\Delta Q/Q}{\Delta P/P} = \frac{\Delta Q}{\Delta P} \cdot \frac{P}{Q} = \frac{30-20}{4-5} \cdot \frac{5}{20} = -10 \times \frac{1}{4} = -2.5$$

需求价格弹性是负的,这个负号仅仅具有经济学意义,没有数学意义。它表示该商品价格和该商品需求量之间的反方向变动关系。如果要比较需求价格弹性的大小,必须取其绝对值。如果 $|E_d| = 1$ 表示单元弹性,$0 < |E_d| < 1$ 表示缺乏弹性,$|E_d| > 1$ 表示富有弹性,$|E_d| = 0$ 表示完全无弹性,$|E_d| = \infty$ 表示完全有弹性。

影响需求价格弹性的因素很多,主要有以下几种。① 该商品的替代品数目和替代程度。替代品数目越多、替代程度越高,需求弹性越大。② 该商品在购买者家庭预算中的重要性。该商品在家庭预算中越重要,需求弹性越小。③ 商品有多少用途。商品用途越多,需求弹性越大。④ 时期的长短。时期越长,需求弹性越大。

(2)弧弹性与点弹性。弧弹性是需求曲线上两点间一段弧的中点的弹性。计算公式为:

$$E_d = \frac{\dfrac{\Delta Q}{\frac{Q_1+Q_2}{2}}}{\dfrac{\Delta P}{\frac{P_1+P_2}{2}}} = \frac{\dfrac{\Delta Q}{Q_1+Q_2}}{\dfrac{\Delta P}{P_1+P_2}} = \frac{\Delta Q}{\Delta P} \cdot \frac{P_1+P_2}{Q_1+Q_2}$$

为什么要使用弧弹性?有两点理由。第一,如果使用需求价格弹性的定义公式,价格涨跌相同幅度,计算出的弹性数值不同。例如,“价格从5美元降为4美元,需求量从20公斤增为30公斤”,计算出的弹性是2.5,而“价格从4美元升为5美元,需求量从30公斤降为20公斤”,计算出的弹性是1.8。使用弧弹性可以解决这一问题。第二,使用弧弹性是由于统计资料缺乏,只知道少数几组价格、数量的数据,无法写出需求函数或无法画出需求曲线,也就是说无法使用点弹性公式,只能使用弧弹性公式计算。

点弹性是需求曲线上任一点的弹性。就是令 ΔP 趋于零,于是 $\Delta Q/\Delta P$ 便趋于一极限值,即 Q 对 P 的导数。当统计资料比较丰富,可以写出需求函数或画出需求曲线时,就可以使用点弹性。点弹性要比弧弹性精确。计算点弹性可以用数学方法。计算公式为:

$$E_d=\lim_{\Delta P\to 0}\frac{\Delta Q/Q}{\Delta P/P}=\lim_{\Delta P\to 0}\frac{\Delta Q}{\Delta P}\cdot\frac{P}{Q}=\frac{\mathrm{d}Q}{\mathrm{d}P}\cdot\frac{P}{Q}=\frac{1}{\frac{\mathrm{d}P}{\mathrm{d}Q}}\cdot\frac{P}{Q}$$

假设 $Q=100-10P$,试计算 $P=6$ 时的点弹性。

计算如下:

由于$\frac{\mathrm{d}Q}{\mathrm{d}P}=-10$,则 $E_d=\frac{\mathrm{d}Q}{\mathrm{d}P}\cdot\frac{P}{Q}=-10\times\frac{P}{Q}=-10\times\frac{6}{40}=-1\frac{1}{2}$

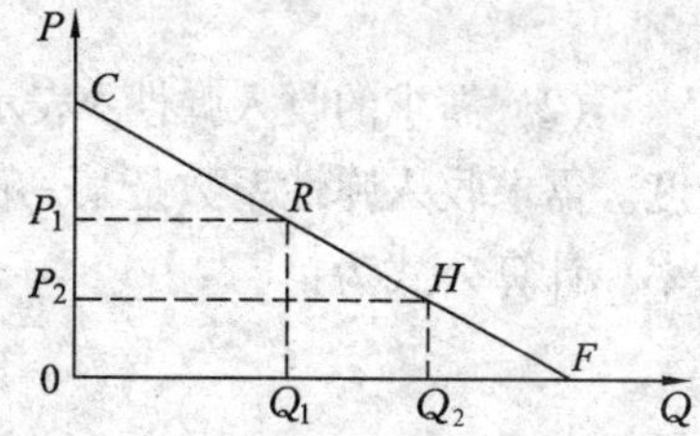

图 2-9 需求曲线上某一点的弹性

还可以用几何图形法计算点弹性。如果计算需求曲线上某一点的弹性,见图 2-9。计算公式为:

$$R\text{点的弹性系数 }E=\frac{R\text{点到 }Q\text{ 轴的长度}}{R\text{点到 }P\text{ 轴的长度}}=\frac{RF}{RC}$$

(3)需求弹性与消费者支出。“消费者支出”和“企业销售收入”是金额相等的对应概念。例如,2009 年消费者购买熊猫彩电支出了多少,就是熊猫集团销售彩电收入了多少。

在销售活动中有些企业以为提高价格就能增加销售收入,但提高价格后销售收入反而减少了;也有些企业以为降低价格就能薄利多销,结果价格降低了,销售收入还是减少了。这是什么原因呢?其实这是需求价格弹性在起作用。

从表 2-1 可以看出,当企业的产品需求是富有弹性的($E>1$)。如果降低价格,销售量以更大的幅度增加,从而总收入增加;如果提高价格,销售量以更大的幅度减少,从而总收入减少。当企业的产品需求是缺乏弹性的($E<1$),如果降低价格,销售量增加的幅度小于价格下降的幅度,总收入会减少;如果提高价格,销售量减少的幅度小于价格增加的幅度,从而总收入增加。当企业的产品需求是单一弹性($E=1$),则无论降价还是涨价,销售量与价格反方向同幅度变动,企业的销售收入没有发生变化。根据上述原理,对富有弹性的产品,企业应该采用薄利多销的策略,提价一定要谨慎;而对缺乏弹性的产品,企业可以采用高价限产的策略,降价一定要谨慎。

表 2-1 需求弹性与企业销售收入

$E>1$			$E=1$			$E<1$		
P	Q	PQ	P	Q	PQ	P	Q	PQ
10	1 000	10 000	10	1 000	10 000	10 000	10	1 000
9	2 000	18 000	9	111	10 000	9	1 050	9 450
8	3 000	24 000	8	1 250	10 000	8	1 100	8 800

2. 需求的交叉价格弹性与需求收入弹性

(1) 交叉价格弹性：表示某一商品需求量的变动对其他相关商品价格变动的敏感程度。交叉价格弹性系数是某一商品需求量的变动率与其他相关商品价格变动率之间的比率。计算公式为：

$$E_{xy}=\frac{\frac{\Delta Q_X}{Q_X}}{\frac{\Delta P_Y}{P_Y}}=\frac{\Delta Q_X}{\Delta P_Y}\cdot\frac{P_Y}{Q_X}$$

(2) 需求的收入弹性：表示某一商品需求量的变动对购买者收入变动的敏感程度。需求收入弹性系数是某一商品需求量的变动率与购买者收入的变动率之间的比率。计算公式为：

$$E_m=\frac{\frac{\Delta Q}{Q}}{\frac{\Delta M}{M}}=\frac{\Delta Q}{\Delta M}\cdot\frac{M}{Q}$$

3. 供给的价格弹性

供给价格弹性反映卖方对价格变动的敏感程度。供给价格弹性系数是供给量的变动率与价格的变动率之间的比率。计算公式为：

$$E_S=\frac{\text{供给量变动的百分比}}{\text{价格变动的百分比}}=\frac{\frac{\Delta Q}{Q}}{\frac{\Delta P}{P}}=\frac{\Delta Q}{\Delta P}\cdot\frac{P}{Q}$$

三、效 用 论

(一) 效用论概述

1. 效用、总效用与边际效用

(1) 效用(utility)：消费者消费某种商品(或劳务)时所获得的满足程度。

(2) 总效用(TU)：消费者消费某种商品(或劳务)时所获得的总的满足程度。

(3) 边际效用(MU)：消费者每增加消费一单位商品或劳务所增加的总效用，或者消费者消费的一定数量物品中最后一单位物品所提供的效用。

$$MU=\frac{\Delta TU}{\Delta Q}\qquad MU=\lim_{\Delta Q\to 0}\frac{\Delta TU}{\Delta Q}=\frac{\mathrm{d}TU}{\mathrm{d}Q}$$

首先，边际效用是一个“增量”概念。例如(见表 3-1)，3 个单位商品时边际效用是多少？它是 $9-7=2$ 个单位效用。其次边际效用也是一个“最后一单位物品所提供的效用”，3 个单位物品的最后一单位即第 3 个单位物品的效用是多少？是 2 个单位效用。

表 3-1　总效用与边际效用的关系

消费量	0	1	2	3	4	5	6
总效用	0	4	7	9	10	10	8
边际效用	0	4	3	2	1	0	-2

（4）边际效用递减规律。随着一个人消费的某种物品（或劳务）的数量增加，总效用虽然会相应增加，但最后一单位物品所提供的效用一般会有递减的趋势，甚至可能为负（见表 3-1）。

2. 基数效用与消费者均衡

（1）基数效用与序数效用。用 1、2、3 等阿拉伯数字表示效用的大小，是基数效用。用第一、第二、第三等序数表示效用的大小，是序数效用。例如，“第一个物品有 20 个单位效用，第二个物品有 30 个单位效用，因此，第二个物品比第一个物品的效用大”。这句话是基数效用还是序数效用呢？是基数效用，因为其中含有阿拉伯数字。

（2）消费者均衡。在价格和收入既定的情况下，消费者购进各种商品使其总效用达到最大的状态。消费者均衡的条件是：消费者购买各种商品的边际效用之比等于它们的价格之比；或者说，花费每单位货币买进的各种商品的边际效用相等。即

$$\frac{MU_x}{MU_y}=\frac{P_x}{P_y},\quad 或者\frac{MU_x}{P_x}=\frac{MU_y}{P_y}=\lambda$$

（二）无差异曲线及其特点

1. 无差异曲线

无差异曲线又叫等效用线，表示在消费者偏好既定时，消费两种商品的不同数量组合给消费者带来的效用相同的一条曲线（见图 3-1）。

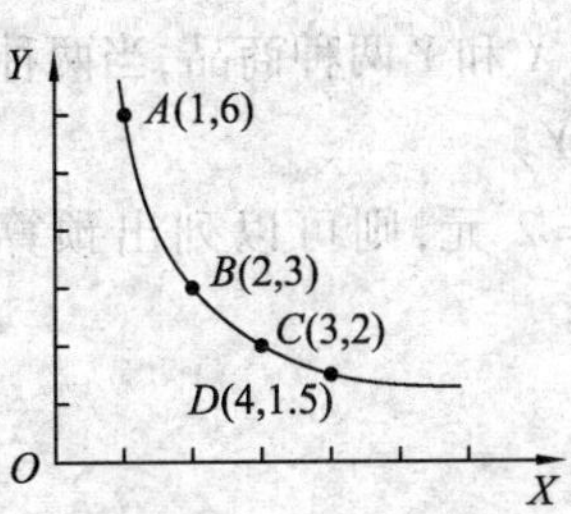

组合	X 物品	Y 物品
A	1	6
B	2	3
C	3	2
D	4	1.5

图 3-1　无差异曲线

2. 无差异曲线的特点

无差异曲线有以下特点：① 多数无差异曲线是凸向原点的。② 离原点越远的无差异曲线代表的效用越大，见图 3-2，这是因为离原点越远的无差异曲线上消费的物品数量多，因而效用也大。③ 在偏好既定时，同一消费者的两条无差异曲线不会相交。④ 无差异曲线的斜率是负的，并且随着消费 X 物品数量增加，无差异曲线的斜率是递减的（见图 3-3）。

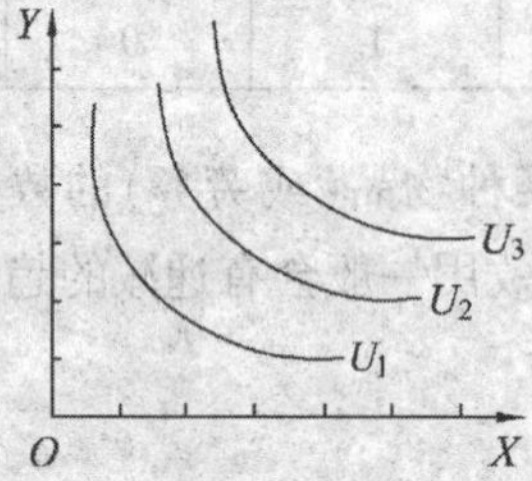

图 3-2　离原点远的效用大

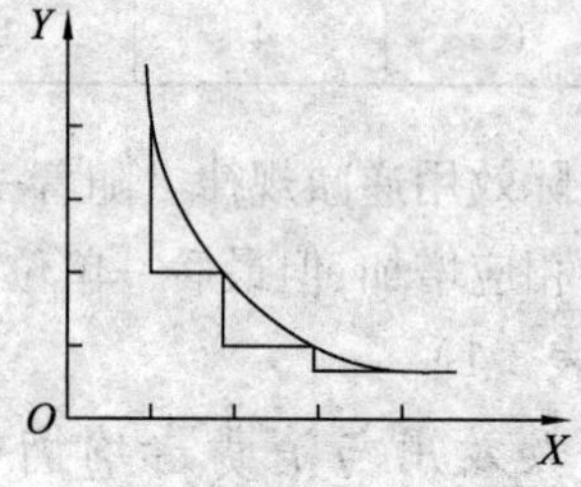

图 3-3　无差异曲线斜率递减

3. 边际替代率

边际替代率是无差异曲线上的斜率，它（减少的 ΔY 与增加的 ΔX 之比）表示为了保持相等的总效用，消费者为了多获得 1 单位 X 物品而必须放弃的 Y 物品的数量。它又表示两种商品的边际效用之比。

$$X\text{对}Y\text{的边际替代率}(MRS_{xy})=\frac{Y\text{的减少量}}{X\text{的增加量}}=\frac{\Delta Y}{\Delta X}$$

因为：$-\Delta Y\cdot MU_y+\Delta X\cdot MU_x=0$

所以：$MRS_{xy}=\dfrac{\Delta Y}{\Delta X}=\dfrac{MU_x}{MU_y}$

（三）预算线及其特点

1. 预算线

预算线表示在价格不变的条件下，消费者一定收入所能购买的两种商品的最大可能的各种组合。

假如人们的收入（以 M 表示）全部用来购买 X 和 Y 两种商品，当两种商品的价格 P_X 和 P_Y 既定，则预算约束函数是：$M=P_XX+P_YY$。

例如，预算收入 $M=12$ 元，$P_X=3$ 元，$P_Y=2$ 元，则可以列出预算约束表（见表 3-2）和画出预算线（见图 3-4）。

表 3-2　预算约束表

	X 数量	Y 数量
A 组合	0	6
B 组合	2	3
C 组合	3	1.5
D 组合	4	0

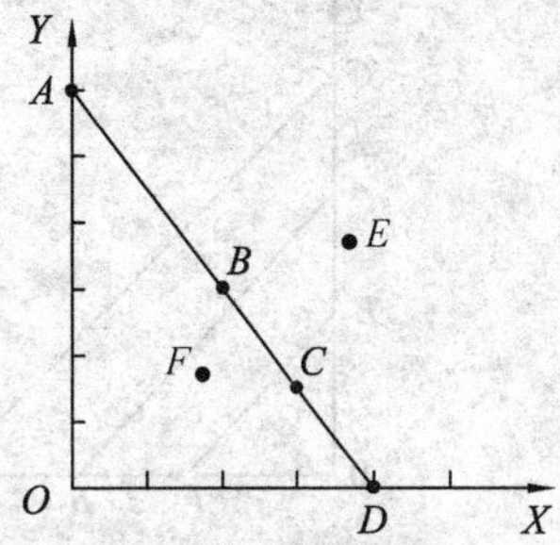

图 3-4　预算线

2. 预算线的特点

（1）不在预算线上的任何一点都不符合消费者的实际购买力。如果在预算线以外，例如 E 点，虽然两种商品的数量多，但超过了消费者的实际购买力，是无法实现的；如果在预算线以内，例如在 F 点，购买的两种商品的数量少，预算没有用完，也就是说购买的两种商品的数量不是最大。因此，在预算线上的任何点才是符合实际购买力的最大数量组合。

（2）预算线斜率的绝对值是预算线在纵轴上的截距除以在横轴上的截距。由于预算线在纵轴上的截距可以由预算收入 M 除以商品 Y 的价格 P_Y 而求得，同样地，在横轴上的截距可以由预算收入 M 除以商品 X 的价格 P_X 而求得，因此，预算线斜率的绝对值又等于 X、Y 两种物品价格的比率。

$$预算线斜率=\frac{\Delta Y}{\Delta X}=\frac{OA}{OD}=\frac{\frac{M}{P_y}}{\frac{M}{P_x}}=\frac{P_x}{P_y}$$

3. 预算线的变动

如果预算收入发生变化，预算线会平行左右移动。见图 3-5，预算收入增加则预算线向右移动，预算线由 AB 移动到 CD；预算收入减少则预算线向左移动，预算线由 AB 移动到 EF。

如果商品价格发生变化，预算线的斜率会发生变化。见图 3-6，如果商品 Y 价格不变而商品 X 价格下降，则预算线在横轴的截距向右移动，预算线由 AB 变为 AC，斜率变小，曲线变平坦；反之，如果 X 价格上升，则预算线在横轴的截距向左移动，预算线由 AC 变为 AB，斜率变大，曲线变陡峭。

如果商品 X 价格不变而商品 Y 价格上升，则预算线在纵轴的截距向下移动，预算线由 AB 变为 DB，斜率变小，曲线变平坦；反之，如果 Y 价格下降，则预算线在纵轴的截距向上移动，预算线由 DB 变为 AB，斜率变大，曲线变陡峭。

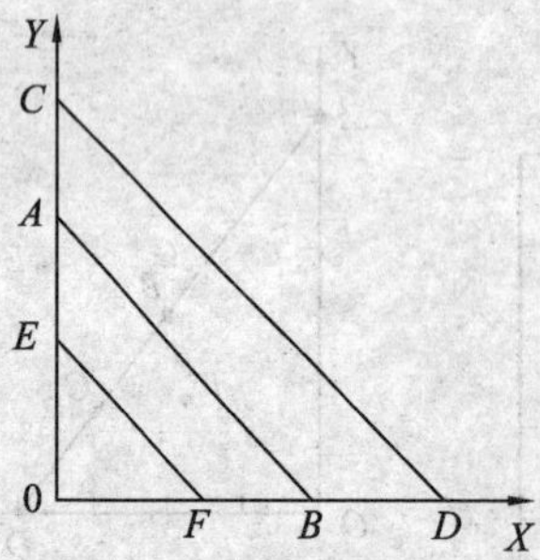

图 3-5　收入变化预算线平行移动

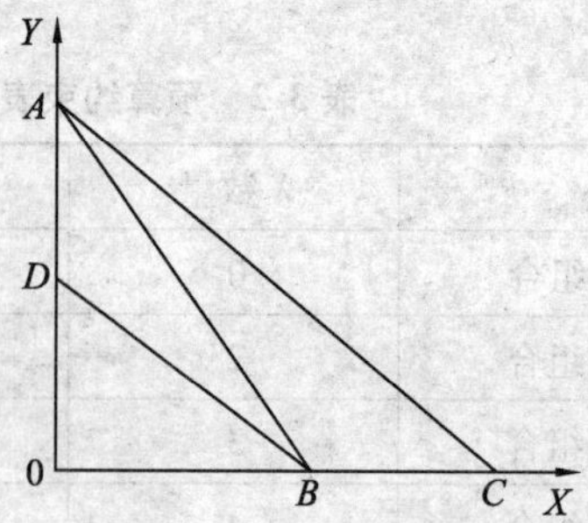

图 3-6　价格变化改变预算线斜率

（四）序数效用论分析消费者均衡

序数效用论运用无差异曲线和预算线来分析消费者均衡。消费者均衡点就在无差异曲线和预算线的相切点（见图 3-7）。假设预算收入既定，预算线是 AB，有三条无差异曲线，其中无差异曲线 U_3 代表的效用最大，但超过了消费者的实际购买力，是无法实现的。无差异曲线 U_1 与预算线相交，E 和 F 两交点符合消费者的购买力，但效用不是最大的，无差异曲线向右移动能提高总效用，因此 E 和 F 两交点不是消费者均衡点。消费者均衡点只能在 E' 点，也就是无差异曲线和预算线 U_2 的相切点，在这一点无差异曲线斜率和预算线斜率相等。

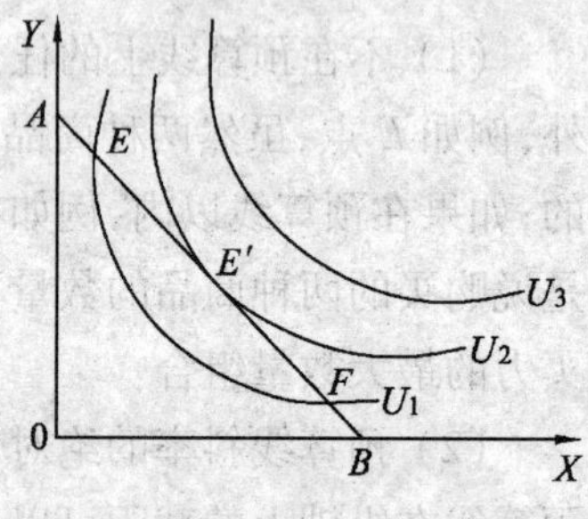

图 3-7　消费者均衡点

由于预算线斜率等于 X 和 Y 两种商品的价格之比，即预算线斜率 $=\dfrac{\Delta Y}{\Delta X}=\dfrac{P_x}{P_y}$；而无差异曲线斜率是 X 和 Y 两种商品的边际效用之比，即无差异曲线斜率 $MRS_{xy}=\dfrac{\Delta Y}{\Delta X}=\dfrac{MU_x}{MU_y}$，因此，消费者均衡是 X 和 Y 两种商品的价格之比等于 X 和 Y 两种商品的边际效用之比，即消费者均衡 $=\dfrac{MU_x}{MU_y}=\dfrac{P_x}{P_y}$。

（五）消费者剩余

我们知道，商品的需求价格曲线是向右下方倾斜的，反映了需求量与价格的反向变动关系，价高则需少，价低则需多。为什么这样呢？一个重要原因是边际效用递减规律在起作用。图 3-8(1)是需求价格曲线图，图 3-8(2)是边际效用图。先看右图，当消费者购买或消费一个单位商品时最后获得的效用（边际效用）是 120 单位，假定单位货币 λ 的效用是 20 个单位（$\lambda=20$），在左图需求曲线图的相应位置是 b 点（数量为 1，价格为 6 元）。假如该消费者增加购买或消费到 2 个单位的商品，最后获得的商品的效用是 80 个单位，边际效用下降了，消费者当然不愿意多支付，价格降为 4 元，在左图的相应位置是 c 点。连接 b、c 两点即画出需求曲线 D。所以说，需求曲线可以从边际效用曲线推导出来,两条曲线有一一对应的关系,而且有相同的斜率。

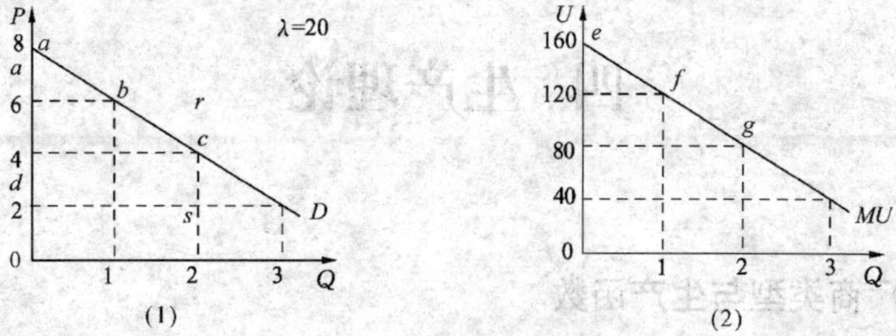

图 3-8 消费者剩余图

现在我们来讨论消费者剩余,有两种解释。第一种解释依据需求曲线认为,消费者剩余是消费者购买一定数量商品时愿意支付的价格总额与他实际支付的价格总额之间的差额;第二种解释依据边际效用曲线认为,消费者剩余是消费者消费一定数量某种商品所获得的总效用与他为此所花费的货币的总效用之间的差额。

先讨论第一种解释。举例:假如你在街上看到一种非常合意的商品,你问售货员:“买一件多少钱?”售货员说:“1 件 6 元钱。”你说:“太贵了,4 元钱卖不卖?”售货员说:“那你买两件!”于是成交。这时你想:一件 6 元,2 件应该支付 12 元,你实际只支付了 8 元,节省了 4 元。这个你感觉上节省了的 4 元就是消费者剩余。这样解释比较形象,便于人们理解,但不是理论上的准确解释。

我们知道,需求曲线上每个点(有无数个点)均表示消费者在相应的数量点上愿意支付的最高价格或最高支付意愿。见图 3-8(1),需求曲线上的 *c* 点是消费者在 2 这个数量点上的最高支付意愿,高于需求曲线的 *r* 点则不是消费者的意愿支付,低于需求曲线的 *s* 点虽然是消费者乐意支付的,但不是最高支付意愿。从理论上讲,在 2 这个数量点以内有无数个数量点,相应地在需求曲线上也有无数个最高支付意愿,把它们加总,形成 0*ac*2 面积,这是消费者愿意支付的价格总额。但是,在完全竞争的条件下,消费者在 2 这个数量点以内的数量并没有逐一按照各自的最高支付意愿来支付,而是统统按照 2 这个数量点的最高支付意愿支付了,价格是 4 元。这样,消费者实际支付的价格总额是 0*dc*2 面积。消费者愿意支付的价格总额与他实际支付的价格总额之间的差额是三角形 *acd* 面积,这就是消费者剩余。

再讨论第二种解释。见图 3-8(2),边际效用曲线上的每个点都是消费者在各个最后的数量点上所获得的效用,这也是边际效用。总效用和边际效用的关系是:总效用是以往各个数量点上的边际效用之和。当购买或消费的数量达到 2 这个数量点时,消费者得到的总效用是 0*eg*2 面积。但是,他所支付的货币是 8 元(单价 4 元 ×2 单位数量),代表 160 个效用,在右图上则是 0*hg*2 面积。消费者得到的总效用减去支付的货币所代表的效用,差额是三角形 *heg* 面积的效用,这也是消费者剩余。

四、生产理论

(一) 厂商类型与生产函数

1. 厂商类型

厂商主要有三种类型：个人企业、合伙企业、公司制企业。

(1) 个人企业。包括个体工商户、个人独资企业、农民等。个体工商户是依据《城乡个体工商户管理暂行条例》设立的以其个人财产或家庭财产承担无限责任的经营组织。个人独资企业是依据《个人独资企业法》设立的以一个自然人投资，财产为投资人个人所有，以其个人财产对企业债务承担无限责任的经营实体。两者的主要区别如下。

第一，承担法律责任有区别。个人独资企业的出资人是一个自然人，在一般情况下仅以个人财产对企业债务承担无限责任，但如果在申请企业设立登记时明确以其家庭共有财产作为个人出资的，应当依法以家庭共有财产对企业债务承担无限责任。个体工商户既可以由一个自然人出资经营，也可以由家庭共同出资经营；个人经营的则以个人财产对其债务承担无限责任，家庭经营的则以家庭财产对其债务承担无限责任。

第二，法律地位不同。个人独资企业是经营实体，必须有固定的经营场所，有完备的会计制度，享有企业名称专用权并可以依法转让，可以设立分支机构。而个体工商户不是经营实体，不是必须有固定经营场所（如从事客货运输、贩运及摆摊设点、流动服务等的个体工商户），仅仅要求"建立账簿"以便依法纳税，其享有的字号名称一般不能转让，也不得设立分支机构。

第三，雇工人数不同。个体工商户雇工人数不多，"可以根据经营情况请一两个帮手；有技术的个体工商户可以带三五个学徒"。而个人独资企业则要"有必要的从业人员"。在实际执行过程中，雇员 7 人以下的为个体工商户，8 人以上的为个人独资企业。

农民是从事农副产品生产与经营的个体经营者，在这里视同个人企业，但仅限农副产品生产与经营活动。

(2) 合伙企业。根据我国 2006 年颁布的《合伙企业法》，合伙企业是由自然人、法人和其他组织合伙设立的企业，分为普通合伙企业和有限合伙企业。

普通合伙企业是由两个以上普通合伙人组成，合伙人对合伙企业债务承担无限连带责任。合伙人为自然人的应当具有完全民事行为能力。国有独资公司、国有企业、上市公司及公益性的事业单位、社会团体不得成为普通合伙人。

有限合伙企业由两个以上50个以下普通合伙人和有限合伙人组成,普通合伙人对合伙企业债务承担无限连带责任,有限合伙人以其认缴的出资额为限对合伙企业债务承担责任。与承担的民事法律责任相对应,在有限合伙企业中,由普通合伙人执行合伙事务,而有限合伙人不执行合伙事务,也不得对外代表有限合伙企业。也就是说,有限合伙企业中的普通合伙人参与企业经营管理,而有限合伙人不参与企业经营管理。

(3) 公司制企业。公司制企业是依照《公司法》设立的有限责任公司和股份有限公司。公司是企业法人,有独立的法人财产,享有法人财产权。公司以其全部财产对公司的债务承担责任。有限责任公司的股东以其认缴的出资额为限对公司承担责任;股份有限公司的股东以其认购的股份为限对公司承担责任。

2. 生产函数

生产函数是指在技术水平既定的条件下,各种生产要素的投入量与产品的最大产出量之间的函数关系。假定投入的生产要素只有两种,例如资本品K和劳动L,则是双变量生产函数,即$Q=f(K,L)$;假定投入的生产要素只有一种,例如劳动L,则是单变量生产函数,即$Q=f(L)$。

(1) 固定比例生产函数与可变比例生产函数。固定比例生产函数是指随着产量的增加,投入各种要素的组合比例是不变的。假如一家出租汽车公司,投入1辆出租车并雇用1个司机,要素投入的比例是1/1,能给公司带来0.5万元净收入;要想获得3万元净收入,就得投入6辆出租车并雇用6个司机,要素投入的比例仍然是1/1。

可变比例生产函数是指随着产量的增加,投入各种要素的组合比例是可变的。大多数情况下的生产函数都是可变比例生产函数。

(2) 短期生产函数与长期生产函数。判断生产是短期的还是长期的,主要有两点标准:一是生产的时间跨度是否经过了至少一个生产周期,二是在这个时间跨度中作为固定要素的资本品(厂房、机器设备等)是否是可变的。如果时间跨度没有超过一个生产周期,固定要素不能变化,这就是短期;如果时间跨度超过一个生产周期,固定要素是可变的,这就是长期。

短期和长期虽然涉及时间,但不是以时间来标尺的,例如不是说“一年之内是短期,一年以后是长期”。有些产品的生产周期较短,例如农产品的生产周期通常在8—10个月,超过这个时间跨度,农民就可以根据上一期的市场行情来决定下一期是否扩大或缩小生产规模。有些行业的生产周期比较长,例如钢铁业,从选址,引进生产设备、安装、调试,到生产,可能需要5—6年的时间,在这个时间跨度里生产规模没有变化,只能算为短期。因此,钢铁业的“短期”要比农业的“长期”的时间跨度还要长。

(二) 单要素生产函数

1. 总产量、平均产量与边际产量

总产量表示某种可变生产要素(例如劳动)的投入量与产品的最大产出量之间的函数关系。用公式表示:$TP_L = Q = f(K, L) = f(L)$。例:$Q = 21L + 9L^2 - L^3$。

平均产量 AP,表示平均每单位要素 L 的产量。它是总产量除以劳动投入量。用公式表示为:

$$AP_L = \frac{Q}{L} = \frac{21L + 9L^2 - L^3}{L} = 21 + 9L - L^2$$

边际产量 MP,表示每增加一单位要素 L 所增加的总产量,或投入的最后一单位要素 L 所带来的产量。用公式表示为:

$$MP_L = \frac{\Delta Q}{\Delta L}$$

根据上述计算边际产量的公式,边际产量又可表达为产量的增量与劳动的增量之比。不过,根据这个公式计算的边际产量不太精确,如果分母 ΔL 大于 1 则更不精确,它是在总产量函数不可知、缺乏系列统计资料的情况下采用的。我们把它叫作边际产量的定义公式。如果总产量函数是已知的,那么边际产量则是对总产量求一阶导数。

$$MP_L = \frac{dQ}{dL} = 21 + 18L - 3L^2$$

总产量、平均产量和边际产量还可以用曲线图来表示(见图 4-1):

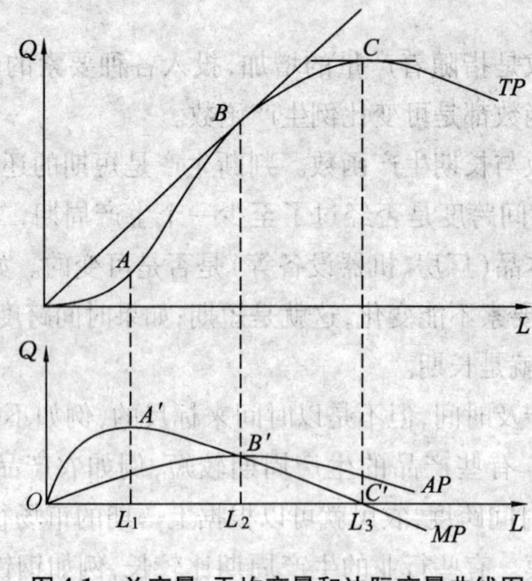

图 4-1 总产量、平均产量和边际产量曲线图

图4-1的上部分是总产量 TP 曲线，下部分是平均产量 AP 和边际产量 MP 曲线。平均产量 AP 和边际产量 MP 曲线可以从总产量 TP 曲线上推导出来。自原点到总产量曲线上任一点射线的斜率就是这一点的平均产量：Q/L。总产量曲线上任一点切线的斜率，就是这一点的边际产量：dQ/dL。

边际产量 MP 曲线、平均产量 AP 曲线和总产量 TP 曲线都是先上升后下降，呈现倒U型，而且先后达到最高点。边际产量 MP 曲线的最高点对应在总产量 TP 曲线上是拐点 A，在拐点 A 点的左边，随着雇佣劳动 L 的增加，总产量以递增的幅度增加；在拐点 A 点的右边，总产量以递减的幅度增加。在边际产量 MP 曲线和平均产量 AP 曲线的交点 B' 点，对应在总产量 TP 曲线上是 B 点，该点的切线恰好经过原点。总产量曲线的最高点 C 点的斜率等于零，对应在边际产量 MP 曲线则是与横轴相交，表示边际产量为零。

TP 和 MP 的关系：当 $MP>0$，则 TP 递增；当 $MP<0$，则 TP 递减；当 $MP=0$，则 TP 最大。

AP 和 MP 的关系：当 $MP>AP$，则 AP 递增；当 $MP<AP$，则 AP 递减；当 $MP=AP$，则 AP 最大。

2. 边际生产力递减规律

边际生产力递减规律就是边际报酬递减规律，其实质就是边际产量递减。当可变要素增加到固定要素得到最有效的利用后，继续增加可变要素，总产量虽然增加但增加的幅度在减少。当可变要素增加到一定程度后，再继续增加可变要素，总产量反而减少，即边际产量成为负数，这种现象称为生产要素报酬递减规律。其前提是生产技术给定不变。

3. 单个要素的合理生产阶段

我们可以将生产过程分为三个阶段，见图4-1，雇佣劳动0至 L_2 为第一阶段，雇佣劳动 L_2 至 L_3 为第二阶段，雇佣劳动 L_3 以后为第三阶段。合理的生产阶段在哪一阶段呢？

在第三阶段，总产量处在递减阶段，边际产量是负数，因此，第三阶段不是合理生产阶段。

在第一阶段，特点是边际产量大于平均产量，也就是最后雇用的劳动带来的产量比平均产量大，当然就应该增加雇佣劳动，也不应该停留在这一阶段。第一阶段也不是合理生产阶段。

合理生产阶段应该是第二阶段。第二阶段的起点在平均产量最高点（该点的平均产量等于边际产量），第二阶段的终点在总产量最高点（该点的边际产量等于零）。

（三）两种可变要素的生产函数

1. 等产量线与边际技术替代率

（1）等产量线的含义。等产量线是指在技术水平不变的情况下，为了维持某一产量水平所需投入的两种生产要素的各种可能组合的轨迹。

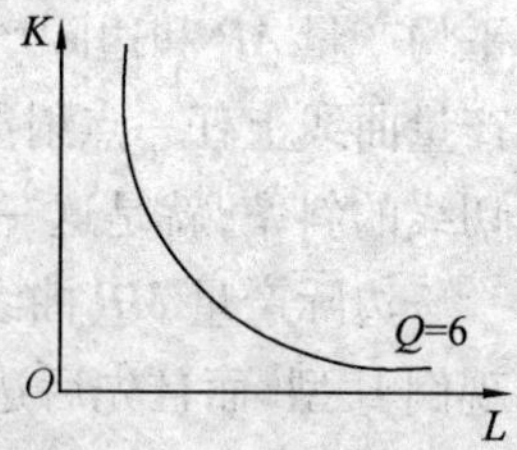

图 4-2 等产量线

假设生产函数为：$Q=\sqrt{LK}$，当 $Q=6$ 时可供选择的要素组合有多种，见表 4-1 和图 4-2。

表 4-1 等产量表

L	0.5	1	2	3	4	4.5	6	9	12	18	36	72
K	72	36	18	12	9	8	6	4	3	2	1	0.5

（2）等产量线的特点。等产量线的特点与无差异曲线相似，主要有以下几个方面：其一，在等产量线图上，距离原点越远的等产量曲线所代表的产量越大（见图 4-3）。其二，同一个厂商的两条等产量线不能相交。在图 4-4 上，a、b 两点分别在等产量曲线 Q_1、Q_2 上。如果 Q_1 和 Q_2 相交于 e 点，在等产量曲线 Q_1 上，a、e 两点的产量相等，而在等产量曲线 Q_2 上，b、e 两点的产量相等，这样就会得出 a、b 两点的产量也相等的逻辑错误。其三，等产量线的斜率是负数，其绝对值递减（见图 4-5）。

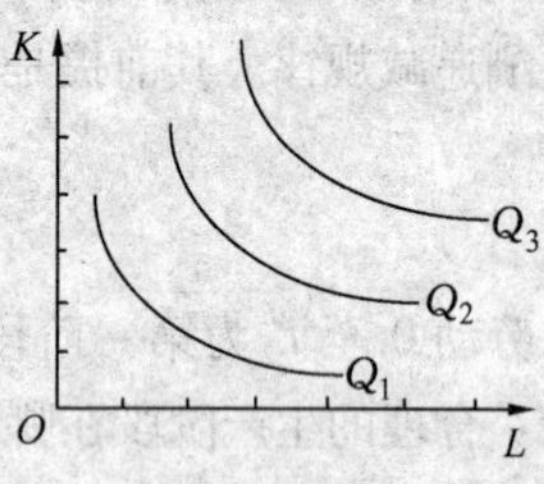

图 4-3

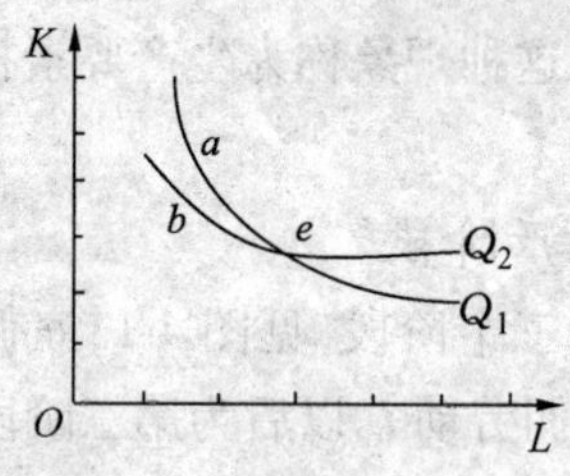

图 4-4

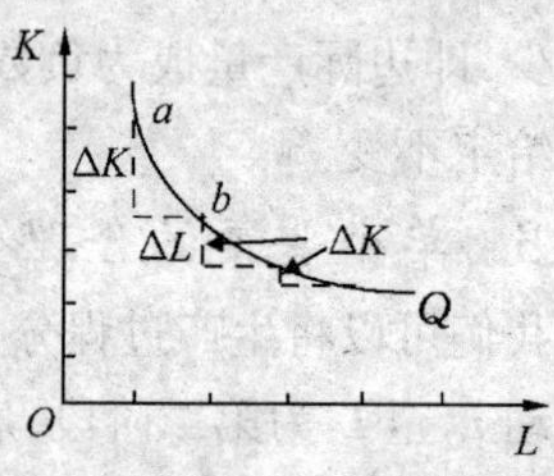

图 4-5

（3）边际技术替代率。边际技术替代率 $MRTS_{KL}$ 是等产量曲线上的斜率，它表示为了增加投入一单位劳动需要减少多少单位资本品（或者表示减少的 ΔK 与增加的 ΔL 之比），它又表示 L 和 K 两种要素的边际产量之比。

$$MRTS_{KL}=\frac{-\Delta K}{\Delta L}=\frac{MP_L}{MP_K}$$

为什么边际技术替代率 $MRTS_{KL}$ 表示 L 和 K 两种要素的边际产量之比呢？见图 4-5，在等产量曲线 Q 上从 a 点到 b 点，增加了 ΔL 所增加的产量是 $\Delta L\cdot MP_L$，相应减少了 $-\Delta K$ 所减少的产量是 $-\Delta K\cdot MP_K$，两者相加等于零才能保持 a、b 两点的等产量不变，即 $-\Delta K\cdot MP_K+\Delta L\cdot MP_L=0$，数学变换后得：

$$\Delta K\cdot MP_K=\Delta L\cdot MP_L$$

所以
$$\frac{\Delta K}{\Delta L}=\frac{MP_L}{MP_K}$$

2. 等成本线

(1) 等成本线的定义。当两种要素的价格一定、用同样的成本所能购买的两种要素各种可能组合的一条直线，就是等成本线。

根据成本约束函数：$C=KP_K+LP_L$，得出等成本线函数：$K=\frac{C}{P_k}-\frac{P_L}{P_K}\cdot L$。

由于在等成本函数中，成本 C 和两种要素的价格是既定的，输入一个 L 值就能得出相应的 K 值，从而得出不同的两种要素 L 和 K 的数量组合。假定 $L=0$，则 $K=C/P_k$，在纵轴上则是 $0K_1$，同样的方法能够得出 $0L_1$，连接 K_1 和 L_1 就是等成本线（见图4-6）。

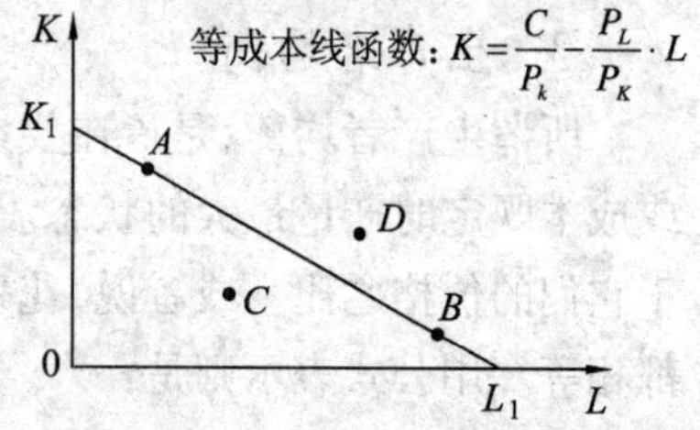

图4-6 等成本曲线

在等成本曲线上的各点花费的成本是相同的，但购买的两种要素的数量组合是不同的。如果在 A 点则购买的资本多而劳动少，如果在 B 点则购买的资本少而劳动多。不在等成本曲线上的任何点都不符合成本约束条件。例如，在等成本曲线以内的 C 点，购买的两种要素的数量少，该花的钱没有花完；在等成本曲线以外的 D 点，可以购买的两种要素的数量虽然多，但超过了成本约束，是无法实现的。

等成本线斜率等于等成本线在中轴上的截距除以在横轴上的截距，它又等于 L 和 K 这两种要素的价格之比，即

$$\frac{\Delta K}{\Delta L}=\frac{\frac{C}{P_K}}{\frac{C}{P_L}}=\frac{P_L}{P_K}$$

(2) 等成本线的变动。如果成本发生变化，等成本线会平行左右移动。见图4-7，成本增加则等成本线向右移动，由 AB 移动到 CD，说明能够购买的两种要素的数量增多；成本减少则等成本线向左移动，由 AB 移动到 EF，说明能够购买的两种要素的数量减少。

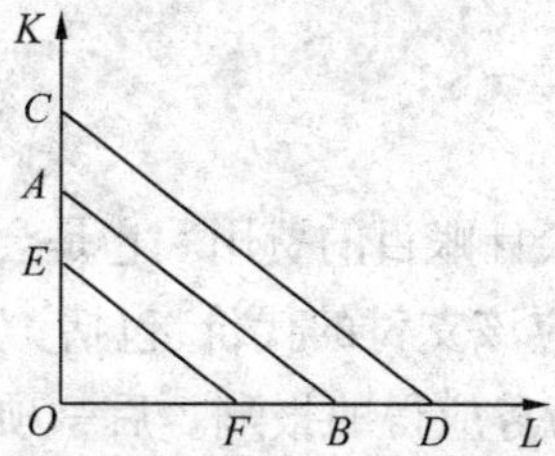

图4-7 成本变化等成本线平行移动

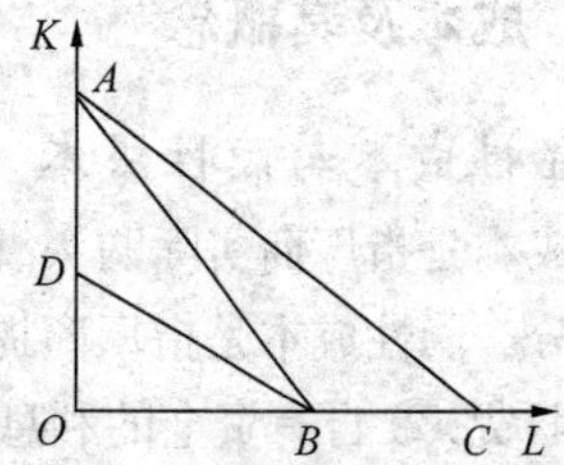

图4-8 要素价格变化改变等成本线斜率

如果要素价格发生变化,等成本线的斜率会发生变化,见图4-8;如果要素K价格不变而要素L价格下降,则等成本线在横轴的截距向右移动,等成本线由AB变为AC,斜率变小,曲线变平坦;反之,如果要素L价格上升,则等成本线在横轴的截距向左移动,等成本线由AC变为AB,斜率变大,曲线变陡峭。

如果要素L价格不变而要素K价格上升,则等成本线在纵轴的截距向下移动,等成本线由AB变为DB,斜率变小,曲线变平坦;反之,如果要素K价格下降,则等成本线在纵轴的截距向上移动,等成本线由DB变为AB,斜率变大,曲线变陡峭。

3. 生产者均衡

所谓生产者均衡,是指在要素价格既定的情况下,生产既定产量花费的成本最少或成本既定时产量最大的状态。生产者均衡的条件是:两种要素的边际产量之比等于它们的价格之比。或者说,花费的每一元货币购买的两种要素所得到的边际产量都相等。用公式表示则是:

$$\frac{MP_L}{MP_K}=\frac{P_L}{P_K},\text{或者}\frac{MP_L}{P_L}=\frac{MP_K}{P_K}$$

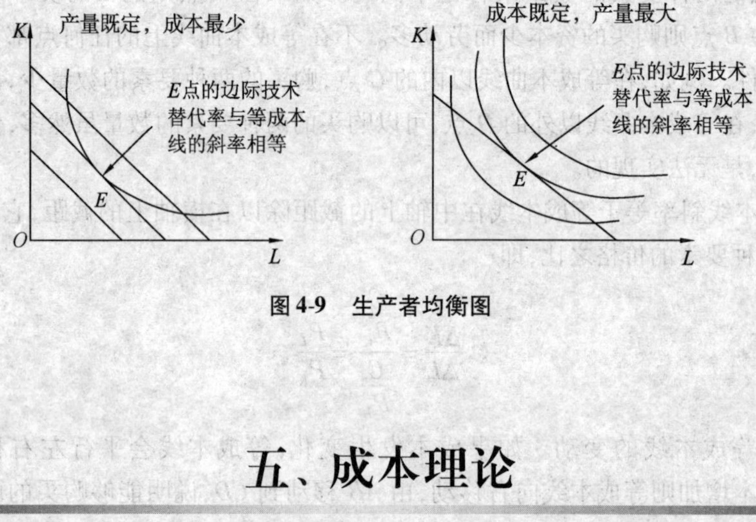

图4-9 生产者均衡图

五、成本理论

(一) 成本及其概念

1. 显性成本与隐性成本

显性成本是指厂商实际购买、租用、借贷并计入会计账目的费用。它是会计成本的主要部分。隐性成本是指厂商提供的自有资源所应该支付的代价,包括:① 固定资产的折旧费;② 自有资金的利息和企业主提供的劳务应得的报酬。后一项又称为正常利润。如果企业主赚到的会计账上的利润不足以弥补自有资金的利息和他提供的劳务应得的报酬,从经济分析他就亏本了。

2. 固定成本与变动成本

固定成本是指不随产量变化而变动的成本，包括厂房和机器的租金或折旧、借入资金利息、保险费、高级雇员薪金等。变动成本是指随产量变化而变动的成本，包括原材料费用、燃料费用、水电费、维修费、一般雇员工资等。

（二）短期成本分析

短期内厂商无法改变其固定要素投入，只能改变可变要素投入。长期的话，厂商能够改变其固定要素投入。

1. 总成本、固定成本和变动成本

由于固定成本 FC 不随产量变化而变动，无论是否生产或产量多少，固定成本是不变的，因此，固定成本曲线是平行于数量轴的一条水平线（见图5-1）。

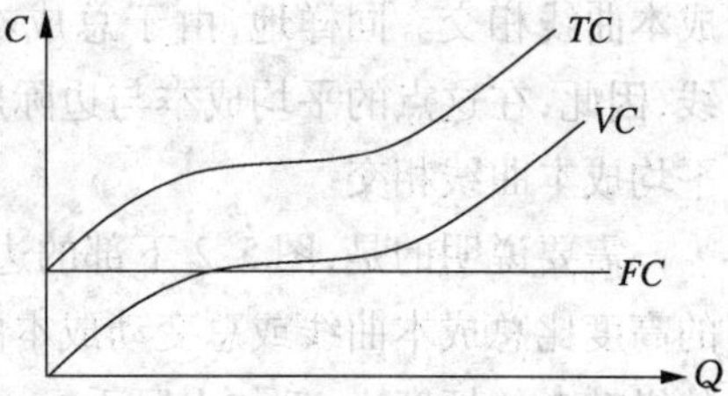

图 5-1　TC、VC 和 FC 成本曲线

变动成本 VC 随着产量变动而变动。如果不生产，也就是没有产量，变动成本为零；如果产量增加，变动成本随之增加。因此，变动成本曲线是从原点出发的，随产量增加而向上拉动的曲线。总成本等于变动成本加固定成本。在图 5-1 中，总成本曲线的形状与变动成本的形状相同，它在纵轴上的截距就是固定成本。

2. 平均固定成本、平均变动成本与平均成本

平均固定成本等于总固定成本除以产量：$AFC=\dfrac{FC}{Q}$

平均变动成本等于总变动成本除以产量：$AVC=\dfrac{VC}{Q}$

平均成本是平均每单位产量的总成本。

$$AC=\frac{TC}{Q}=\frac{FC}{Q}+\frac{VC}{Q}=AFC+AVC$$

边际成本是指每增加一单位产量所增加的总成本，或者，最后一单位产量所形成的成本。

$MC=\dfrac{\Delta TC}{\Delta Q}=\dfrac{\Delta VC}{\Delta Q}$；$MC=\lim\limits_{\Delta Q\to 0}\dfrac{\Delta TC}{\Delta Q}=\dfrac{\mathrm{d}TC}{\mathrm{d}Q}$或者 $MC=\lim\limits_{\Delta Q\to 0}\dfrac{\Delta TVC}{\Delta Q}=\dfrac{\mathrm{d}TVC}{\mathrm{d}Q}$

3. 各种短期成本曲线

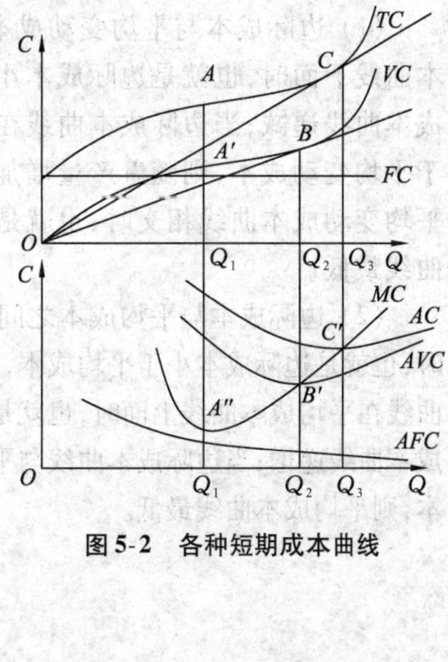

图 5-2　各种短期成本曲线

图 5-2 的上部是短期总成本曲线，下部是各种平均的短期成本曲线。从总成本曲线可以推导出各种平均的短期成本曲线。总成本和变

动成本曲线上各点切线斜率，就是相应产量的边际成本之值。例如，边际成本曲线上 A''的高度就是总成本曲线 A 点或变动成本曲线上 A'点的切线的斜率。

TC 和 VC 曲线上一点到原点射线的斜率，就是对应产量的 AC 和 AVC 之值。例如，总成本曲线上 C 点到原点的连线 OC 的斜率是 CQ_3（总成本）除以 OQ_3（总产量），这就是产量为 Q_3时的平均成本。总变动成本曲线上 B 点到原点的连线 OB 的斜率是 BQ_2（总变动成本）除以 OQ_2（总产量），这就是产量为 Q_2时的平均变动成本。

由于总变动成本曲线上 B 点到原点的连线恰好就是通过 B 点的切线，因此在这点的平均变动成本与边际成本相等，表现为在对应这点的边际成本曲线与平均变动成本曲线相交。同样地，由于总成本曲线上 C 点到原点的连线就是通过 C 点的切线，因此，在这点的平均成本与边际成本相等，表现为在对应这点的边际成本曲线与平均成本曲线相交。

需要说明的是，图 5-2 下部的边际成本曲线、平均成本曲线和平均变动成本曲线的高度比总成本曲线或总变动成本曲线都高，这是怎么回事呢？这是因为图的下部的纵轴上的标度小，例如人民币元，而图的上部的纵轴上的标度大，例如人民币万元。

在图 5-2 中，边际成本曲线、平均变动成本曲线和平均成本曲线都是随着产量增加表现出先下降后上升，是锅底形的，而且边际成本曲线最先达到最低点，然后依次是平均变动成本曲线和平均成本曲线达到最低点。

虽然总固定成本曲线不随产量变化而变动，但平均固定成本曲线随着产量增加而单边下降，与横轴越来越靠近，然而又不会相交。由于平均成本等于平均固定成本与平均变动成本之和，因此，图 5-2 中平均成本曲线和平均变动成本曲线之间的垂直距离就是平均固定成本，这个垂直距离应该与平均固定成本的高度相等。由于平均固定成本是单边下降的，因此，平均成本曲线和平均变动成本曲线之间的垂直距离越来越小。

（1）边际成本与平均变动成本之间的关系。当边际成本曲线在平均变动成本曲线下面时，也就是边际成本小于平均变动成本，则随着产量增加，平均变动成本曲线递减；当边际成本曲线在平均变动成本曲线上面时，也就是边际成本大于平均变动成本，则随着产量增加，平均变动成本曲线递增；当边际成本曲线与平均变动成本曲线相交时，也就是边际成本等于平均变动成本，则平均变动成本曲线最低。

（2）边际成本与平均成本之间的关系。当边际成本曲线在平均成本曲线下面时，也就是边际成本小于平均成本，则随着产量增加，平均成本曲线递减；当边际成本曲线在平均成本曲线上面时，也就是边际成本大于平均成本，则随着产量增加，平均成本曲线递增；当边际成本曲线与平均成本曲线相交时，也就是边际成本等于平均成本，则平均成本曲线最低。

（三）长期成本分析

1. 长期平均成本

长期平均成本曲线是无数条短期平均成本曲线的包络线。每条短期平均成本曲线与长期平均成本曲线不相交但相切，而且在多数情况下不在短期平均成本曲线的最低点相切（见图5-3）。如果在长期平均成本曲线最低点 H 点的左边，长短期平均成本曲线的切点总是在短期平均成本曲线最低点的左边。如果在长期平均成本曲线最低点 H 点的右边，长短期平均成本曲线的切点总是在短期平均成本曲线最低点的右边。

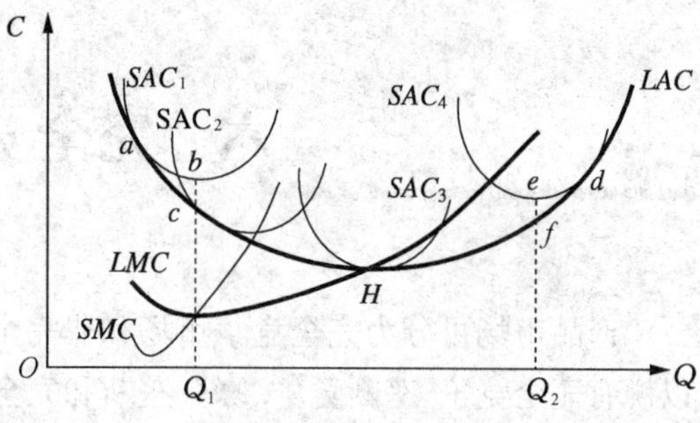

图 5-3　长期成本

长期平均成本曲线与短期平均成本曲线一样也是锅底形的。长期平均成本曲线的最低点称为最佳规模点，而短期平均成本曲线的最低点称为最优产出点。

为什么长短期平均成本曲线的切点在多数情况下不在短期平均成本曲线的最低点呢？假设最先在 a 点对应的产量上生产，在短期厂商追求最优产出，沿着 SAC_1 曲线下滑到 b 点，这是 SAC_1 曲线的最低点。但到达这点后，厂商发现如果扩大生产规模，在同样的产量下成本会下降，即从 b 点下降到 c 点。再说，长短期平均成本曲线都是锅底形的，有一定的曲率，仍然不可能在短期平均成本曲线的最低点相切。

2. 长期边际成本

长期边际成本曲线与长期平均变动成本曲线也同样可以从长期总成本曲线推导出来。长期边际成本与长期平均成本之间的关系，也可以描述为：当长期边际成本曲线在长期平均成本曲线下面时，也就是长期边际成本小于长期平均成本，则随着产量增加（由于规模扩大），长期平均成本曲线递减；当长期边际成本曲线在长期平均成本曲线上面时，也就是长期边际成本大于长期平均成本，则随着产量增加（由于规模扩大），长期平均成本曲线递增；当长期边际成本曲线与长期平均成本曲线相交时，也就是长期边际成本等于长期平均成本，则长期平均成本曲线最低。

此外，LMC 曲线上的任一点总是与某一特定 SMC 曲线相交。交点代表的产量是 LAC 与 SAC 相切之点相应的产量（见图5-3）。可以表述为：$LAC' = SAC'$（长短期平均成本曲线相切），$LMC = SMC$（长短期边际成本曲线相交），且两交点在同一垂线上。

$$(LAC)' = \left(\frac{LTC}{Q}\right)' = \frac{(LTC)'}{Q} = \frac{LMC}{Q}$$

$$(SAC)' = \left(\frac{STC}{Q}\right)' = \frac{(STC)'}{Q} = \frac{SMC}{Q}$$

如果$(LAC)'$与$(SAC)'$相等，即长短期平均成本曲线相切，那么，LMC必然等于SMC，也就是长短期边际成本曲线相交，这两交点是在同一垂线上的。

六、完全竞争市场

产品市场可分为完全竞争市场和非完全竞争市场两类，如果把后者再细分，则可以说有完全竞争、垄断竞争、寡头垄断和完全垄断四种市场结构（见图6-1）。从竞争程度来讲，完全竞争市场是充分竞争的，竞争程度最强，其次是垄断竞争市场和寡头垄断市场，完全垄断市场几乎不存在任何竞争。从垄断程度来讲，完全垄断市场的垄断程度最强，其次是寡头垄断市场和垄断竞争市场，完全竞争市场几乎不存在任何垄断。

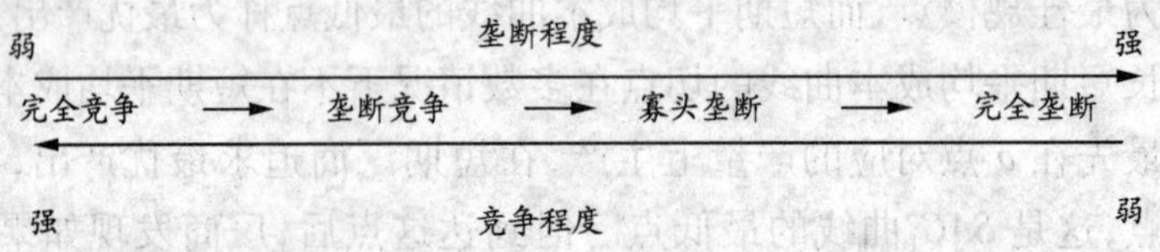

图6-1　非完全竞争市场

（一）完全竞争市场的特点

1. 完全竞争的含义

完全竞争也称纯粹竞争，是指不存在任何垄断因素的市场结构。从理论上讲，完全竞争市场须同时具备以下条件（或特点）。

（1）无数小规模的买者和卖者。他们的交易量在整个市场交易量中是微不足道的，单个交易者的交易行为不会影响市场价格，因而他们是市场价格的接受者而不是决定者。

（2）产品同质。也就是说不存在任何差别。

（3）厂商自由进入或退出该行业。也就是说，生产要素自由流动，当行情好时生产要素无障碍地流入该行业，当行情差时生产要素无障碍地流出该行业。

（4）完全信息或知识。指对交易双方来说，信息是对称的、充分的。

上述特点是从理论上来说的，是一种理论假设，在现实生活中完全符合这四个条件的市场实际上是不存在的。我们只能说农产品市场和股票市场可以近似地当作完全竞争市场来分析。

2. 完全竞争市场的行业需求与厂商需求

所谓行业需求，就是某产品的市场需求。例如，服装的市场需求就是消费者对服装行业所生产的服装这种产品的需求。厂商需求是消费者对单个厂商的产品的需求，是整个行业需求中属于该厂商的部分。

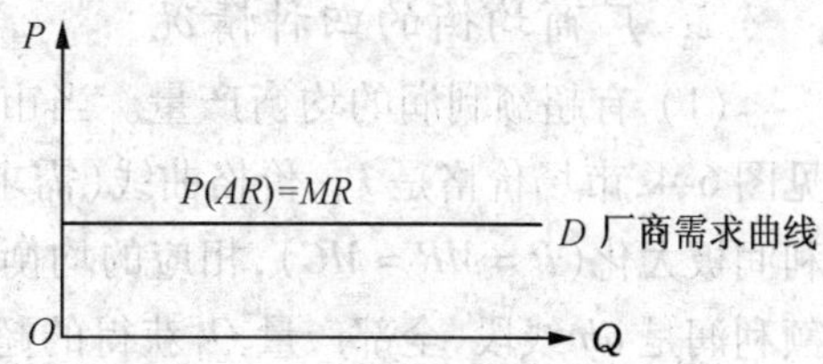

图 6-2 厂商需求曲线、边际收益曲线和平均收益曲线

由于市场价格是由市场供求状况决定的，单个厂商无法决定价格，它只能接受价格，无论他是卖还是不卖，也无论他卖多少，这个价格是不变的，因此，厂商需求曲线是一条平行于数量轴的水平线（见图 6-2）。

3. 厂商总收益、平均收益和边际收益

厂商总收益（TR）是厂商销售某产品得到的全部价款，等于价格乘以销售量：$TR=P\cdot Q$。

平均收益（AR）是平均每单位产量的销售收入，等于总收益除以产量或销售量。平均收益就等于价格，即 $AR=P$，这对于任何市场结构都是适用的。这是因为：$AR=\frac{TR}{Q}=\frac{PQ}{Q}=P$。

边际收益（MR）是指每增加一单位产量所增加的总收益或最后一单位产量所形成的收益，即 $MR=\Delta TR/\Delta Q$。在完全竞争市场，由于价格是不变的，因此，边际收益就等于价格，即 $MR=\Delta TR/\Delta Q=P$。

这样，在完全竞争市场，单个厂商的边际收益曲线、平均收益曲线也是平行线，而且与厂商需求曲线重合，三条曲线是同一条曲线。

（二）完全竞争市场的厂商和行业的短期均衡

1. 厂商均衡

所谓厂商均衡，是指厂商调整产量使其达到利润极大化的状态。所谓利润极大化并不是一定要有利润，而是指有利润时利润最大，有亏损时亏损最小。

利润极大化原则的必要条件是边际收益等于边际成本，即 $MR=MC$。

如果 $MR>MC$，即最后增加的一单位产量带来的收益大于最后增加的一单位产量花费的成本，在图 6-3 上，则是 a 点（$P=MR$）高于 b 点（MC），那么，增加这单位产量则总收益会增加，也就是说当 $MR>MC$ 时总收益不是最大，应该增加产量。如果 $MR<MC$，即最后增加的一单位产量带来的收益小于最后增加的一单位产量花费

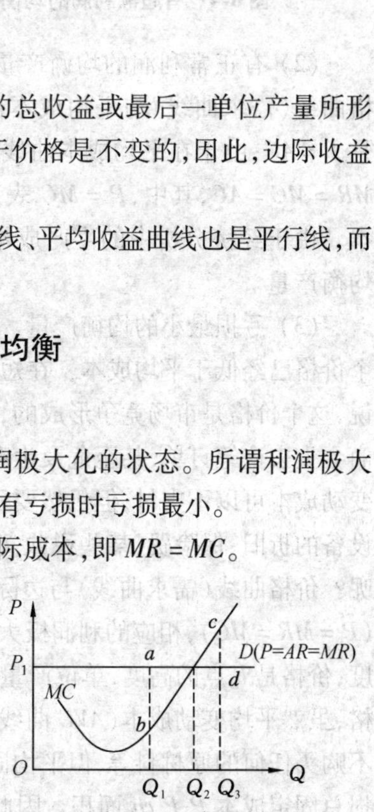

图 6-3 利润极大化

的成本，在图 6-3 上，则是 c 点（MC）高于 d 点（$P=MR$），那么，增加这单位产量是不合算的，会使总收益减少，当然就应该减少这单位产量。因此，只有当 $MR=MC$ 时总收益最大。

2. 厂商均衡的四种情况

（1）有超额利润的均衡产量。当市场价格高于平均成本，厂商便有超额利润。见图 6-4，市场价格是 P_1，价格曲线（需求曲线）与边际成本曲线的交点，即 a 点符合利润极大化（$P=MR=MC$），相应的均衡产量是 Q_1，厂商有超额利润，单位产量的超额利润是 ab 线段，全部产量 Q_1 获得的超额利润是图中阴影面积。有超额利润的均衡产量时，必然符合：$P=MR=MC>AC$。

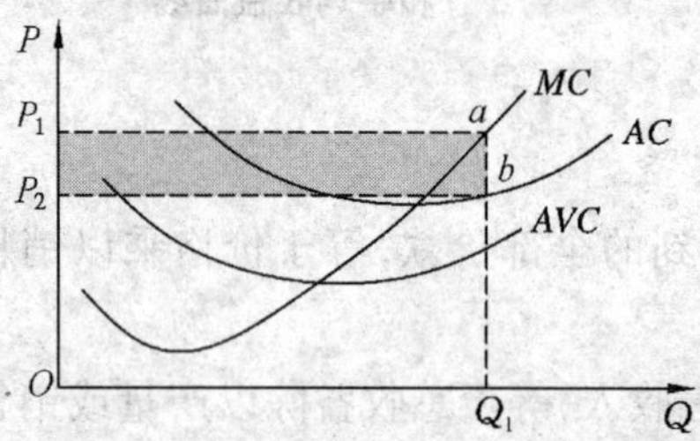

图 6-4　有超额利润的均衡产量

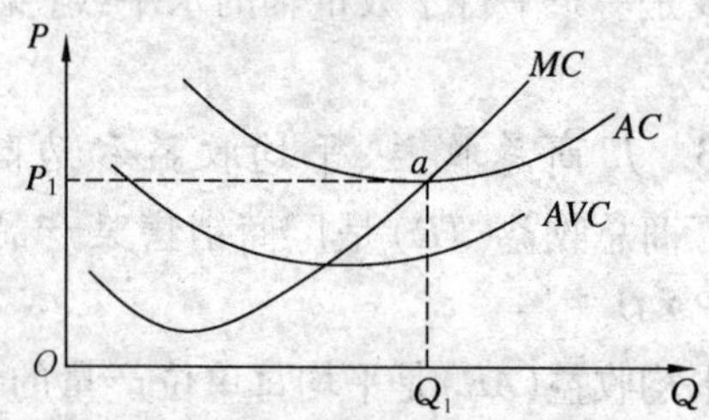

图 6-5　有正常利润的均衡产量

（2）有正常利润的均衡产量。当市场价格下降，降到图 6-5 的 P_1 位置，这时价格曲线（需求曲线）与平均成本曲线相切于平均成本曲线的最低点，即 a 点，也就是 $P=AC$；由于在平均成本曲线的最低点必然是：$MC=AC$，因此在 a 点符合：$P=MR=MC=AC$，其中，$P=MC$ 表示利润极大化，$P=AC$ 表示价格恰好弥补生产成本。由于经济分析中的生产成本包含有正常利润，因此，产量 Q_1 是有正常利润的均衡产量。

（3）亏损最小的均衡产量。假如市场价格继续下降，降到图 6-6 中 P_b 位置，这个价格已经低于平均成本。在短期，厂商是否应该接受这个亏损的价格呢？首先要说，这个价格是市场竞争形成的，若该厂商不接受，必然会有其他竞争厂商接受，该厂商会失去这笔订单，甚至危及生存。其二，该厂商不接受这个亏损的价格的话，虽然变动成本可以不支付，但仍然要亏损固定成本，因为无论是否生产，诸如厂房、机器等设备的折旧、保险费、某些税收等是一定要支付的。如果厂商接受这个亏损的价格呢？价格曲线（需求曲线）与边际成本曲线相交于 b 点，这一点符合利润极大化原则（$P=MR=MC$），相应的利润极大化产量是 Q_1。在这个产量上，平均成本是 a 点的高度，价格是 b 点的高度，单位产量的亏损可以由 ab 线段表示。而如果不接受这个价格，虽然平均变动成本（AVC 曲线上的 c 点）可以不支付，因为可以解雇所有的工人，不购买任何的原材料等，但平均固定成本（ac 线段表示）是必须支付的，Q_1 产量共亏损总固定成本 P_aP_cca 面积。因此，接受这个亏损的价格，厂商不但可以弥补 c 点代表的平均变动成本（或者说弥补总变动成本 P_cOQ_1c 面积），还可以弥补 bc 线段代表的部分平均固定成本(或者说弥补部分总固定成本 P_bP_ccb 面积),仅仅亏损 ab 线段代表的部分平均固定成本(或者说仅仅亏损部分总固定成本 P_aP_bba 面积)。因此,当 $P=MR=MC>AVC$ 时,厂商可以弥补部分固定成本,这时的产量是亏损最小的均衡产量。

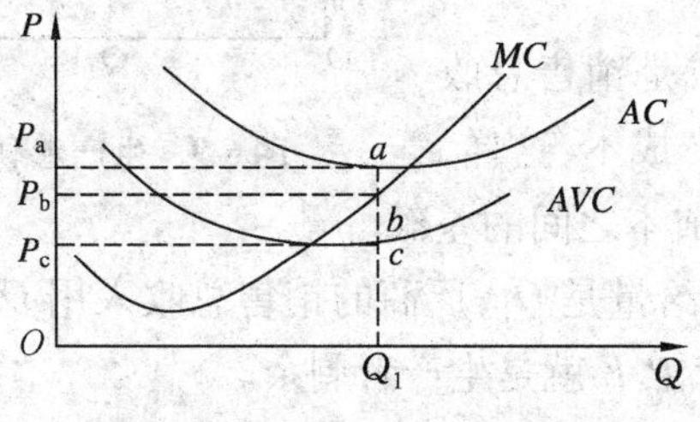

图 6-6 亏损最小的均衡产量

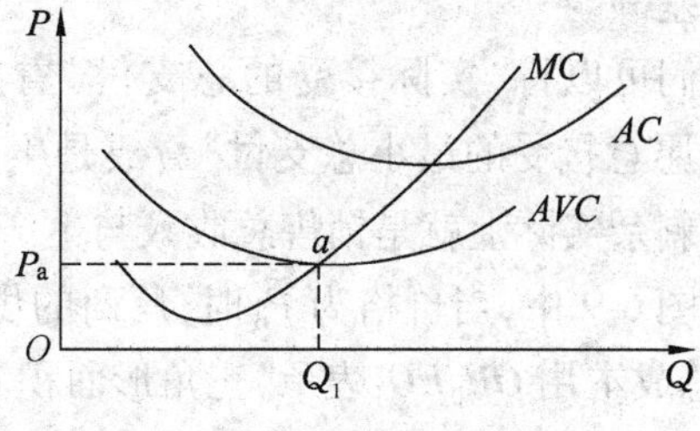

图 6-7 停止营业点的均衡产量

(4) 停止营业点。当市场价格继续下降,降到图 6-7 的 P_a 的位置,这时价格曲线(需求曲线)与平均变动成本曲线相切于平均变动成本曲线的最低点,即 a 点,也就是 $P=AVC$;由于在平均变动成本曲线的最低点必然是:$MC=AVC$,因此在 a 点符合:$P=MR=MC=AVC$,其中,$P=MC$ 表示利润极大化,$P=AVC$ 表示价格恰好只能弥补变动成本,厂商在短期内仍然可以生产。假如市场价格低于 a 点,也就是 $P<AVC$,厂商的变动成本就会亏损,雇一个工人或买一斤原料就亏损,厂商当然就要停止生产。所以 a 点叫作"停止营业点",所对应的产量 Q_1 是停止营业点的均衡产量。

3. 厂商和行业的短期供给曲线

我们已经分析了厂商短期均衡的四种情况,每一种均衡情况都有:$P=MC$,这是利润极大化的条件,这时确定的产量就是利润极大化时的产量。这样,价格和均衡产量(也就是供给量)就因边际成本而一一对应起来。厂商的供给曲线是由边际成本曲线形成的。准确地说,厂商的短期供给曲线就是等于和高于平均变动成本最低点以上的那一条边际成本曲线(图 6-8)。

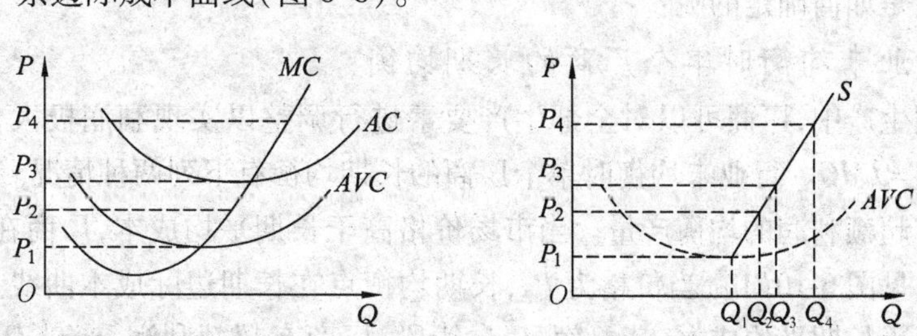

图 6-8 厂商短期供给曲线

行业的短期供给曲线又是怎样形成的呢?在任一价格水平上,行业的供给量是该行业中所有厂商的供给量之和;行业的短期供给曲线可以由该行业中所有厂商的短期供给曲线的水平加总而得到。

4. 生产者剩余

根据厂商的短期供给曲线可以引申出生产者剩余的概念。所谓生产者剩余，是指厂商提供一定数量的某种产品时实际接受的总支付与愿意接受的最小总支付之间的差额。

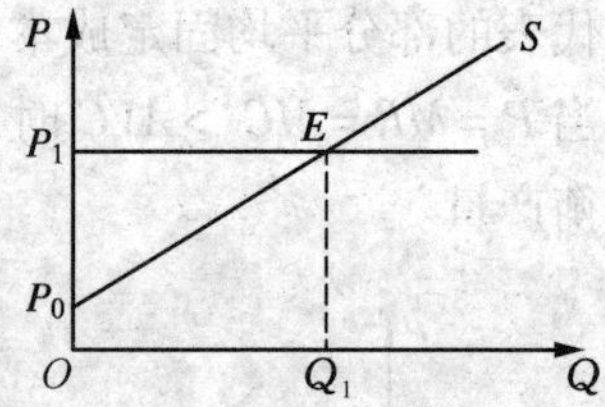

图 6-9 生产者剩余

我们可以将"实际接受的总支付"看成是销售总收入，将"愿意接受的最小总支付"看成是生产成本，这样，生产者剩余实际上就是销售总收入与生产成本之间的差额。

在图 6-9 中，当价格为 P_1时，厂商的供给量是 Q_1，厂商的销售总收入用 OP_1EQ_1表示，总成本用 OP_0EQ_1表示，三角形面积 P_0P_1E 就是生产者剩余。

在这里最关键的是要理解为什么 OP_0EQ_1面积代表总成本？我们知道，厂商的供给曲线实际上就是边际成本曲线，而边际成本和总成本的关系是：总成本是以往各个数量单位的边际成本之和。在图 6-9 中，把 OQ_1数量中各个单位数量的边际成本加总起来就是 OP_0EQ_1面积，这就是总成本。

（三）完全竞争市场的厂商和行业的长期均衡

判断行业是否达到长期均衡，要看留存在该行业里的厂商是否有超额利润。如果留存下来的厂商有超额利润，那么，老厂商就会扩大自己的产量，新厂商就会加入该行业，这时行业就没有达到长期均衡。只有留存下来的厂商都有正常利润但没有超额利润时，整个行业就达到了长期均衡。所谓长期生产，是指厂商可以对全部生产要素进行调整。厂商的长期均衡与行业的长期均衡在时间跨度上并不一定是同步的。当行业达到长期均衡时单个厂商必然达到长期均衡，而当单个厂商达到长期均衡时整个行业未必同时达到长期均衡。我们需要讨论两个问题：其一，当行业未均衡时单个厂商的长期均衡是如何确定的呢？其二，当行业均衡时单个厂商和行业的长期均衡又是如何确定的呢？

1. 行业未均衡时单个厂商的长期均衡

在长期生产中，厂商可以对全部生产要素进行调整以实现利润极大化，其条件是：$P=MR=LMC$。行业未均衡时单个厂商的长期均衡有下列两种情况。

（1）有超额利润的均衡产量。当市场价格高于长期平均成本，厂商在长期便有超额利润。见图 6-10(1)，当价格为 P_2，长期均衡点在长期边际成本曲线上的 a 点，这时价格高于长期平均成本，其差额是 ac 线段，厂商有超额利润，产量 Q_2是有超额利润的均衡产量，其条件是：$P=MR=LMC>LAC$。

（2）有正常利润的均衡产量。如果市场价格继续下降，降到 P_1的位置，价格曲线也就是厂商需求曲线与长期平均成本曲线相切，由于长期平均成本曲线是有一定曲率的，因此必然相切于长期平均成本曲线的最低点。而长期边际成本也必然与长期平均成本相交于长期平均成本曲线的最低点。因此，在长期平均成本曲线最低点

即 b 点，既符合利润极大化原则：$P=MR=LMC$，又满足价格等于长期平均成本，即 $P=LAC$，厂商只有正常利润。相应地，Q_1 是有正常利润的均衡产量，其条件是：$P=MR=LMC=LAC$。

由于行业未均衡时单个厂商的长期均衡只有上述两种情况，在长期厂商不能接受亏损的价格，因此，行业未均衡时单个厂商的长期供给曲线就是等于和高于长期平均成本曲线最低点以上的那一条长期边际成本曲线〔见图 6-10(2)〕。

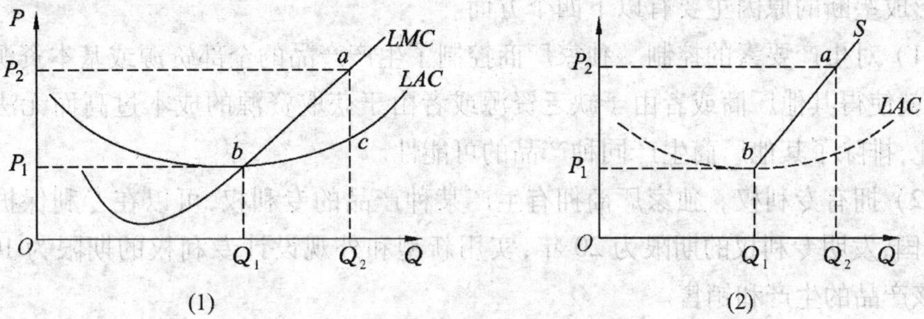

图 6-10　行业未均衡时单个厂商的长期均衡

2. 行业均衡时单个厂商和行业的长期均衡

当行业达到长期均衡时，留存在该行业的所有厂商只能获得正常利润而没有超额利润。或者说，当该行业中每一个厂商都只能获得正常利润而没有超额利润时则整个行业达到长期均衡。其条件是每一个厂商都符合：$P=MR=LMC=LAC$，也就是都在 LAC 的最低点均衡。

既然行业达到长期均衡时，留存下来的各个厂商都在 LAC 的最低点均衡，这就隐含一种情况：尽管各个厂商的均衡产量可能不同，但长期平均成本必须相同，即都等于市场价格。

七、完全垄断市场

（一）完全垄断行业的特点及形成原因

1. 完全垄断行业的特点

完全垄断又叫独占，是指整个行业只有一家厂商的市场结构。完全垄断市场有以下三个特点。

（1）独家厂商。因为只有一家厂商，所以在完全垄断市场没有任何竞争。

（2）无相近替代品。由于无相近替代品，消费者没有选择，只能购买垄断厂商的产品。

(3) 新厂商不能进入。由于垄断行业的进入门槛极高,或者需要巨额资金,或者是政府特许,将其他厂商拒之门外,致使垄断厂商能够长久保持垄断地位。

在完全垄断市场,没有任何竞争,独家垄断厂商控制整个行业的生产与销售,所以,垄断厂商可以自主制定和控制价格。

2. 完全垄断行业的形成原因

形成垄断的原因主要有以下四个方面。

(1) 对生产要素的控制。独家厂商控制了生产产品的全部资源或基本资源的供给,这就使得其他厂商或者由于缺乏资源或者由于获取资源的成本过高而无法进入该行业,排除了其他厂商生产同种产品的可能性。

(2) 拥有专利权。独家厂商拥有生产某种产品的专利权,可以在专利保护期内(在我国,发明专利权的期限为 20 年,实用新型和外观设计专利权的期限为 10 年)垄断该产品的生产和销售。

(3) 政府特许。政府往往在某些行业实行特许垄断的政策,例如,食盐专营、烟草专卖,这样,被特许的厂商就成为独家垄断者。

(4) 自然垄断。某些行业需要先行投入巨额资金,或需要达到一定的生产规模才能盈利,以至于该行业只能有一家实力雄厚的厂商垄断。这就是自然垄断。

(二) 垄断厂商的需求与边际收益

1. 垄断厂商的需求曲线与边际收益曲线

由于完全垄断市场只有一家厂商,因此,垄断厂商的需求曲线就是行业(市场)需求曲线,是一条向右下方倾斜的曲线。

垄断厂商的边际收益曲线是由需求曲线决定的。假如需求曲线是直线,边际收益曲线也是直线。而且,*MR* 曲线平分需求曲线和价格轴之间的任何一条水平线。

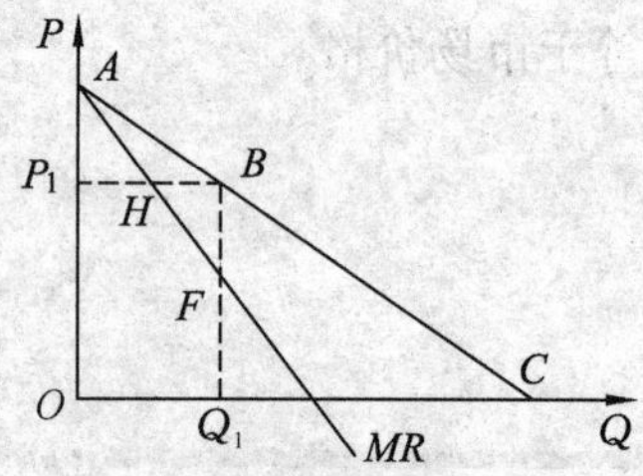

图 7-1 独占厂商的边际收益曲线

现在证明为什么 *MR* 曲线平分需求曲线和价格轴之间的任何一条水平线?见图 7-1,假如价格是 OP_1,产量是 OQ_1,厂商的总收入可用 OP_1BQ_1 面积表示。另外,厂商的总收入也可以用 $OAFQ_1$ 面积表示;因为 OQ_1 产量的总收入是以往各个无限细分单位产量的边际收益之和。

现在证明:∵ $OAFQ_1 = OP_1BQ_1$,又∵ OP_1HFQ_1 面积是共有的,

∴ $\triangle FBH = \triangle HP_1A$,且 $\triangle FBH \backsim \triangle H_1P_1A$,

∴ $\triangle FBH \cong \triangle HP_1A$,这样:$BH = HP_1$,即 H 是 BP_1 线的中点。

既然 *MR* 曲线平分需求曲线和价格轴之间的任何一条水平线,那么,*MR* 曲线的斜率是需求曲线斜率的 2 倍。

2. 边际收益、价格与需求弹性的关系

垄断厂商的边际收益、价格与需求弹性的关系可用公式表示：$MR = P\left(1 - \frac{1}{E_d}\right)$。

我们用几何法证明该公式成立。

图 7-1 中需求曲线上 B 点的需求弹性可以表示为：$E_d = \frac{BC}{AB}$，由于线段 P_1B 平行于横轴，同时，$AP_1 = BF$（因为 $\triangle FBH \cong \triangle HP_1A$），$BF = BQ_1 - FQ_1$，而 BQ_1 就是价格 P，FQ_1 就是边际收益 MR，所以：

$$E_d = \frac{BC}{AB} = \frac{0P_1}{AP_1} = \frac{BQ_1}{BF} = \frac{P}{P - FQ_1} = \frac{P}{P - MR}，也就是：E_d = \frac{P}{P - MR}$$

由公式 $E_d = \frac{P}{P - MR}$，可以再变换为：$MR = P\left(1 - \frac{1}{E_d}\right)$ 和 $P = \frac{E_d \cdot MR}{E_d - 1}$。

3. 边际收益、需求弹性与总收益

见图 7-2，在需求曲线上的中点即 F 点，这时 $E_d = 1$，与此对应，MR 曲线与横轴相交于 Q_1，这点的 $MR = 0$，而总收益最大。需求曲线上 F 点的左边，例如 C 点，$E_d > 1$，边际收益是正值，即 $MR > 0$，随着产量增加则总收益递增。需求曲线上 F 点的右边，例如 D 点，$E_d < 1$，边际收益是负值，即 $MR < 0$，随着产量增加则总收益递减。

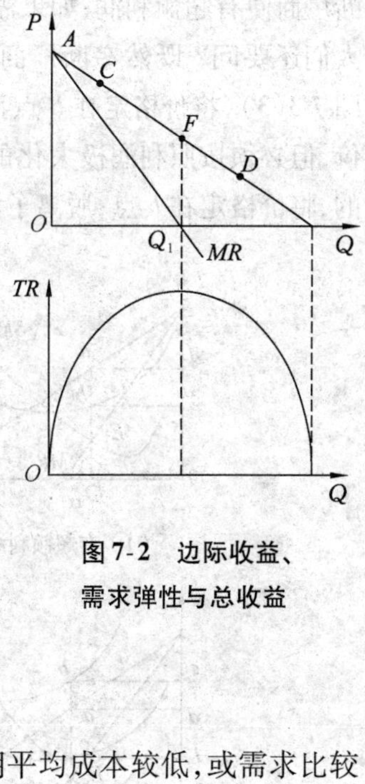

图 7-2　边际收益、需求弹性与总收益

（三）垄断厂商均衡

1. 垄断厂商的短期均衡

在短期内，垄断厂商无法改变固定要素的投入，只能在既定的生产规模下通过对产量和价格的调整，来实现利润极大化。利润极大化的原则是：$MR = SMC$。

垄断厂商的短期均衡也有下列四种情况。

（1）有超额利润的短期均衡。如果垄断厂商的短期平均成本较低，或需求比较旺盛，需求曲线在平均成本曲线的上面，利润极大化的点在 E_1〔见图 7-3（1）〕，垄断厂商的平均收益 aQ_1（$= P$）大于平均成本 bQ_1，单位产量的平均利润为 ab，总利润为 $abcd$ 面积。

（2）有正常利润的短期均衡。假如垄断厂商的短期平均成本曲线上升，或需求曲线下降，恰好在 e 点相切〔见图 7-3（2）〕，该切点与利润极大化的 E_2 点在同一数量垂线上，垄断厂商的平均收益 eQ_1（$= P$）就是平均成本，垄断厂商既没有超额利润也没有亏损，总收入等于总成本，是有正常利润的均衡。

（3）亏损最小的短期均衡。假如垄断厂商的短期平均成本曲线继续上升，或需求曲线继续下降,需求曲线在平均成本曲线的下面〔见图 7-3(3)〕,利润极大化的点在 $E_3(MR=MC)$。相应地,价格定为 $aQ_1(=AR)$,低于平均成本 bQ_1,如果垄断厂商不生产,平均固定成本 be 仍然要支付,将亏损 $fcbe$ 面积的全部固定成本。如果垄断厂商仍然生产,价格中能弥补部分平均固定成本 ae,只亏损 ab,全部亏损是 $abcd$ 面积,减少 $aefd$ 面积的亏损,是亏损最小的短期均衡。

(4) 停止营业点的短期均衡。假如垄断厂商的短期成本曲线继续上升,或需求曲线继续下降,需求曲线与平均变动成本曲线恰好在 a 点相切〔见图 7-3(4)〕,利润极大化在 E_4点,相应地,制定的价格是 $aQ_1(=AR)$,恰好等于 AVC,a 点是停止营业点,价格如果低于 a 点就不会生产。

正如以上分析,垄断厂商虽然能够垄断市场,但并意味着不会发生亏损,是否有亏损要看需求曲线和成本曲线的相对位置。如果需求曲线在平均成本曲线之上,垄断厂商便有超额利润;如果需求曲线在平均成本曲线之下,垄断厂商便会发生亏损。人们还要问:既然垄断厂商能够自主定价,为什么不将价格定得更高些?例如,在图 7-3(3),将价格定在 b 点而不是 a 点的高度?这是因为垄断厂商虽然能自主定价,但必须按照利润极大化的原则($MR=MC$)来定价,其中 MR 是由需求曲线决定的,将价格定在 b 点,脱离了消费者的实际购买力,这样的价格是无法实现的。

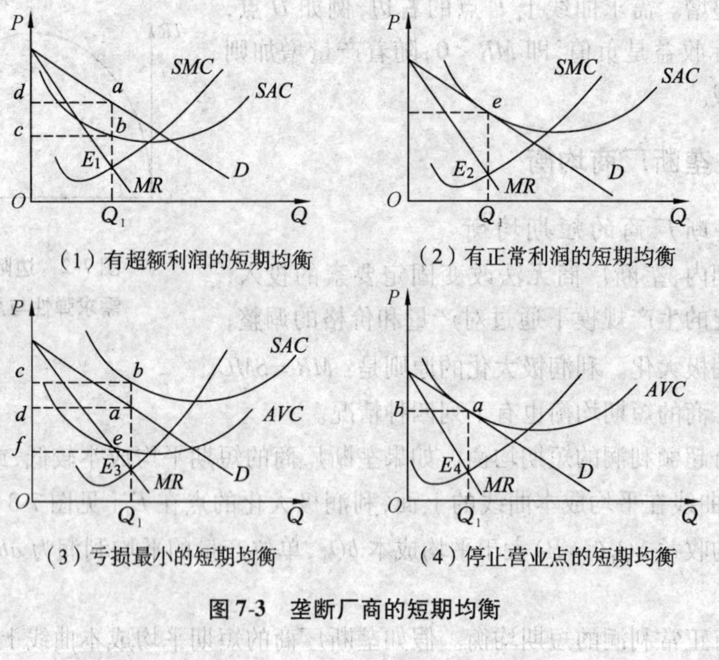

图 7-3 垄断厂商的短期均衡

2. 垄断厂商的长期均衡

在长期,垄断厂商可以调整所有生产要素的投入来实现利润极大化。垄断厂商的长期均衡有下列两种情况。

(1) 有超额利润的长期均衡。当需求曲线在长期平均成本曲线的上面,垄断厂商便有长期超额利润〔见图 7-4(1)〕,利润极大化在 E_1 点,据此确定的价格是 $aQ_1(=AR)$,高于长期平均成本 bQ_1,每单位产量的超额利润是 ab,全部超额利润是 $abcd$ 面积。尽管垄断厂商在短期内也有可能亏损,但那是由于市场需求和生产成本的相互作用,而不是竞争;一旦垄断厂商在短期内能够获得超额利润,在成本不增、需求不减的情况下,由于排斥竞争,这个超额利润是可以长期保持下去的。

(2) 有正常利润的长期均衡。假如垄断厂商的长期平均成本上升,或市场需求(就是厂商需求)下降,需求曲线恰好与长期平均成本曲线相切于 f 点〔见图 7-4(2)〕,该点与利润极大化的 E_2 点在同一垂线上,这时,垄断厂商确定的价格是 fQ_1,恰好等于长期平均成本,垄断厂商只有正常利润,没有超额利润。

在长期,垄断厂商只会在上述两种情况下生产,不会在亏损的价格下生产,除非政府给予补贴或允许垄断厂商实施价格歧视。

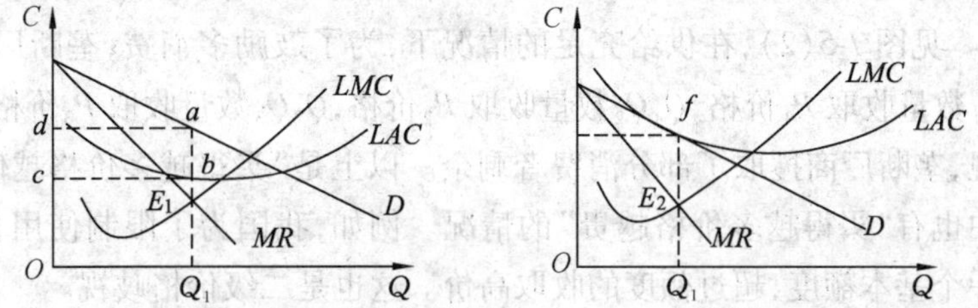

(1) 有超额利润的长期均衡　　(2) 有正常利润的长期均衡

图 7-4　垄断厂商的长期均衡

(四) 垄断厂商的价格歧视

1. 什么是价格歧视?

一家厂商在同一时间对同一种产品向不同的买者索取两种或两种以上的价格,或者对销售给不同买者的同一种产品在成本不同时索取相同的价格,这就是价格歧视。

对上述概念中的第一句话"对同一种产品向不同的买者索取两种或两种以上的价格",这种价格歧视比较容易理解。对第二句话"对销售给不同买者的同一种产品在成本不同时索取相同的价格"也是价格歧视应该如何理解呢? 20 世纪 50 年代,为了配合对工商企业的社会主义改造,消灭私人经济,当时的国营公司,例如食品公司、土特产公司、水产公司等实施统一价格政策,例如江苏省大丰县是粮食、生猪产区,南京市是销区,产区、销区的猪肉、粮食成本有较大差异,但两地国营公司的销售价格没有多大区别,这样,靠地区差价牟利的私人经济就失去生存的基础。这就是价格歧视。

实行价格歧视要有三个条件: ① 市场不完善,存在某种障碍。如信息不对称、消费者的无知、存在贸易壁垒等。② 各市场的需求弹性必须各不相同。需求弹性大的价格可低些,需求弹性小的价格可高些。③ 不同市场之间或市场各部分之间必须能有效地分离开来。

2. 价格歧视的类型

(1) 一级价格歧视：根据不同顾客的需求及支付能力收取不同的价格。见图 7-5(1)，厂商销售 OQ_1 数量的产品，如果是完全竞争市场厂商只能收取 P_1 价格，总收益是 OP_1AQ_1 面积，三角形面积 ABP_1 是消费者剩余。但是，由于是完全垄断市场，垄断厂商可以将 OQ_1 数量的各个单位数量（理论上讲是无限细分单位数量）卖给不同的消费者并收取不同的价格，这样，垄断厂商的总收益是 $OBAQ_1$ 面积。通过一级价格歧视，垄断厂商额外获取了全部消费者剩余。

实施一级价格歧视最常见的例子是乡村医生和私人开业的律师，其前提是各个顾客能被有效分割。如果各个顾客不能被有效分割，且相互通气，价格歧视就无法施行。

(2) 二级价格歧视：对同一顾客的不同购买量收取不同价格。实践中又叫“阶梯式价格”。见图 7-5(2)，在供给充足的情况下，为了鼓励多消费，垄断厂商对顾客购买的 OQ_1 数量收取 P_1 价格，Q_1Q_2 数量收取 P_2 价格，Q_2Q_3 数量收取 P_3 价格。通过二级价格歧视，垄断厂商攫取了部分消费者剩余。以上是“买得越多价格越便宜”的例子。实践中也有“买得越多价格越贵”的情况。例如，我国为了限制使用自来水，对用户规定一个基本额度，超过额度的收取高价。这也是二级价格歧视。

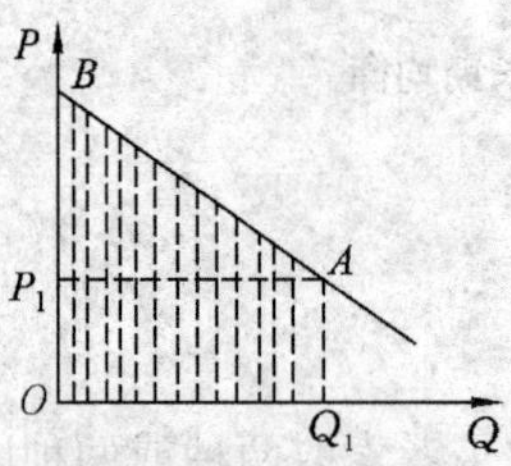

(1) 一级价格歧视

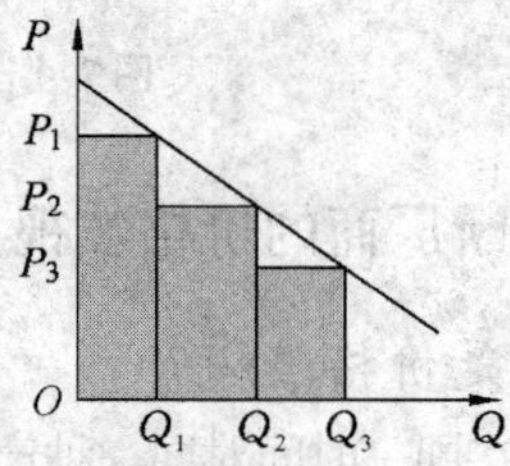

(2) 二级价格歧视

图 7-5 一级价格歧视和二级价格歧视

(3) 三级价格歧视：根据各个分市场的需求状况和需求弹性的不同制定不同的价格。其前提是：各个分市场能有效分割且需求弹性不同。例如，工业用电和民用电市场。

三级价格歧视的定价步骤（见图 7-6）：第一步，确定总产量。例如，将工业用电需求和民用电需求加总成为总市场的拐折的需求曲线，根据总需求曲线可以得出边际收益曲线；边际收益曲线与边际成本曲线的交点是利润极大化，符合 $MR=MC$。相应的总产量确定为 OQ_3。第二步，将总产量分配给各个分市场。市场分配原则是：$MR=MC=MR_1=MR_2$。工业用电市场得到的数量是 OQ_1，民用电市场得到的数量是 OQ_2。第三步，确定各个分市场价格。由于市场分配原则体现了两个分市场的利润极大化，工业用电价格是 P_1，民用电价格是 P_2。

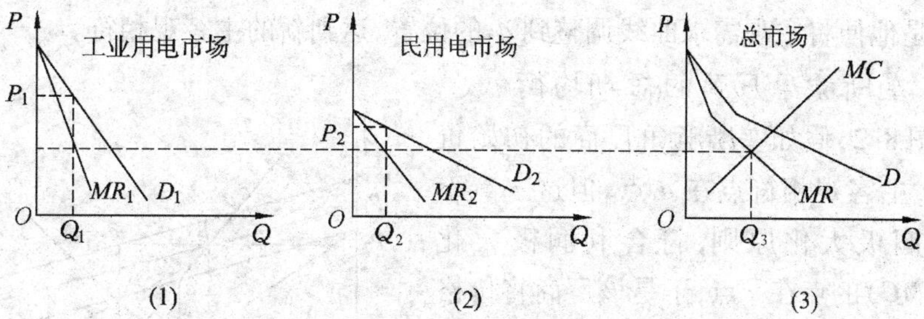

图 7-6　三级价格歧视

八、垄断竞争与寡头垄断

(一) 垄断竞争市场

1. 垄断竞争行业的特点

在垄断竞争行业,有众多厂商生产和销售有差别的同类或同种产品。产品差别主要来自两个方面。① 产品本身的物质的或物理的属性的细微差别。例如,两家厂商生产的彩电,仅商标或包装略有不同。② 销售条件的差别。例如,同一种甚至同一品牌的商品在两家不同店或服务态度不同,或消费者感觉不同。

垄断竞争市场的特点是: ① 行业中存在大量(众多)厂商; ② 生产和销售略有差别的同种产品; ③ 进出该行业比较容易; ④ 信息获取比较容易。

在我国,比较符合垄断竞争市场特征的行业是家电行业。

2. 垄断竞争厂商的两条需求曲线

垄断竞争厂商有两条需求曲线: 一条是主观需求曲线,另一条是客观需求曲线。所谓主观需求曲线,是指该厂商降价而其他竞争者并不随之降价时该厂商的需求曲线;所谓客观需求曲线(又叫实际需求曲线),是指该厂商降价而其他竞争者也同时降价时该厂商的需求曲线。

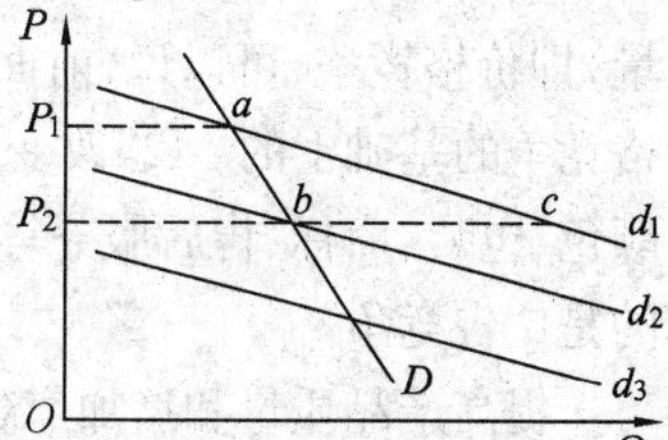

图 8-1　垄断竞争厂商的两条需求曲线

在图 8-1 中,比较陡峭的曲线 D 是客观需求曲线,比较平坦的曲线 d 是主观需求曲线。在短期,垄断竞争厂商的客观需求曲线是不变的,因为该行业内的厂商数目没有变化,变动的只是主观需求曲线。假如,初始价格是 P_1,主客观相符点在 a 点,该厂商将价格降为 P_2,他以为销售量能由主观需求曲线 d_1 上的 c 点决定,但实际上只销售到客观需求曲线上的

b 点，于是他便将主观需求曲线调整到 d_2 的位置，达到新的主客观相符。

3. 垄断竞争厂商的短期均衡

见图 8-2，假如垄断竞争厂商的初始价格是 P_1，主客观相符点在 a 点，但这一点不符合利润极大化原则，符合利润极大化（$MR_1=MC$）的点在 c 点，于是该厂商将价格降为 P_2。他以为销售量可以扩大到 q_1，但实际上只能达到客观需求曲线上 b 点决定的 Q_1 数量，该厂商将主观需求曲线调整到 d_2，与客观需求曲线相交于 b 点，达到新的主客观相符。但这时仍然不符合利润极大化原则，与此往复，垄断厂商不断调低主观需求曲线，直至调整到 d_3，主客观相符点在 e 点，利润极大化点在 f 点，两点在同一垂线上，这时垄断竞争厂商达到短期均衡。

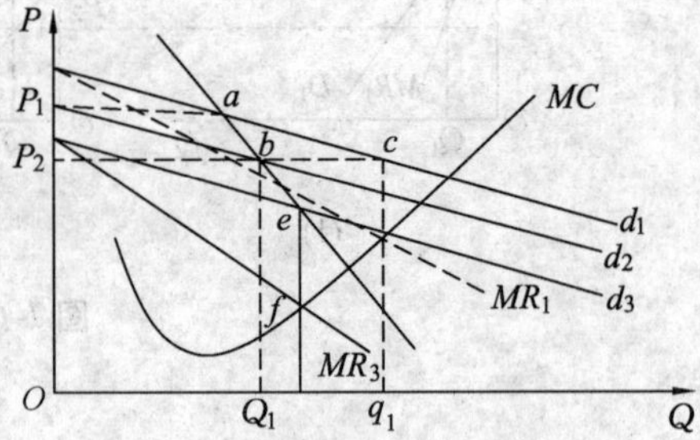

图 8-2 垄断竞争厂商的短期均衡

垄断竞争厂商短期均衡的条件：$d=D$（主客观相符），$MR=MC$（利润极大化），且两交点位于同一数量轴的垂线上。

4. 垄断竞争厂商的长期均衡

垄断竞争厂商的长期均衡是在该厂商已经实现短期均衡的基础上进行的。假如初始价格是 P_1，在此价格下该厂商有超额利润，由于是长期，新的厂商会加入该行业；厂商数目增加，使该厂商的客观需求曲线向左下移动，短期均衡的主客观相符点也向左下移动，直到主观需求曲线 d_2 与长期平均成本曲线相切与 e 点。e 点是新的主客观相符点，与利润极大化的 h 点在同一垂线上，这时垄断竞争厂商达到长期均衡（见图 8-3）。

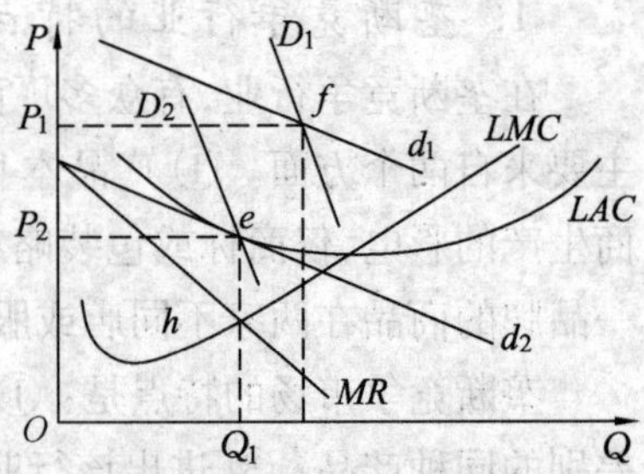

图 8-3 垄断竞争厂商的长期均衡

垄断竞争厂商长期均衡的条件：$d=D$（主客观相符），$MR=MC$（利润极大化），两交点位于同一数量轴的垂线上，且主观需求曲线 d 与 LAC 曲线相切。

5. 产品质量和推销费用的调整与厂商均衡

垄断竞争厂商实现利润极大化有三种途径。① 调整价格（从而确定相应的产量）即价格竞争，可以说，前面分析的垄断厂商的短期和长期均衡过程就是建立在价格竞争的基础上的。② 改变产品质量（使之差别化）。包括：产品设计的组成形式、颜色、包装、商标、售后服务等，这就是质量竞争。③ 广告或其他促销活动。最常见的是广告竞争。

提高产品质量和增加广告支出都会增加总成本，然而，如果市场需求因此增加更多，总收益增加更多，则厂商在经济上就是合算的。

需要指出的是，广告竞争对垄断竞争行业是非常重要的。做不做广告大不一样。

在完全竞争市场没必要做广告,因为产品高度同质,没有任何差别,你做了广告就等于给别人也做了广告。在完全垄断市场不需要做广告,因为只有一家垄断厂商,消费者没有选择余地,做不做广告都必须购买独家厂商的产品。然而,在垄断竞争市场做不做广告就大不一样了。这就是在我国为什么家电行业广告战最频繁最激烈的原因。

(二)寡头垄断市场

1. 寡头垄断的特点与类型

寡头垄断,又叫寡占,是指行业中仅有几家垄断厂商相互激烈竞争或生产高度集中的一种行业。哪些行业是寡占市场在不同国家可能是不一样的。在美国,汽车业中只有几家大厂商相互竞争,可以看成是寡占市场;但在我国,将汽车业看成是垄断竞争则更合适。在我国,通常将电信行业看成是寡占市场。

寡头垄断市场有两个显著特征。其一,寡头之间存在着被认识到的相互依存性。在寡占市场,每个寡头的产量都在全行业中占据较大份额,从而每个寡头的产量或价格的调整都会对其他寡头产生巨大影响,因此,每个寡头在做决策前必须考虑其他寡头可能会做出的反应。其二,寡头决策(如降价)结果的不可预见性和不确定性。这个特征源于第一个特征。正因为第一个特征,寡头决策(如降价)的结果要依赖其他寡头的反应。如果其他寡头反应激烈,则寡头决策的效果可能等于零。这便是寡头之间的竞争往往不在价格竞争的原因。

寡头决策(如降价)结果的不可预见性和不确定性,使得寡头垄断理论在许多情况下,当达到均衡状态时会有什么产量和价格是不可决定的,这与其他三种市场结构(均衡 P 和 Q 可决定)不同。

寡头垄断厂商的行为区分为两类:第一类是不勾结模型,主要包括双垄断模型、拐折的需求曲线模型。第二类是勾结模型,包括非正式勾结(例如价格领导制、利润加成定价法、非正式地默认一些“行动准则”等)和正式勾结(如卡特尔)。

2. 双垄断模型

双垄断模型又叫古诺模型,是由法国经济学家古诺在1838年提出的。双垄断模型有以下假设:① 只有 AB 两厂商生产同一种商品;② 生产成本为零(或相同),边际成本为零;③ 两公司分享市场,总需求是线性的;④ 两厂商都能及时了解市场需求,他们在决定自己产量时都假定竞争对手不会改变原有产量;⑤ 两厂商通过调整产量以实现利润极大化。

我们用数学方法计算双垄断模型的均衡产量。假设只有 A、B 两家厂商生产矿泉水,生产成本为零或者相同,市场需求函数是:$P = a - bQ$,而 $Q = Q_1 + Q_2$,因此市场需求函数可写成:$P = a - b(Q_1 + Q_2)$。

A 公司的总收益是:$TR_A = Q_1P = Q_1[a - b(Q_1 + Q_2)] = aQ_1 - bQ_1^2 - bQ_1Q_2$。

A 公司的边际收益是对总收益求一阶偏导:$MR_A = a - 2bQ_1 - bQ_2$。

由于生产成本为零或者相同,因此边际成本也等于零。利润极大化条件是$MR=MC$,于是:

$a-2bQ_1-bQ_2=0$,解该公式,得:

$$Q_1=\frac{a-bQ_2}{2b}=\frac{a}{2b}-\frac{Q_2}{2} \quad (1)$$

同理可得:

$$Q_2=\frac{a-bQ_1}{2b}=\frac{a}{2b}-\frac{Q_1}{2} \quad (2)$$

将式(2)代入式(1),得A公司均衡产量$Q_1=\frac{a}{3b}$。同理,将式(1)代入式(2),得B公司均衡产量$Q_2=\frac{a}{3b}$。

上述A、B两公司的均衡产量是不勾结情况下的。如果相互勾结,他们将设定最大利润产量:$MR=(pQ)'=a-2bQ$,由于边际成本为零,则:$MR=a-2bQ=0$,得:$Q=\frac{a}{2b}$。

假如市场需求函数是:$P=120-Q$,在双垄断模型下,求:① 不勾结情况下A、B两公司的均衡产量;② 勾结情况下A、B两公司的共同产量。

解(1):不勾结情况下A、B两公司的均衡产量是:$Q_1=Q_2=\frac{a}{3b}=\frac{120}{3}=40$。

解(2):勾结情况下A、B两公司的共同产量:$Q=\frac{a}{2b}=\frac{120}{2}=60$。

3. 斯威齐模型

斯威齐模型又叫拐折的需求曲线模型。寡头垄断之间的竞争一般不在价格竞争,而主要在改变产品设计、促销方面竞争。为了说明价格刚性(rigidity),美国的保罗·斯威齐在1939年提出了拐折的需求曲线。

见图8-4,需求曲线ABC在B点拐折,在B点以上即AB线段,该厂商涨价,其他厂商不会随之涨价,因为谁涨价谁的销售量会减少。在B点以下即BC线段,该厂商降价,其他厂商也随之降价,因为谁不降价则无法销售。由于需求曲线是拐折的,边际收益曲线就是断开的。在断开处,无论厂商的成本(看边际成本)是上升还是下降都不影响均衡产量Q_1,因此,价格P_1不随成本变化而变化。斯威齐模型较好地解释了寡占市场的价格刚性现象。

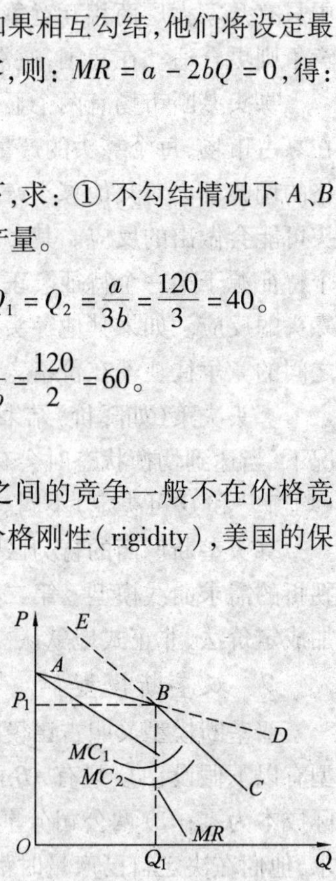

图8-4 斯威齐模型

九、要素的需求与供给

(一) 生产要素的需求

1. 产品市场与要素市场的关系

以上我们分析的都是产品市场,这里分析要素市场。产品市场的需求是消费者对厂商生产出来的产品的需求。而要素需求则是厂商对生产要素的需求。生产要素包括劳动、土地、资本品、企业家才能、科技能力五类,哪一类要素的价格高,说明国民收入分配就向哪一类要素的所有者倾斜。因此,要素价格的决定理论又被看成是国民收入分配理论。

生产要素需求是派生需求。所谓派生需求,是指一种物品的需求引致出对另一种物品的需求。之所以说生产要素需求是派生需求,是因为厂商对要素的需求是由人们对要素所产出的产品的需求引致出来的。一家服装厂为什么要大量招收工人呢?是因为这家服装厂生产出来的服装在市场上供不应求,需要招收更多的工人来生产。

在以上讨论产品市场的时候并没有涉及要素价格决定,要素价格只是作为产品成本的一部分来考虑的。但是,这里在分析要素价格决定的时候,由于要素需求是由产品需求派生出来的,因此就必须同时考虑产品价格的变化问题。

产品市场可以分成"完全竞争"和"非完全竞争"两大类;同样地,要素市场也可以分为"完全竞争"和"非完全竞争"两大类。当要素市场是完全竞争的,产品市场则可能是完全竞争的也可能是非完全竞争的。这样又可以分为四类:① 要素市场和产品市场都是完全竞争;② 要素市场完全竞争而产品市场非完全竞争;③ 要素市场非完全竞争而产品市场完全竞争;④ 要素市场和产品市场都是非完全竞争。

由于非完全竞争要素市场十分复杂,我们仅仅分析第一种类型"要素市场和产品市场都是完全竞争"的情况。

与完全竞争产品市场一样,完全竞争要素市场的基本特征可以描述为:① 要素供求双方人数众多;② 要素是同质的,没有任何差别;③ 要素供求双方有充分信息;④ 要素可以自由移动。

对使用要素生产产品的厂商而言,如果产品市场是完全竞争的,产品价格不随产量变化而变化,即 $P=MR$;如果要素市场是完全竞争的,要素价格不随要素使用量增加而变化,假如要素是劳动 L,则 W(工资水平)是不变的。

2. 完全竞争厂商对单个可变要素的需求

仅仅为了使用方便,我们把"要素市场和产品市场都是完全竞争"情况下的厂商在这里称为"完全竞争厂商"。如果单个可变要素是劳动 L,则完全竞争厂商对单个可变要素的需求涉及以下一系列概念。

(1) MP_L——劳动的边际产量,表示每增加一单位要素 L 所增加的总产量,或投入的最后一单位要素 L 所带来的产量。公式是:

$$MP_L = \frac{\Delta Q}{\Delta L}$$

(2) MRP_L——边际收益产品,表示每增加使用一单位要素 L 所增加的收益,或最后使用的一单位要素 L 所带来的收益。它又等于边际收益与边际产量的乘积。

$$MRP_L = \frac{\Delta TR}{\Delta L} = MR \cdot MP_L$$

(3) VMP_L——边际产品价值,简称边际产值,指边际产量与产品价格的乘积。

$$VMP_L = P \cdot MP_L$$

如果产品市场是完全竞争的,则:$P = MR$。于是:$VMP_L = MRP_L$。

(4) VAP——平均产品价值,简称平均产值,指平均每单位要素带来的产值。它等于平均产量乘以价格($AP \cdot P$),或者等于总收益除以要素投入量(TR/L)。

(5) MFC_L——边际要素成本,指每增加使用一单位要素 L 所增加的成本,或最后使用的一单位要素 L 所花费的成本。即

$$MFC_L = \frac{\Delta TC}{\Delta L}$$

必须清楚,MFC_L(边际要素成本)不等于 MC(边际成本)。边际要素成本是"每增加使用一单位要素 L 所增加的成本",而边际成本是"每增加一单位产量所增加的成本"。

如果要素市场是完全竞争的,则:$MFC_L = W$(工资)。

(6) AFC_L——平均要素成本,指厂商购买一单位要素所花费的成本,等于总成本除以劳动使用量。

(二) 要素市场的厂商均衡(利润极大化)

1. 厂商的要素需求曲线

所谓要素市场厂商均衡,是指厂商调节要素的使用量使其利润极大化的状态。当厂商仅购买一种可变要素 L 从事生产以谋求最大利润时,必须遵循边际收益产品或边际产品价值等于边际要素成本的规则。要素市场厂商均衡的条件是:$MRP = MFC$。

如果产品市场是完全竞争的,则:$P = MR$,因此:$MRP = VMP$。

如果要素市场是完全竞争的,则:$MFC = W$。

在要素市场和产品市场都是完全竞争的情况下,厂商均衡的条件可以改写为:$VMP = W$。

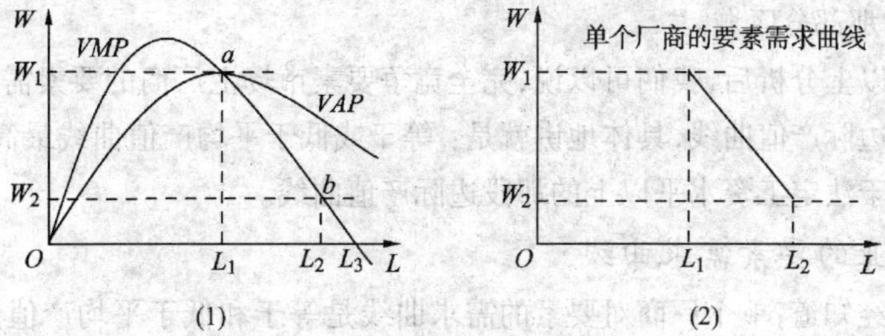

图 9-1　完全竞争厂商的要素需求

图 9-1(1)有两条曲线：边际产值 *VMP* 和平均产值 *VAP*，两者的关系是：当 *VMP* > *VAP*，*VAP* 上升；当 *VMP* < *VAP*，*VAP* 下降；当 *VMP* = *VAP*，*VAP* 最大。

现在我们提出一个新概念："意愿要素需求区域"，在这个区域里厂商雇佣劳动数量对厂商有利。首先划分三个区域：第一区域是 L_1 以内，即 0 至 L_1；第二区域是 L_1 至 L_3；第三区域在 L_3 以外。先看第一区域，在这个区域，*VMP* > *VAP*，就是说最后增加的劳动带来的产值大于平均产值，继续增加劳动对厂商有利，厂商当然不会将劳动数量限制在这个区域。再看第三区域，在这个区域，*VMP* <0，就是说最后增加的劳动带来的是负产值，总产值下降，厂商的明智之举应当是减少劳动，当然也不会选择这个区域。排除第一区域和第三区域后，厂商的意愿要素需求只能在第二区域，起点是 L_1，它对应 *VAP* 曲线的最高点 *a* 点，在此点 *VMP* 曲线和 *VAP* 曲线相交；终点是 L_3，它对应 *VMP* =0，这时总产值最大。

L_1 至 L_3 是厂商的意愿要素需求区域，但并不是说在这个区域里任何一个要素需求点都能实现利润极大化。这要引入工资水平 *W* 来分析。在完全竞争要素市场上，单个厂商和单个劳动者都不是工资水平的决定者，而是接受者，所以工资水平 *W* 是一条水平线。假设工资水平是 W_1，它相切于 *VAP* 曲线最高点 *a*，在这点，*VMP* 曲线与 *VAP* 曲线相交，符合 *W* = *VMP* = *VAP*〔见图 9-1(1)〕。在 *a* 点的左边，*VMP* > *W*，继续增加劳动能增加总产值，所以劳动需求应当向右移动。在 *a* 点的右边，*VMP* < *W*，最后增加的劳动带来的产值小于给他的工资，所以劳动需求应当向左移动。只有在 *a* 点，*VMP* = *W*，对应的劳动需求是 L_1，厂商实现了利润极大化。

要素需求点 L_3 能实现利润极大化吗？在这点，*VMP* =0，虽然理论上说总产值最大，但实际上不能实现，因为利润极大化的条件是 *W* = *VMP*，而工资 *W* 不可能等于零。所以，L_3 虽然是厂商意愿要素需求区域的一个点，但这个要素需求点是不能实现利润极大化的。

还有没有其他的要素需求点不能实现利润极大化呢？当然有的。假定工资水平降到 W_2，它与 *VMP* 曲线相交于 *b* 点，在这点，*VMP* = *W*，厂商仍然实现了利润极大化，对应的劳动需求是 L_2。现在我们再假定，W_2 就是政府规定的最低工资水平，这意味着任何厂商都不能低于这个工资水平来雇用劳动者，当然更谈不上实现利润极大化了。所以，在厂商的意愿要素需求区域内不能实现利润极大化的要素需求点是：大

于 L_2 至 L_3 的那部分区域。

在经过以上分析后，我们可以说，完全竞争要素市场上厂商的要素需求曲线就是厂商的一段边际产值曲线，具体地讲就是：等于或低于平均产值曲线最高点以下的，且等于或高于法定工资水平以上的那段边际产值曲线。

2. 行业的要素需求曲线

我们已经知道，单个厂商对要素的需求曲线是等于和低于平均产值曲线最高点以下且等于或高于法定工资水平以上的那一段边际产值曲线。那么，整个行业对要素需求曲线能不能将行业中所有厂商的要素需求曲线简单加总呢？是不能够的。因为要素需求是一种派生需求，单个厂商的要素需求转化成行业的要素需求的过程非常复杂。

在分析行业的要素需求曲线形成过程中，需要运用“长期”和“短期”的概念。在生产理论中，从生产的角度，判断“长期”或“短期”是看时间跨度是否经过一个生产周期，固定要素是否可以变动，如果经过了一个生产周期，固定要素可以变动，这个时间跨度就是长期，否则就是短期。在这里讨论的要素价格决定理论中，从产品供求的角度，判断“长期”或“短期”是看产品的市场价格是否变化，如果产品的市场价格发生变化，这个时间跨度就是长期，否则就是短期。

见图9-2(1)，假设单个厂商的初始要素需求曲线是 VMP_1，当工资水平为 W_1 时，该厂商对劳动的需求由 VMP_1 曲线上的 a 点决定，是 L_1。现在工资水平下降为 W_2，在短期，其他厂商不调整劳动的使用量，或者虽然调整劳动的使用量但没有影响产品的市场价格，这时该厂商对劳动的需求沿着初始要素需求曲线 VMP_1 下滑到 c 点，对劳动的需求增加到 L_3。但是，在长期，行业中所有厂商都对工资水平下降做出反应，都增加劳动需求，扩大产品产量，从而使整个行业的产品供给数量增加，并最终导致产品的市场价格下降。由于 $VMP = P \cdot MP$，P 下降，VMP 就减少，从而使要素需求曲线向左移动到 VMP_2，与 W_2 曲线（虚线）相交于 b 点。连接 a、b 两点，就形成单个厂商对劳动的长期需求曲线 D_L〔见图9-2(2)〕。将所有厂商对劳动的长期需求曲线加总，就形成行业的劳动需求曲线 $\sum D_L$。

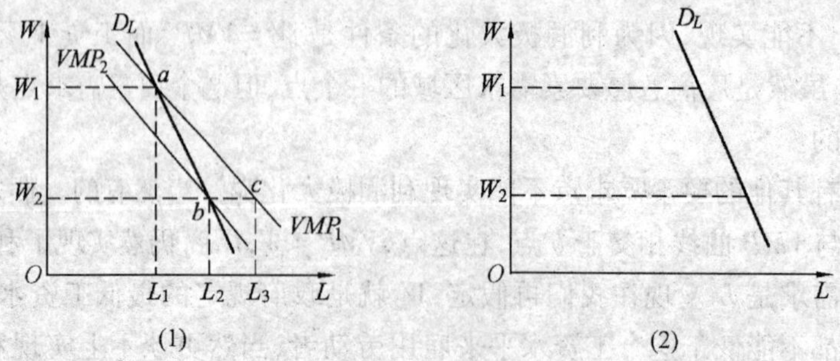

图9-2 行业的要素需求曲线

(三) 要素(劳动)供给曲线及要素(劳动)价格决定

1. 要素(劳动)供给曲线

图9-3(1)是劳动的供给曲线。当工资水平较低时(在 W_1 以下),劳动供给曲线的斜率是正的,表示工资越高则劳动供给越多,但是,当工资收入提高到一定水平后(在 W_1 以上),利用闲暇时间从事娱乐、旅游所提供的效用很可能超过再增加的收入提供的效用,这时劳动的供给曲线就可能向后弯曲,曲线的斜率由正数变成负数。将所有劳动者的劳动供给曲线水平相加,就得到整个行业的劳动供给曲线〔见9-3(2)〕。

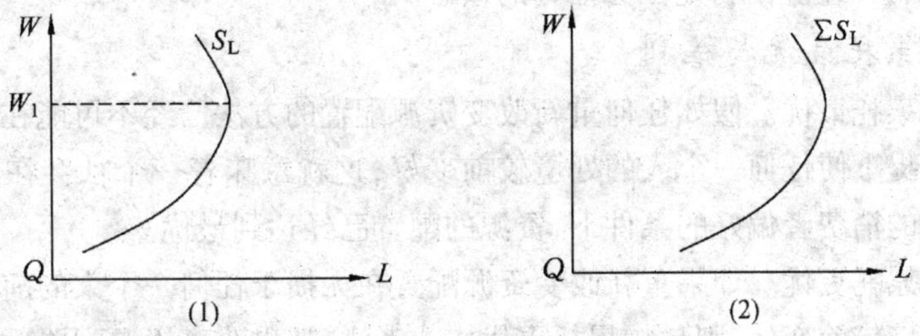

图9-3 劳动供给曲线

2. 要素价格(均衡工资)的决定

要素的市场价格是由要素的供给和需求两股力量决定的。见图9-4,$\sum S_L$是行业的劳动供给曲线,$\sum D_L$是行业的劳动需求曲线。两条曲线的交点 E 是均衡点,W_1 是均衡工资。如果工资水平高于均衡工资,在 W_2点,劳动市场会出现供过于求,迫使工资水平下降;如果工资水平低于均衡工资,在 W_3点,劳动市场会出现供不应求,迫使工资水平上升。

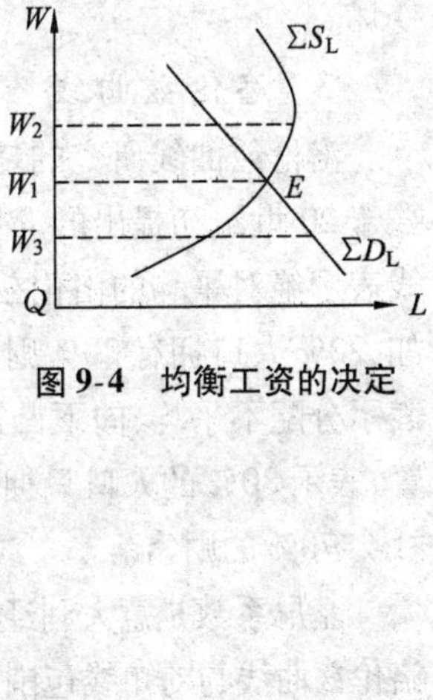

图9-4 均衡工资的决定

十、福利经济学与市场失灵

(一) 福利经济学

1. 福利经济学概述

福利经济学是从资源配置和国民收入分配两个方面研究实现最大社会福利所需条件及为了增进社会福利所应该采取的政策措施的经济学。福利经济学所追求的基本目标是兼顾公平和效率,属于规范经济学范畴。

福利经济学是从微观主体的行为相互联系的角度出发,来考察一个社会全体成员的经济福利问题。具体地讲,是从社会资源有效配置和社会财富公平分配这两方面来研究一个国家实现最大的社会福利所要具备的条件和国家为了增进社会福利应有的政策措施。

一个人的福利指的是人的各种欲望或需要所获得的满足,包括物质的和精神的两个方面。

社会福利是个人福利的总和。社会福利中可以直接或间接用货币来衡量的那部分是经济福利。经济福利是社会福利的核心。

2. 帕累托最优与福利

(1) 帕累托最优。假如任何重新改变资源配置的方法已经不可能在无损于任何一个人的前提下使任何一个人的处境较前变好,这就意味着一个社会在既定的生产技术和既定的消费者偏好的条件下,资源的配置已经达到最优。

(2) 帕累托更优。如果重新改变资源配置在无损于任何一个人的前提下使任何一个人的处境较前变好,则是帕累托更优。或者说,如果改变资源配置后与改变前相比,帕累托更优须同时符合下列两个条件:至少有一个人处境变好,没有一个人处境变坏。

3. 洛伦兹曲线

洛伦兹曲线研究的是国民收入在国民之间的分配问题。它是美国统计学家洛伦兹于20世纪初提出的。见图10-1,横轴表示人口的比例;纵轴表示财富的比例;对角线表示绝对平均的洛伦兹曲线,上面任何一点均表示人口比例和财富比例相等。例如,20%人口拥有20%财富,40%人口拥有40%财富,等等。向下凸出的洛伦兹曲线表示分配不平均,向下凸出越多表示越不平均。例如,在洛伦兹曲线上的三角形位置,表示80%的人口只拥有30%的财富,反过来说,剩下的20%人口是有钱人,拥有社会70%的财富。

基尼系数是意大利经济学家基尼于1912年提出的。他根据洛伦兹曲线的原理,将洛伦兹曲线与对角线包围的区域(用A表示)作为“不平等面积”,下三角形余下的面积(用B表示)作为“平等面积”。A的面积越大,B的面积就越小,收入分配就越不平均。

$$基尼系数 = \frac{A}{A+B}$$

基尼系数的最大值为“1”,表示收入分配绝对不平均;基尼系数的最小值为“0”,表示收入分配绝对平均。这两种情况只是理论抽象,在实际生活中一般不会出现,因此,基尼系数的实际数值介于0～1。

联合国有关组织规定:基尼系数若低于0.2表示收入绝对平均;0.2～0.3表示比较平均;0.3～0.4表示相对合理;0.4～0.5表示收入差距较大;0.6以上表示收入差距悬殊。

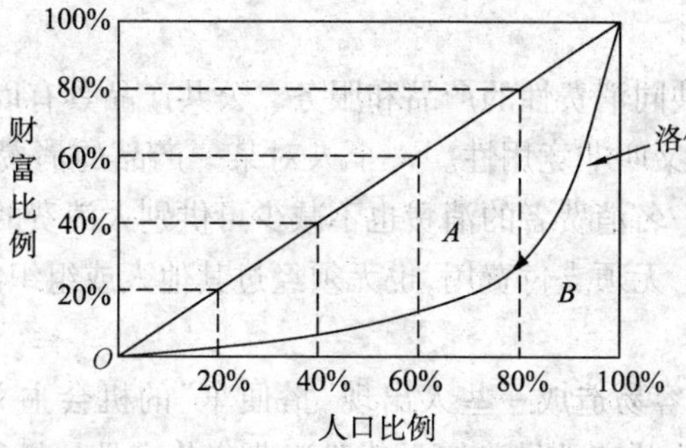

图 10-1 洛伦兹曲线

（二）市场失灵与微观经济政策

市场失灵（market failure）是指市场机制在某些场合不能充分发挥作用，或者导致资源配置无法达到帕累托最优甚至无效率。市场失灵的表现有市场垄断、外部性、公共产品、不完全或不对称信息、分配不公平等。

1. 市场垄断

市场垄断由于排斥竞争，极容易造成缺乏效率的资源配置。见图 10-2，完全竞争厂商的长期均衡是在长期平均成本曲线的最低点实现的，均衡产量是 Q_2，均衡价格是 P_2；而非完全竞争厂商的长期均衡总是在长期平均成本曲线最低点的左上方实现，均衡产量是 Q_1，均衡价格是 P_1。

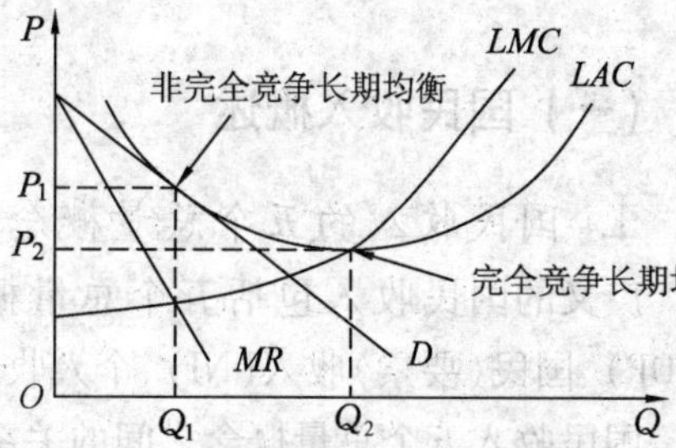

图 10-2 完全竞争与非完全竞争的效率比较

垄断抑制了市场机制的作用，均衡价格比完全竞争状态时高，均衡数量也比完全竞争状态时少。

2. 外部性

外部性是指个体的生产或消费活动给其他个体带来成本或收益，并未承担相应补偿或获得报酬。外部性的特征主要有两点。

（1）外部性指某一生产者或消费者的行为对其他生产者的生产函数或消费者的消费函数的影响。

（2）外部性是一种间接影响，即不通过价格机制反映出来。

外部性的类型主要有正外部性和负外部性（见表 10-1）。

表 10-1 外部性的类型

	正外部性（外在经济）		负外部性（外在不经济）	
外在性来源	消费外在性	生产外在性	消费外在性	生产外在性
例子	前人种树，后人乘凉	环境和基础设施改善	发出噪声影响他人休息	环境污染

3. 公共产品

公共产品是指具有共同消费性的产品和服务。公共产品具有以下特征。

(1) 非对抗性消费,又叫非竞用性。一个人对某一产品的消费并不排斥别人同时对它消费,并且,增加一名消费者的消费也不减少可供别人消费的数量。

(2) 非排他性消费。无须支付费用,也无须经过其他人或组织的许可,即可自由地消费该产品。

由于存在公共产品,容易造成一些人出现"搭便车"的机会主义行为。所谓"搭便车",是指不愿为生产公共产品付费却要免费消费公共产品的机会主义行为。"搭便车"行为的存在,影响资源的有效配置。

十一、国民收入核算

(一) 国民收入概述

1. 国民收入的五个总量概念

广义的国民收入包括五个总量概念:国内生产总值(GDP)、国内生产净值(NDP)、国民(要素)收入(NI)、个人收入(PI)、个人可支配收入(DPI)。

国民收入五个总量概念之间的关系如下。

(1) 国内生产净值(NDP)=国内生产总值(GDP)-资本消耗(折旧)。

(2) 国民(要素)收入(NI)=国内生产净值(NDP)-间接税-企业转移支付+政府补助金。

所谓间接税,是指纳税义务人和税收的实际负担人不是同一人,纳税人有可能将税收负担转嫁给他人的那些税收。例如,增值税、营业税、消费税的纳税义务人是厂商,但厂商可以通过提高价格将税收负担转嫁给消费者。所谓直接税,是指纳税义务人和税收的实际负担人是同一人的那些税收。例如,公司所得税、个人所得税等。

所谓转移支付,是指政府或企业当年发生的非交易性的和单向性的支付。所谓非交易性,是指这种支付不需要相应的商品或劳务来交换;所谓单向性,是指这种支付无须归还。转移支付包括政府转移支付和企业转移支付。

政府转移支付又包括政府间转移支付和政府对国民的转移支付。政府间转移支付通常发生在上级政府对下级政府或同级政府之间。例如,中央财政对西部贫困地区的扶贫款、汶川大地震后东部一些省市财政划拨的赈灾款等。政府对国民的转移支付还包括对公司商号的(如国有企业的亏损补贴及注资)和对公民的(如社会保险福利津贴、抚恤金、养老金、失业补助、救济金及各种补助费等)。上述公式中的政府补助金指的就是政府对国民的转移支付。

企业转移支付通常是指企业对非营利组织的赠款或捐款,以及对非企业雇员的人身伤害赔偿等。

(3) 个人收入(PI) = 国民(要素)收入(NI) - (公司未分配利润 + 公司所得税 + 社会保险税) + 政府转移支付。

(4) 个人可支配收入(DPI) = 个人收入(PI) - (个人所得税 + 非税负担)。

2. 国民生产总值与国内生产总值

国内生产总值(GDP)是一定时期内一国境内所有常住居民生产的最终产品和劳务的市场价格总和。这里所讲的常住居民包括以下三类: ① 居住在本国的本国公民; ② 暂居(一年以内)外国的本国公民; ③ 长期(一年及一年以上)居住在本国的外国公民。

国民生产总值(GNP),即国民总收入(GNI),是一定时期内一国的所有国民生产的最终产品和劳务的市场价格总和。

国内生产总值(GDP)和国民生产总值(GNP)都是"最终产品和劳务的市场价格总和"。所谓最终产品,是指被消费者购买,不再出售而最终消费的产品。相应地,中间产品是需要再出售或投入再生产的产品。哪些是最终产品呢? 从微观的角度讲,一种产品根据用途可能是中间产品也可能是最终产品。从宏观的角度讲,家庭消费、投资、政府购买、出口属于最终产品。因为它们不在国内再出售。此外,库存货物也被当作最终产品(被看作是存货投资)。

国民生产总值与国内生产总值的关系可以用以下公式表示: GDP = GNP - 本国国民在国外的要素收入 + 外国公民在本国的要素收入 = GNP - 国外净要素收入(本国国民在国外的要素收入 - 外国公民在本国的要素收入)。

3. 名义国内生产总值与实际国内生产总值

名义国内生产总值,是按当年市场价格统计的国内生产总值,即以当年的产量 Q_t 和市场价格 P_t 计算的国内生产总值,名义国内生产总值 = $\sum P_t Q_t$。实际国内生产总值(GDP),是按某年基期价格核算的国内生产总值,即以当年的产量 Q_t 和基期的市场价格 P_0 计算的国内生产总值(GDP),实际国内生产总值(GDP) = $\sum P_0 Q_t$。

如果要把名义国内生产总值转换成实际国内生产总值,需要运用国内生产总值价格折实指数。国内生产总值价格折实指数又叫国内生产总值消胀指数,计算公式是: 国内生产总值的价格折实指数 = (名义国内生产总值 ÷ 实际国内生产总值) × 100%。

在实际运用中,国内生产总值的价格矫正指数可用物价指数来代替。公式是: 实际国内生产总值 = 名义国内生产总值 ÷ 国内生产总值物价指数。

国内生产总值(GDP)物价指数是报告期对基期的物价指数。假如,2009 年物价比基期 2000 年上涨 45%,国内生产总值(GDP)物价指数为 145%。

4. 潜在国内生产总值

潜在国内生产总值 GDP☆可以理解为可供利用的生产资源在正常情况下的最大产出;也可以理解为实现充分就业时的国内生产总值(GDP)。

潜在国内生产总值的增长率是实现充分就业(失业率不超过 3% ~5%)的经济增长率。这是经验数据。

(二) 国民收入循环

1. 简单两部门经济

假设社会只有企业和家庭两个部门,只有要素市场和产品市场两个市场。家庭部门是要素的所有者。企业部门从要素市场购买生产要素,支出 1 000 亿美元(见图 11-1),这也是家庭部门的收入 1 000 亿美元(总收入)。企业部门投入要素生产出 1 000 亿美元产品(总产出),家庭部门在产品市场购买产品支出 1 000 亿美元(总支出)。这样,总收入 = 总支出 = 总产出,国民经济达到总量均衡状态。

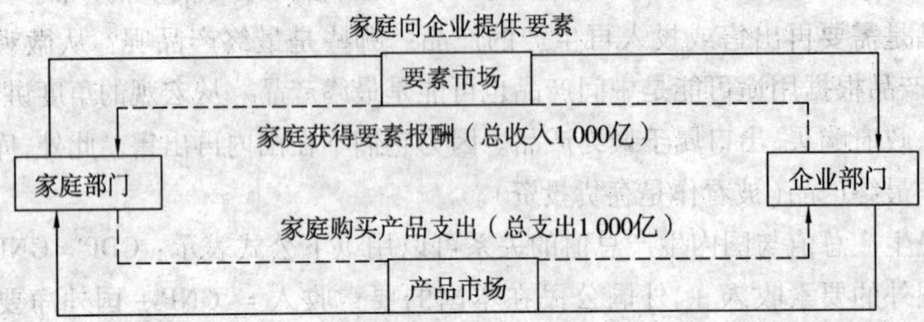

图 11-1 简单的两部门经济的国民收入循环

2. 两部门经济(包括储蓄与投资)

在图 11-2 的两部门经济(包括储蓄与投资)中多了一个资本市场。家庭部门出售要素的使用权而获得要素报酬 1 000 亿美元(总收入),其中 100 亿用于储蓄,另外 900 亿购买消费品。企业部门从要素市场购买生产要素用于生产并生产出 1 000 亿美元产品(总产出),其中 900 亿消费品被家庭购买,余下 100 亿资本品虽然供给出来,但因为家庭部门储蓄而没有卖出(从这个意义上讲储蓄代表了资本品的供给),这样,总供给不等于总支出,总量经济没有达到均衡。但如果企业部门中的某些企业需要扩大再生产,从资本市场获得 100 亿美元贷款用于投资即购买资本品(从这个意义上讲投资是对资本品的需求,是对资本品的实际购买),这样总量经济重新达到均衡。

上述"储蓄"是个漏出项目。所谓漏出项目,是指对当年国内生产总值(GDP)的形成或增加不起作用的项目,也就是漏出当年国民收入的循环过程(在图中用虚线表示)。储蓄只有在转化成投资以后才会对下一年或下一期国内生产总值(GDP)的形成起作用。对当年来说,储蓄越多则对国内生产总值(GDP)的增加越不利。上述"投资"是注入项目。所谓注入项目,是指对当年国内生产总值(GDP)的形成或增加起作用的项目,也就是重新注入当年国民收入的循环过程。

两部门经济(包括储蓄与投资)的总量均衡公式是:

总收入 1 000 = C(消费 900) + S(储蓄 100) = C(消费 900) + I(投资 100) = 总产出 1 000

可以简化为: $C+S=C+I$,等式两边的 C(消费)可以略去,最后,两部门经济的总量均衡条件是: $S=I$。

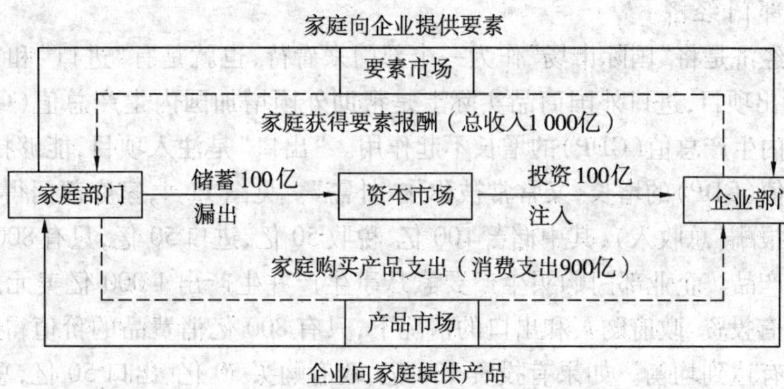

图 11-2 两部门经济(包括储蓄与投资)的国民收入循环

3. 三部门经济

三部门经济包括企业、家庭、政府三个部门,见图 11-3。家庭部门在要素市场出售要素使用权并获得要素报酬 1 000 亿美元(总收入),其中 100 亿储蓄,50 亿税收,850 亿在产品市场购买消费品。税收也是漏出项目,它对当年国内生产总值(GDP)的形成或增加不起作用。企业部门从要素市场购买生产要素用于生产并生产出 1 000亿美元产品(总产出),但只有 850 亿美元的价值得到实现。如果有投资 100 亿、政府购买 50 亿,这两项是注入项目。这样,总收入 = C(消费850) + S(储蓄 100) + T(税收 50) = 1 000 亿美元,总支出 = C(消费 850) + I(投资 100) + G(政府购买 50) = 1 000 亿美元。达到: 总收入 = 总支出 = 总产出,总量经济又达到均衡。其公式为: $C+S+T=C+I+G$,将等式两边的 C 略去,公式为: $S+T=I+G$,最后,三部门经济的均衡公式: $S+(T-G)=I$。

公式的左边代表社会储蓄,其中 S 指私人储蓄,$(T-G)$ 指政府储蓄,公式的右边 I 是总投资,社会储蓄等于总投资,总量经济均衡。

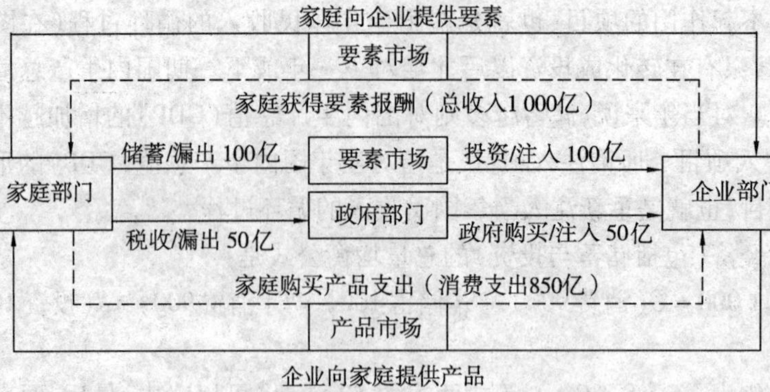

图 11-3　三部门经济的国民收入循环

4. 四部门经济

四部门经济是将“国际市场”作为一个部门来看待，也就是有“进口”和“出口”。“进口”是漏出项目，进口外国商品实际上是帮助外国增加国内生产总值（GDP），对本国当年国内生产总值（GDP）的增长不起作用。“出口”是注入项目，能够拉动本国国内生产总值（GDP）的增长，又常常被称作“外需”。见图 11-4，家庭部门得到 1 000 亿美元要素报酬（总收入），其中储蓄 100 亿，税收 50 亿，进口 50 亿，只有 800 亿在产品市场购买产品。企业部门购买生产要素从事生产并生产出 1 000 亿美元产品（总产出），在没有投资、政府购买和出口的情况下，只有 800 亿消费品的价值得到实现，总量经济没有达到均衡。如果有投资 100 亿、政府购买 50 亿、出口 50 亿，总量经济才能达到均衡。因此，总量经济均衡的条件是：$C+S+T+M$（进口）$=C+I+G+X$（出口），公式的两边略去 C，得：$S+T+M=C+I+G+X$，最后，三部门经济的均衡公式：$S+(T-G)+(M-X)=I$。

上述公式的左边是社会储蓄，其中 S 指私人储蓄，$(T-G)$ 指政府储蓄，$(M-X)$ 是净进口，代表国外部门储蓄，公式的右边 I 是总投资，社会储蓄等于总投资，总量经济均衡。

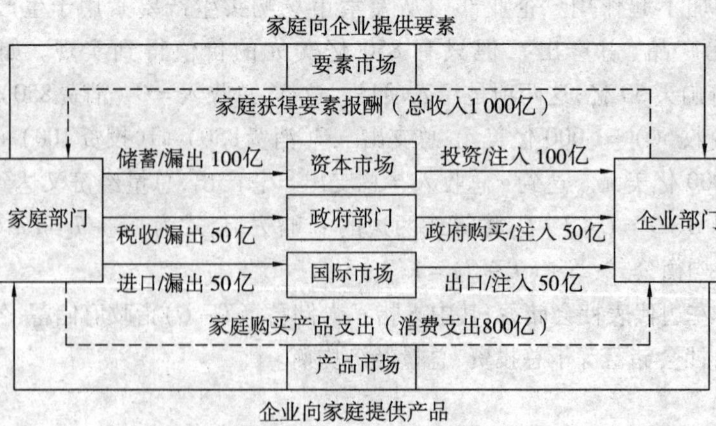

图 11-4　四部门经济的国民收入循环

（三）国民收入核算方法

1. 生产法

生产法又叫部门法、增加价值法，这种核算方法是按产业部门分类，是各产业部门的所有企业、机构在一年间投入生产要素所生产的产品和劳务的新增价值总和。

什么是新增价值？新增价值等于该企业生产的产品或劳务的价值减去从其他企业买进的中间产品的价值。为什么可以通过统计新增价值总和来核算国内生产总值（GDP）呢？因为国内生产总值（GDP）是最终产品价值的总和，而最终产品价值就等于各环节新增价值总和。假设从棉花到服装的价值增值见表 11-1，服装是最终产品，服装的产值 300 亿美元就是国内生产总值（GDP）。从理论上讲，国内生产总值（GDP）是最终产品价值总和，但在实际上又很难直接统计最终产品价值，因为哪些产品是最终产品要看它的最终用途。然而，可以通过统计各行业的新增价值来核算国内生产总值（GDP），因为新增价值的总和（见表 11-1）是：100 + 50 + 70 + 80 = 300，恰好就等于最终产品即服装的价值。

表 11-1　从棉花到服装的价值增值

单位：亿美元

	棉花	棉纱	棉布	服装	合计
中间价值	0	100	150	220	470
新增价值	100	50	70	80	300
产值	100	150	220	300	770

用生产法核算国内生产总值（GDP），各部门计算增加值的方法是：① 第一、第二产业各部门：增加值 = 总产出 − 中间产品；② 第三产业：商业、服务业、交通运输业、金融业、邮电通讯业等盈利部门按纯收入计算（营业收入减外购产品和劳务），政府、教育、卫生等非营利部门按员工的工资收入计算；③ 个体服务者：按个人纯收入计算。

2. 支出法

这种核算方法是把一个国家一年期间投入的生产要素生产出来的物品和劳务按购买者（需求者）支出的金额（因而也是这些产品和劳务的销售金额）分类汇总而成。这种核算方法有四类核算项目：个人消费支出、私人总投资、政府购买、净出口。

国内生产总值（GDP）= 个人消费支出 + 私人总投资 + 政府购买 + 净出口

（1）个人消费支出。个人消费支出（C）即家庭消费支出。包括购买耐用消费品、非耐用消费品、劳务的支出。但不包括购买住房的支出，它被统计在住房投资中。

（2）私人总投资。投资指增加或更换资本资产（包括厂房、住宅、机械设备及存货）的支出。

从统计角度：总投资 = 固定资产投资 + 存货投资。

固定资产投资分为非住宅投资和住宅投资,前者包括厂房、机器设备、营业用建筑物的投资。存货投资指企业存货价值的增减额(存货投资的内容,包括一家工厂使用的原料、材料、燃料、零部件、在制品、半成品及尚未销售出去的库存制成品)。

从经济分析角度:总投资=重置投资(更新投资)+净投资。其中,重置投资是补偿资本存量消耗即折旧的投资。

(3) 政府购买。政府购买(G)是政府财政支出的主要部分,包括军费开支、教育费支出、公共医疗费支出、维持政府运转的费用支出、某些基础设施建设支出等。其实质是政府购买公务员、教师、医生、法官、军队等为社会提供服务。

政府财政支出的其他部分不计入国内生产总值(GDP),例如"转移支付"(包括政府支付给退休人员的退休金、对盲人退伍军人和其他人的补助金、对残疾人救济金、政府支付的公债利息)等。

(4) 净出口(X-M)。支出法核算国内生产总值(GDP)时的第四个支出(需求)项目是出口(外国人的需求)减去进口的余额。出口包括出售给外国的货物和提供的劳务的收入,这里的劳务收入包括本国公民在外国劳动得到的工资和薪金及拥有的在外国的资产所取得的利息、利润等财产收入。与出口相对应,进口包括本国进口物品的销售价值和外国的劳动和资产在本国取得的"要素收入"。

3. 收入法

收入法又叫分配法,是从国民收入初次分配的角度核算国内生产总值(GDP)。收入法核算国内生产总值(GDP)有三个收入主体:家庭、公司和政府。

$$\text{GDP}=\underbrace{\text{雇员收入}+\text{业主收入}+\text{个人租赁收入}+\text{净利息}}_{\text{家庭收入}}+\underbrace{\text{公司利润}+\text{折旧}}_{\text{公司收入}}+\underbrace{\text{直接税}}_{\text{政府收入}}$$

(1) 家庭收入。

① 雇员报酬:包括受雇于企业、政府、居民等的雇员挣得的工资薪金和其他福利补助费,以及雇主为雇员交纳的社会保障金。

② 业主收入:指非公司企业的纯收入。非公司企业包括农民、店主、合伙企业及其他自雇者(如自己开业的医生和律师)。

③ 个人租赁收入:个人出租土地、房屋等的租赁收入,以及个人享有的专利权、版权和自然资源所有权的具有地租性质的收入。

④ 利息净额:指个人从企业获得的因借贷关系产生的利息,通常是来自金融机构的储蓄利息。不包括个人之间借贷的利息和国家公债的利息。

(2) 公司收入。

① 公司利润:即税前利润。公司税前利润=公司利润税+股东红利+未分配利润。

② 固定资产折旧。它是指一定时期内为弥补固定资产损耗,按照一定的折旧率而提取的费用。国民经济核算中固定资产折旧方法有两种。第一,按照核定的固定资产折旧率提取的固定资产折旧,各类企业和企业化管理的事业单位的固定资产折

旧是指实际计提并计入成本费中的折旧费。第二,按国民经济核算统一规定的折旧率虚拟计算的固定资产折旧。不计提折旧的政府机关、非企业化管理的事业单位和居民住房的固定资产折旧是按照统一规定的折旧率和固定资产原值计算的虚拟折旧。

(3) 政府收入。从收入法核算国内生产总值(GDP)只统计间接税不统计直接税,当然并不是说直接税不构成政府收入,而是因为直接税已经包括在家庭收入和公司收入中统计过了。

十二、简单国民收入决定理论

(一) 凯恩斯的消费理论

1. 消费函数

影响消费量的因素有收入水平、商品价格水平、利率、收入分配状况、消费偏好、家庭财产状况、消费信贷状况、消费者年龄构成以及制度、风俗习惯等。其中最具决定意义的是收入水平。消费随着收入的增加而增加,但消费的增加幅度低于收入的增加幅度。消费和收入之间的函数关系就是消费函数。

(1) 平均消费倾向(APC):消费支出占收入的比例。$APC = C/Y$。

(2) 边际消费倾向(MPC):每增加一单位收入所增加的消费,或最后一单位收入中所形成的消费。$MPC = \Delta C/\Delta Y$。

2. 凯恩斯的消费函数——绝对收入假说

绝对收入假说的主要观点如下。

(1) 实际消费支出是实际收入的稳定函数。

(2) "收入"的概念是:①"现期",即本期的收入,不考虑过去和未来的收入;②"绝对",即是绝对水平不是相对水平;③"实际",即是实际收入不是名义收入。

(3) 消费支出的增加小于收入增加,即 $0 < MPC < 1$。

(4) 边际消费倾向递减。

(5) 平均消费倾向递减,而且,边际消费倾向小于平均消费倾向。

3. 线性消费函数

(1) 线性消费函数。为了分析方便,经常使用线性消费函数:$C = C_0 + cY_d$。

在上式中,C_0代表自发性消费。所谓自发性消费,即无论收入多少或有无均要支出的消费。与自发性消费相对应的概念是引致性消费。所谓引致性消费,即随收入增加而增加的消费。上式中 cY_d 就是引致性消费。c 代表边际消费倾向：$MPC = \Delta C/\Delta Yd = c(0<c<1)$。

在表 12-1 中可以看出，边际消费倾向（$\Delta C/\Delta Y_d$）总是小于平均消费倾向（C/Y_d）。根据绝对收入假说，边际消费倾向是递减的，而在该表中的边际消费倾向（$\Delta C/\Delta Y_d$）却是不变的，这只是线性消费函数的一种特例，并不能否定边际消费倾向递减规律。

表 12-1 线性消费曲线

Y_d	C	$\Delta C/\Delta Y_d$	C/Y_d
0	100		
300	325	0.75	1.083
400	400	0.75	1.0
500	475	0.75	0.95
600	550	0.75	0.916
800	700	0.75	0.875

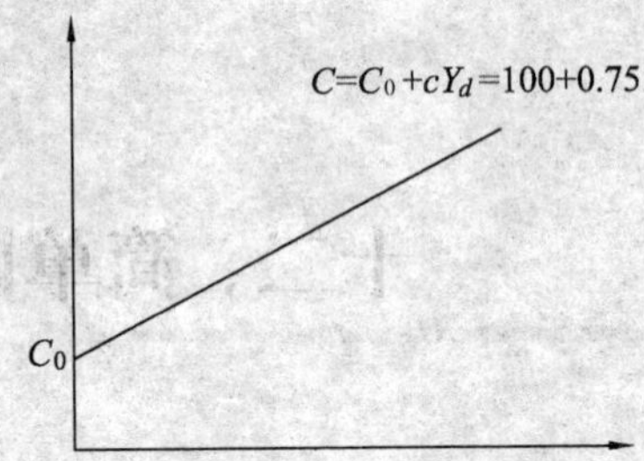

图 12-1 线性消费曲线

在图 12-1 中，自发性消费 C_0 是消费曲线在纵轴上的截距，边际消费倾向（$\Delta C/\Delta Y_d$）就是消费曲线上的斜率。

4．线性储蓄函数

储蓄恒等于收入与消费支出之差：$S \equiv Y_d - C = Y_d - (C_0 + cY_d)$，$\therefore\ S = -C_0 + (1-c)Y_d$，而线性消费函数的公式是：$S = S_0 + sY_d$，其中：自发性储蓄 S_0 等于负自发性消费，即 $S_0 = -C_0$；边际储蓄倾向 s 等于 1 减边际消费倾向，即 $s = (1-c)$。

（1）边际储蓄倾向（MPS）：每增加一单位收入所增加的储蓄，或最后一单位收入中所形成的储蓄。$MPS = \Delta S/\Delta Y_d$。

（2）平均储蓄倾向（APS）：储蓄占收入的比例。$APS = S/Y_d$。

平均消费倾向和平均储蓄倾向之和为 1，即 $APC + APS = 1$。

边际储蓄倾向与边际消费倾向之和为 1，即 $MPC + MPS = 1$。

由于自发性储蓄 S_0 等于负自发性消费，所以储蓄曲线在纵轴上的截距在 0 以下（见图 12-2），在 Y_1 点，消费等于收入，因此储蓄等于零。s 表示边际储蓄倾向，就是储蓄曲线的斜率。

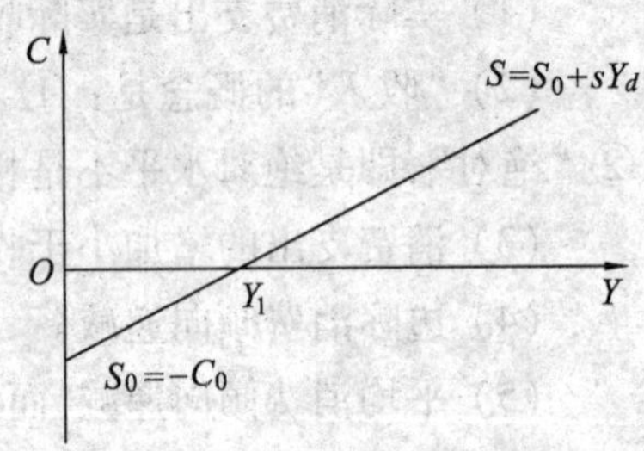

图 12-2 线性储蓄曲线

（二）简单的均衡产出

1．主要的假设条件

我们分析两部门经济的均衡产出。在理解两部门经济的均衡产出以后，就可以非常容易理解三部门经济和四部门经济的均衡产出问题。分析两部门经济的均衡产出，有以下假设条件：① 假设是一个只有家庭和企业的简单经济；② 假设投资为一常数，$I = I_0$（I_0为自发性投资，即不随产出增加而变化的投资）；③ 消费函数为线性的，$C = C_0 + cY_d$（由于是两部门经济，没有税收，因此 $Y = Y_d$）；④ 假设资源大量闲置，价格水平不变，$P = 1$。

2. 均衡产出的决定：45°线模型分析

总支出（需求）函数：$AD = C + I$（三部门经济则为：$AD = C + I + G$，四部门经济则为：$AD = C + I + G + X - M$）。消费函数：$C = C_0 + cY$，假设 $I = I_0$，因此，$AD = C + I = C_0 + cY + I_0$

在图12-3中，横轴表示总供给或总收入或总产出，纵轴表示总需求或总支出，45°线上任何一点都符合：总供给（总收入）= 总需求（总支出）。

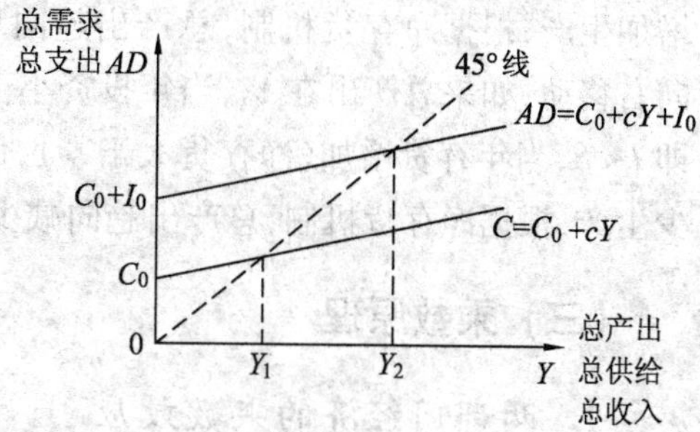

图12-3 45°线分析均衡总产出

总需求 AD 曲线与消费 C 曲线的斜率相同，都是边际消费倾向 c，是消费曲线平行上移 I_0 截距。总需求曲线 AD 在45°线之上：$AD > Y$。

总需求曲线 AD 在45°线之下：$AD < Y$。

总需求曲线 AD 在45°线相交：$AD = Y$。

用公式推导两部门经济的均衡总产出：$Y = C + I$（收入恒等式），$C = C_0 + cY_d$（消费函数），则：$Y = C + I_0 = C_0 + cY_d + I_0$

$$均衡产出：Y = \frac{C_0 + I_0}{1 - c}$$

假定：消费函数 $C = 1\,000 + 0.8Y_d$，$I_0 = 600$ 亿美元，求均衡收入。

解：$Y = \frac{C_0 + I_0}{1 - c} = \frac{1\,000 + 600}{1 - 0.8} = 8\,000$（亿美元）。

3. 均衡过程中的净存货机制

在宏观经济中有两种市场机制在调节总量均衡，一是价格机制，二是净存货机制。所谓净存货，是指当期存货价值减去上期存货价值的余额。

如果净存货小于零，表示当期的总产出小于当期的总需求，即 $Y < AD$，一部分总需求是通过使用存货来满足的；存货减少会促使企业增加生产，使总产出增加。如果净存货大于零，表示当期的总产出大于当期的总需求，即 $Y > AD$，当期生产的没有全部销售掉，从而使当期存货增加，又会促使企业减少生产，使总产出减少。如果净存货等于零，表示当期的总产出等于当期的总需求，即 $Y = AD$，当期生产的全部销售掉，既没有短缺也没有多余，存货价值不变，这样企业就会维持原来生产，从而达到总需求与总供给均衡。

4. 均衡产出的决定：投资等于储蓄

新古典经济学通过投资等于储蓄即 $I = S$ 来分析均衡利率的决定，凯恩斯却运用

同样的等式即 $I=S$ 来分析均衡产出的决定。这两种理论只是分析的角度和运用的模型不同,并不存在谁对谁错的问题。

我们在分析图 12-2 时已经指出,投资是对投资品的需求,储蓄代表投资品的供给。见图 12-4,在 a 点,当年投资等于当年储蓄即 $I=S$,相应的 Y_0是均衡总产出。如果总产出在 Y_1,当年投资大于当年储蓄即 $I>S$,当年存货减少(净存货小于零),促使企业增加生产,根据净存货机制,总产出趋向增加,即 Y_1 向右移动;如果总产出在 Y_2,当年投资小于当年储蓄即 $I<S$,当年存货增加(净存货大于零),促使企业减少生产,根据净存货机制,总产出趋向减少,即 Y_2向左移动。

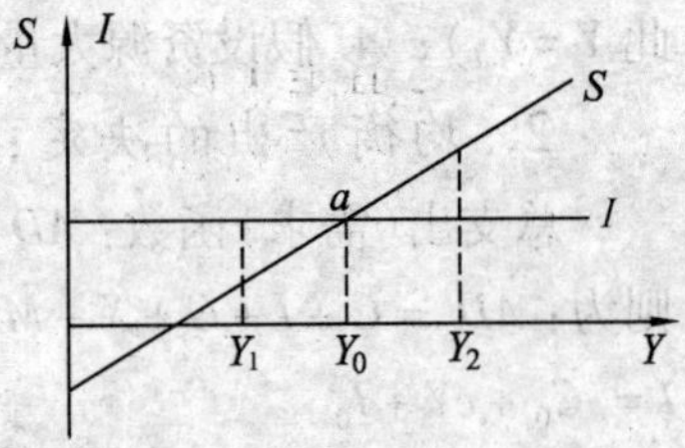

图 12-4 均衡总产出的决定:投资等于储蓄

(三) 乘数原理

1. 两部门经济的乘数效应

所谓乘数是指最初增加一笔投资(以 ΔI 表示)或其他支出,引起国民收入的增加量(以 ΔY 表示)是原投资或支出的若干倍,即 $\Delta Y=K\cdot\Delta I$,其中 K 为乘数,这就是乘数原理。

假设自发性投资增加 20 亿元,全社会平均的边际消费倾向为 0.75,边际储蓄倾向为 0.25,增加投资 20 亿元的乘数效应见表 12-2,经过无数次循环,最后增加的国内生产总值(GDP)是:$\sum\Delta Y = 80$ 亿元,除以最初的自发性投资 20 亿元,乘数就是 4。

表 12-2 两部门经济的乘数

循环期	ΔI	ΔY	ΔC	ΔS
1	20	20	15	5
2		15	11.25	3.75
3		11.25	8.44	2.81
4		8.44	6.33	2.11
5 - n		6.33 - 0	4.75 - 0	1.58 - 0
合计				

两部门经济的乘数循环过程可用以下公式表示:

$$\begin{aligned}\Delta Y &= \Delta Y_1+\Delta Y_2+\Delta Y_3+\Delta Y_4+\cdots\\ &= \Delta I+c\Delta I+c^2\Delta I+c^3\Delta I+\cdots\\ &= \Delta I(1+c+c^2+c^3+\cdots)\\ &= \Delta I\cdot\frac{1-c^n}{1-c}\cdots\end{aligned}$$

如果 n 无穷大,则

$$\Delta Y=\Delta I\cdot\frac{1}{1-c}=\Delta I\cdot\frac{1}{s}$$

乘数之值是 1 减去边际消费倾向($1-c$)的倒数,或是边际储蓄倾向的倒数($1/s$)。边际消费倾向越高,乘数之值越大。

乘数效应发挥作用的前提：乘数效应不是无限的,而以充分就业作为极限。也就是说,要存在着可用于增加生产的劳动力和生产资料,这些资源由于缺乏有效需求而闲置未用。

2. 总额税情况下的三部门经济的乘数效应

总额税 T_0 是指政府征收的税额与收入水平无关,可称为自发性税收。比例税($T=tY$)是指通过税率与收入水平相关,随收入增加而增加的税收。税收的总公式：$T=T_0+tY$。

三部门的总需求公式：$AD=C+I+G$,其中 $C=C_0+cY_d$,而 $Y_d=Y-T_0+R$(T_0 是总额税,R 是政府对国民的转移支付)。这样：$AD=C+I+G=C_0+cY_d+I+G=C_0+c(Y-T_0+R)+I+G$。

如果总需求等于总供给,$Y=AD$,则 $Y=C_0+cY-cT_0+cR+I+G$。

最后得出总额税情况下的三部门经济的均衡总产出公式：$Y'=\frac{1}{1-c}(C_0+I+G-cT_0+cR)$。

对上述公式分别求一阶偏导,得出消费乘数、投资乘数和政府购买乘数均为：

$$k_C=k_I=K_G=\frac{1}{1-c}$$

转移支付乘数是 $k_R=\frac{c}{1-c}$,税收乘数是 $k_R=\frac{-c}{1-c}$。

(四) 资本-产出比例和加速原理

1. 资本-产出比

资本-产出比又叫资本系数,指一个社会的资本存量与总产出的比例,公式为：$\alpha=\frac{K}{Y}$(α 为资本-产出比,K 为资本存量,Y 为总产出)。

资本-产出比的经济含义是指生产 1 元产出需要几元的资本存量。

2. 加速原理

加速原理：国民收入增加必然引致资本存量增加,在没有闲置生产能力的条件下,资本存量增量(净投资)是国民收入增量的正倍数。国民收入增加要求投资倍数增加;国民收入减少要求投资倍数减少。这就是加速数原理,简称加速原理。

$$\beta=\frac{\Delta K}{\Delta Y}=\frac{I}{\Delta Y}$$

加速数：国民收入增加引起的资本存量增加（净投资）是国民收入增加的正倍数。在技术水平不变的前提下，资本系数 α（资本-产出比）就是加速数 β。

自发投资对国民收入有乘数作用，反过来，国民收入对引致投资又具有加速作用。加速原理不是乘数原理的逆运算。乘数原理涉及自发投资，加速原理涉及引致投资。

十三、宏观经济政策分析

宏观经济政策是指政府或中央银行为了达到一定的经济政策目标而对经济活动进行的有意识的政策干预。宏观经济政策包括财政政策与货币政策。

有四大经济政策目标：充分就业、经济增长、稳定物价、国际收支平衡。这四大经济政策目标之间有的可以相互促进，例如，经济增长和充分就业；有的则相互矛盾，例如，充分就业和经济增长往往不利于物价稳定。

（一）财政政策

1. 财政收入

财政收入是国家为了保证实现政府职能的需要，通过税收等渠道集中的公共性资金收入。从收入来源考察，我国的财政收入分为三类：税收收入、非税收入、土地出让收入。

（1）税收收入。税收收入是财政收入的主要来源，按征税对象可分为五类。

① 流转税。主要指以纳税人商品生产、流通环节的流转额或者数量及非商品交易的营业额为征税对象的一类税种。从 2004 年开始我国免征除烟叶税以外的农业特产税，2006 年先后全面取消农业税和牧业税，2016 年全面“营改增”后取消了营业税，目前我国的流转税主要有增值税、消费税、关税。

② 所得税。分为企业所得税（针对企业的利润额征税，又叫利润税）和个人所得税（针对个人的应税收入征税）。

③ 财产税。是以纳税人所有或属其支配的财产为课税对象的一类税种。包括契税、土地增值税、房产税、城镇土地使用税、耕地占用税、车辆购置税、车船使用牌照税、船舶吨税、遗产税（我国未开征）等。

④ 行为税。是指以纳税人的某种行为为课税对象的一类税种。例如，针对财产和商事凭证贴花行为征收的印花税，针对牲畜交易和屠宰等行为而征收的交易税、屠宰税，为了限制某些奢侈性消费行为而征收的娱乐税（1953 年开征，1966 年取消）、筵席税（1988 年开征，2002 年全面取消）。

行为税的征纳行为具有偶然性或一次性，收入零星分散，一般作为地方税种。

⑤ 资源税。资源税是以各种应税自然资源为课税对象、为了调节资源级差收入并体现国有资源有偿使用而征收的一类税种。目前我国仅对原油、天然气、煤炭、其他非金属矿原矿、黑色金属矿原矿、有色金属矿原矿和盐等七种征收资源税，2016 年在河北省开展水资源税试点，以后还将可能对森林、草场、滩涂等资源征税。

(2) 非税收入。非税收入是指除税收以外，由各级政府、国家机关、事业单位、代行政府职能的社会团体及其他组织依法利用政府权力、政府信誉、国家资源、国有资产或提供特定公共服务、准公共服务取得的财政性资金，是政府财政收入的重要组成部分。

政府非税收入管理范围主要包括：行政事业性收费、政府性基金、彩票公益金、国有资源有偿使用收入、国有资产有偿使用收入、国有资本经营收益、罚没收入、以政府名义接受的捐赠收入、主管部门集中收入、政府财政资金产生的利息收入等。

(3) 土地出让收入。土地出让收入是市、县人民政府依据《土地管理法》《城市房地产管理法》等有关法律法规和国家有关政策规定，以土地所有者身份出让国有土地使用权所取得的收入。国有土地使用权出让的方式有协议、招标、拍卖三种。2011—2016 年，我国土地出让收入最高的年度是 2014 年(42 940 亿元)，最低的年度是 2012 年(28 422 亿元)，占当年地方财政收入的比重分别为 56. 6% 和 46. 53%。

按照现行制度规定，土地出让收入要全额纳入地方政府性基金预算管理，并且规定了明确的用途。首先是确保足额支付征地拆迁补偿费用、土地出让前期开发支出、破产或改制国有企业职工安置费、对被征地农民社会保障的补助等成本补偿性支出，在此基础上再安排农村基础设施建设、农田水利建设、教育、农业、土地开发整理、城市基础设施建设等开支，但不能用于平衡公共财政预算，更不能用于弥补一般行政运行经费。

2. 财政支出

财政支出是为满足政府执行职能需要而使用的财政资金。财政支出是财政收入的归宿，反映了政府政策的选择，体现了政府活动的方向和范围。按能否得到等价补偿，可以把财政支出分为购买性支出和转移性支出。

政府的购买性支出简称政府购买，包括政府消费和政府投资两部分。例如军费开支、教育费支出、公共医疗费支出、维持政府运转的费用支出、某些基础设施建设支出等。其实质是政府购买公务员、教师、医生、法官、军队等为社会提供服务。它是政府的市场性再分配活动，对社会生产和就业的直接影响较大，执行资源配置的能力较强。

政府的转移性支出即转移支付是指政府按照一定方式，将一部分财政资金无偿地、单方面转移给居民和其他受益者，主要由社会保障支出和财政补贴组成。它是政府的非市场性再分配活动，对收入分配的直接影响较大，执行收入分配的职能较强。此外，公债及公债利息兑付也被看作政府的转移性支出。

3. 财政政策工具

财政政策是指政府为达到既定的经济政策目标对财政支出、税收和借债水平所做出的选择。财政政策工具包括以下几种。

(1) 调整税率：提高税率(加税)会抑制消费和投资，减少总需求，从而以税收乘数倍减国民收入。

(2) 增减政府支出：扩大政府购买或转移支付会增加总需求，从而以政府购买乘数或转移支付乘数倍增国民收入。

(3) 发行公债：公债是政府信用，是政府对公众的负债。公债分为中央政府公债(国债)和地方政府公债。发行公债会使总支出(总需求)从家庭消费和私人投资流向政府购买。

4. 财政政策类型

(1) 扩张性财政政策：在经济萧条时扩大政府支出，或减少税收，以促进总需求的扩大。在我国，扩张性财政政策又称为积极的财政政策。

(2) 紧缩性财政政策：当经济过度繁荣时，减少政府支出，增加税收，以抑制总需求的过度膨胀。在我国，紧缩性财政政策又称为适度从紧的财政政策。

(3) 中性财政政策：可以理解为保持收支平衡的政策，使财政分配活动对社会总需求的影响保持中性，既不产生扩张性后果，也不产生紧缩性后果。在我国，中性财政政策又称稳健的财政政策。

(二) 中央银行与货币政策

1. 中央银行职能及资产负债表

我国的中央银行是中国人民银行，是国务院的一个组成部门，在国务院的领导下制定和执行货币政策，防范和化解金融风险，维护金融稳定。它和其他国家的中央银行一样也有三大职能：其一，中央银行是发行银行；其二，中央银行是"银行的银行"；其三，中央银行是国家银行。

我国央行的资产负债表上设置了六大项资产类项目和七大项负债类项目(见表13-1)。

表 13-1 简化的中央银行资产负债表项目

资 产 类	负 债 类
国外资产	储备货币
外汇	货币发行
货币黄金	其他存款性公司存款
其他国外资产	不计入储备货币的金融性公司存款
对政府债权	发行债券
对其他存款性公司债权	国外负债

续表

资　产　类	负　债　类
对其他金融性公司债权	政府存款
对非金融性部门债权	自有资金
其他资产	其他负债

（1）六大项资产类项目。

第一大项资产类项目是“国外资产”，包括外汇、货币黄金和其他国外资产。其中货币黄金是指中央银行有效控制的储备黄金，不包括工业用金和民间持有的黄金。其他国外资产包括央行持有的国际货币基金组织的头寸、特别提款权（SDRs）、其他多边合作银行的股权和其他存款性公司以外汇缴存的人民币准备金等。

第二大项资产类项目是“对政府债权”，主要指持有的政府债券，包括中央政府债券即国债和地方政府债券。不过，我国央行的“对政府债权”全部是对中央政府的，不持有地方政府债券，而且经由公开市场业务获取。

第三大项资产类项目是“对其他存款性公司债权”。存款性公司包括中央银行和其他存款性公司。其他存款性公司是指除央行以外的准予吸收存款的金融机构，包括商业银行、政策银行、信用合作社、农村合作银行、财务公司、信托投资公司、租赁公司、邮政储蓄银行等。“对其他存款性公司债权”主要是央行对这些存款性公司的再贴现与再贷款。

第四大项资产类项目是“对其他金融性公司债权”。其他金融性公司指非存款性金融机构，按照国际货币基金组织发布的《货币与金融统计手册》，其他金融性公司包括信托投资公司、金融租赁公司、保险公司、证券公司、证券投资基金管理有限公司、养老基金公司、资产管理公司、担保公司、期货公司、证券交易所、期货交易所等。央行对其他金融性公司债权主要也是再贴现与再贷款。

第五大项资产类项目是“对非金融性部门债权”，我国央行对非金融性部门的债权主要是历史形成的贷款，例如扶贫贷款、贴息贷款等，目前占央行总资产的比例不足万分之一；正在逐步消化中。

第六大项资产类项目是“其他资产”。

（2）七大项负债类项目。

第一大项负债类项目是“储备货币”，由“货币发行”和“其他存款性公司存款”组成。

“货币发行”又包括金融机构（主要是商业银行）库存现金和流通中货币，而流通中货币又包括公众持有现金和活期存款。

“其他存款性公司存款”是商业银行等其他存款性公司的存款准备金，分为法定存款准备金和超额存款准备金，其中法定存款准备金是其他存款性公司按照中国人民银行规定的法定存款准备金率和缴存范围来计算并存放在中国人民银行的存款。

超过法定存款准备金以上的是超额存款准备金,是其他存款性公司为了满足日常支付清算需求而存放在央行的头寸。

"储备货币"这项负债项目就是基础货币。基础货币又叫货币基数、强力货币、始初货币,因其具有使货币供应总量成倍放大或收缩的能力,又被称为高能货币。

第二大项负债类项目是"不计入储备货币的金融性公司存款",这项负债仅占央行总负债的0.5%左右。该项目主要包括两部分:一是证券公司等其他金融性公司为了满足支付清算需求在央行开立账户存入的款项;二是财务公司等其他金融性公司的准备金存款。根据中国人民银行的相关规定,自1998年起,信托投资公司、财务公司、金融租赁公司等其他非银行金融机构也要缴纳法定存款准备金,法定存款准备金率略低于存款性商业银行。2011年1月之前,中国人民银行将非存款性金融机构的准备金存款列入储备货币,但考虑这类机构的货币创造能力有限,2011年1月起,按照国际货币基金组织《货币与金融统计手册》的归类,将其调出储备货币范围,单独记为"不计入储备货币的金融性公司存款"。

第三大项负债类项目是"发行债券",是央行在银行间市场发行的、由金融机构持有的尚未到期的央行票据。

第四大项负债类项目是"国外负债"。这是央行对非居民的负债,主要是国外央行或者外国金融机构出于国际合作或者资金清算的目的在中国人民银行存放的资金,在中国人民银行总负债中的占比不足1%。

第五大项负债类项目是"政府存款"。包括财政性存款和机关团体存款。财政性存款主要指政府部门的存款余额,而机关团体存款指机关、人民团体(包括医院、学校、协会、事业单位等)的存款。

第六大项负债类项目是"自有资金"。我国央行的"自有资金"就是央行的资本金,是由国家全额出资的,是国家资本,这项负债不随资产负债表的变化而变化。

第七大项负债类项目是"其他负债"。

2. 货币创造

狭义的货币包括现金和活期存款,而货币在流通过程中通过金融机构的存贷款业务可以创造出更多货币,包括存款创造和现金创造。

简单情况下的存款创造有以下假设:① 商业银行的超额准备金为零;② 公众不保留现金,一切货币收入均存入商业银行;③ 只有活期存款,没有定期存款。

假设:中央银行向公众甲购买1 000元有价证券,公众甲全部存入银行A,银行A就多出1 000元活期存款,法定存款准备金率r是20%,银行A可以将800元贷给公众乙,公众乙的开户行B就多出800元活期存款,依此类推,最后银行系统多出5 000元活期存款。存款乘数是:$5\,000 \div 1\,000 = 5$。

银行	新增存款 ΔD	新增存款准备金	新增银行贷款
A	1 000	200	800(乙)
B	800	160	640(丙)
C	640	128	512(丁)
D－n	512－0	102.4－0	409.6－0
合计	5 000	1 000	4 000

$$\Delta D_d = \Delta R + \Delta R(1-r) + \Delta R(1-r)^2 + \cdots + \Delta R(1-r)^n = \Delta R \cdot [1 + (1-r) + (1-r)^2 + \cdots + (1-r)^n] = \Delta R \cdot \frac{1-(1-r)^n}{1-(1-r)} \cdots (\text{当 } n \text{ 无穷大时}) = \Delta R \cdot \frac{1}{1-(1-r)} = \Delta R \cdot \frac{1}{r}$$

法定存款准备金的倒数($1/r$)就是简单情况下的存款创造乘数。如果是复杂情况,例如考虑法定存款准备(未区分活期、定期存款准备)、超额准备金 e 和存款转为通货 c,则存款创造乘数为$\frac{1}{r_d + r_e + r_c}$。

在复杂情况下,当新增存款准备 ΔR 引起的存款创造过程终止时,活期存款创造额是:

$$\Delta D_d = \Delta R \cdot \frac{1}{r_d + r_e + r_c}$$

由于公众持有现金从存款转化而来,现金再存款的比率是:$r_c = \frac{\Delta C_u}{\Delta D_d}$,因此,

$$\Delta C_u = r_c \cdot \Delta D_d = \Delta R \cdot \frac{r_c}{r_d + r_e + r_c}$$

这样,新增存款准备 ΔR 引起的货币创造(存款创造加现金创造):

$$\Delta D_d + \Delta C_u = \Delta R \cdot \frac{1}{r_d + r_e + r_c} + \Delta R \cdot \frac{r_c}{r_d + r_e + r_c} = \Delta R \cdot \frac{1 + r_c}{r_d + r_e + r_c}$$

3. 货币政策

货币政策是中央银行为达到既定的经济政策目标,运用货币政策工具,调节货币供给量和利率,以影响宏观经济活动水平的经济政策。

货币政策工具有一般性货币政策工具和选择性货币政策工具两类。选择性货币政策工具是在特定时期,针对特定市场而采取的。例如,对消费信贷、房地产信贷进行管制,或提高房地产信贷利率。一般性货币政策工具有三项,通常叫作三大货币政策工具,即公开市场业务、调整再贴现率和改变法定准备率。

(1) 货币政策工具一:公开市场业务。公开市场业务指中央银行在证券市场买进或卖出国债或票据,以控制货币供给量和利率的活动。如果中央银行要增加货币供给量,则在证券市场买进国债或票据而支出货币,使基础货币增加,通过货币乘数

的作用进一步扩大货币供给量。如果中央银行要减少货币供给量,则在证券市场卖出国债或票据而收进货币,使基础货币减少,通过货币乘数的作用进一步收缩货币供给量。我国央行的公开市场业务包括三大业务品种。

① 回购交易。分为正回购和逆回购两种。正回购为央行向一级交易商卖出有价证券,并约定在未来特定日期买回有价证券的交易行为,正回购时为央行从市场收回流动性的操作,正回购到期时则为央行向市场投放流动性的操作;逆回购为央行向一级交易商购买有价证券,并约定在未来特定日期将有价证券卖给一级交易商的交易行为,逆回购时为央行向市场上投放流动性的操作,逆回购到期时则为央行从市场收回流动性的操作。

所谓一级交易商制度,是指央行批准一批能够承担大额债券交易的金融机构作为公开市场业务的交易对象。近年来,公开市场业务一级交易商制度不断完善,先后建立了一级交易商考评调整机制、信息报告制度等相关管理制度,一级交易商的机构类别也从商业银行扩展至证券公司等其他金融机构。

② 现券交易。分为现券买断和现券卖断两种。现券买断为央行直接从二级市场买入债券或票据,一次性地投放基础货币。现券卖断为央行直接在二级市场卖出持有债券或票据,一次性地回笼基础货币。

③ 发行央行票据。即中央银行票据,是中央银行为调节商业银行超额准备金而向商业银行发行的短期债务凭证,其实质是中央银行债券。央行票据的期限最短的3个月,最长的3年。中央银行发行的央行票据是中央银行调节基础货币的一项货币政策工具,目的是减少商业银行可贷资金量。商业银行在支付认购央行票据的款项后,其直接结果就是可贷资金量的减少。

(2) 货币政策工具二:调整再贴现率。中央银行收购商业银行持有的已贴现的未到期票据的行为是再贴现。但现在多数情况下是商业银行用持有的政府债券作抵押从中央银行获得贷款,所以又叫再贷款。再贴现率或再贷款率实际上是中央银行对商业银行或其他金融机构的放款利率。通常再贴现率、再贷款率比商业银行的贴现率或贷款率低。

如果中央银行希望通过利率杠杆来刺激私人投资,则会降低再贴现率或再贷款率,商业银行出于竞争的需要也会相应地降低商业贴现率和贷款率,从而使市场利率降低。如果中央银行提高再贴现率或再贷款率,同样也会促使市场利率提高。

(3) 货币政策工具三:改变法定准备率。货币创造乘数是法定准备率的倒数。法定准备率降低则乘数变大,反之则变小。如果中央银行希望利用货币创造机制来扩大货币供给量则可以降低法定准备率,这样商业银行吸收的存款中用于放款的比重提高,放款能力加强,以货币创造乘数倍数扩大货币供给量。如果中央银行希望限制商业银行的放款能力,则可以提高法定准备率,以货币创造乘数倍数缩减货币供给量。

4. 货币政策类型

(1) 扩张性货币政策：中央银行增加货币供给，或降低利率，以刺激投资和消费，进而扩大总需求的政策。在我国，扩张性货币政策又叫适度宽松的货币政策。

(2) 紧缩性货币政策：中央银行减少货币供给，或提高利率，以抑制投资和消费，进而限制总需求的政策。在我国，紧缩性货币政策又叫适度从紧的货币政策。

课外阅读参考书目

[1] 王伟光. 新大众哲学[M]. 北京：人民出版社,2014.

[2] 邢贲思. 哲学小百科[M]. 北京：中国青年出版社,1986.

[3] 金炳华. 马克思主义哲学大辞典[M]. 上海：上海辞书出版社,2003.

[4] 教育部社会科学研究与思想政治工作司. 马克思主义哲学原理[M]. 北京：高等教育出版社,2003

[5] 刘放桐等. 现代西方哲学[M]. 北京：人民出版社,1990

[6] 魏英敏. 新伦理学教程[M]. 北京：北京大学出版社,1993.

[7] 任继愈. 宗教学词典[M]. 上海：上海辞书出版社,1981.

[8] 北京大学哲学系中国哲学教研室. 中国哲学史[M]. 北京：商务印书馆,2004.

[9] 冒从虎,王勤田,张庆荣. 欧洲哲学史(上、下)[M]. 天津：南开大学出版社,1985.

[10] 郝春生. 人文素质教程[M]. 北京：清华大学出版社;北京：北京交通大学出版社,2004.

[11] 陈光林. 干部法律读本[M]. 济南：齐鲁书社,2000.

[12] 教育部社会科学研究与思想政治工作司. 法律基础[M]. 北京：高等教育出版社,2003.

[13]《公务员法律读本》编写组. 公务员法律读本[M]. 北京：中国和平出版社,2003.

[14] 尹伯成. 西方经济学简明教程(第六版)[M]. 上海：上海人民出版社,2008.

[15] 刘厚俊. 现代西方经济学原理(第 4 版)[M]. 南京：南京大学出版社,2005.

[16] 宋承先,许强. 现代西方经济学：微观经济学[M]. 上海：复旦大学出版社,2004.

[17] 高鸿业. 西方经济学(微观部分)(第四版)[M]. 北京：中国人民大学出版社,2007.

[18] 高鸿业. 西方经济学(宏观部分)(第四版)[M]. 北京：中国人民大学出版

社,2007.

[19] 牛国良. 西方经济学(第二版)[M]. 北京: 高等教育出版社,2006.

[20] 林浩祥. 西方经济学[M]. 北京: 人民日报出版社,2004.

[21] 肖萌. 中国货币当局资产负债表分析[J]. 金融评论,2015(5): 70-81.

后　记

本书是《大学生人文社科知识读本》的一个分册，内容主要涉及哲学、法学、经济学学科的相关知识。参加编写的有南京林业大学王国聘教授、南京信息工程大学孙杭生教授和南京林业大学郭兆红副教授。其中哲学、法学部分由王国聘、郭兆红撰写，经济学部分由孙杭生撰写。

需要说明的是，尽管编者长期在理工院校从事人文社科教学和研究工作，但编写供理工科大学生学习和使用的人文社科知识读本还缺乏经验，加之哲学、法学、经济学部分的知识点面广量大，从中选择出理工科大学生应知应会部分委实不易，再加上时间上的要求，因此，本书难免存在不足和疏漏，诚恳地欢迎广大读者批评和指正，以便进一步修改完善。

江苏省高教学会为本书的出版做了大量具体的组织工作，苏州大学出版社也为本册的编辑出版给予了大力支持和帮助，在此一并表示感谢。